前近代の国際交流と外交文書

田中健夫著

吉川弘文館

目次

第一　漢字文化圏のなかの武家政権
――外交文書作成者の系譜――

はじめに

国際関係を考える際の基本課題の一つに「ことば」の問題がある。人間が相互に意思を通じあおうとするとき、また国家が相互に関係を結ぼうとするとき、必ず「ことば」の問題が介在する。「ことば」は「話しことば」と「書きことば」があるが、漢字文化圏の東アジアでの共通語は「書きことば」の漢字・漢文であり、その意義はきわめて大きかった。

本稿では、外交における漢字・漢文の問題が武家政権のもとでどのように処理され、またそれがどのように変遷したかを、外交文書作成者の系譜を中心として考察する。

一　前近代の国際関係と漢文文書

「国際関係」という概念は international relations の訳語かと思うが、前近代の歴史にこの概念をあてはめるには慎重を要する。

クニといっても現代の nation すなわち国民国家とは限らない。漢字による表記をひろいあげてみると、國・国・国・圀・国・邦・域・郡・県・閭・隣・里・郷・党・都・邑・村・落・土・地・洲・州などがいずれもこれに当り、英語でも、state, kingdom, country, land など多様である。国家の本質は何かを論ずるのは当面の主題ではないので、ここではいちおう主権（統治組織）・領土（国土）・人民（国民）によって構成される社会的集団という一般的な定義を念頭において、以後の叙述をすすめることにする。

国際交流すなわち国家と国家との間の交流は、自らを国家と意識した集団相互の関係である。一方が自らを国家と意識しても、他方がそれを容認しなければ両者間の国際関係なるものは存在しないのである。

日本と中国の例をとれば、最初から日本国と中国との関係なるものがあったわけではなく、末蘆国・伊都国・狗奴国・邪馬台国等の小国家あるいは倭人居住地域と、後漢・魏・宋等の諸国家との関係であったといわねばならない。倭国・日本国が中国の正史に現われるのはそれぞれ五世紀・十世紀以後になる。日・中関係といっても、そこに現われる国家は、長期的な視野からみれば同一不変のものではなかったのである。

ところで、国際関係・地域間交流の根底にあるのは人と物の移動である。人・物といっても、いかなる集団にも属さない孤立した抽象的な人間は存在しないし、人間を介することなく移動する物も存在しない。だから、国家・集団と人間とのからみあい、物と人間とのからみあいを明らかにしなければ国際関係の諸相も明らかにはできない。

政治・経済・文化をふくむ国際交流・地域間交流の諸相を国家と個人の観点から整理してみると、つぎの三つの場合が考えられる。

㈠国家対国家の関係。相互に認めあった国家の君主（為政者）の関係で、普通、外交とよばれる。使節の派遣、外交文書の交換、貢物・頒賜（回賜）物の贈酬等の儀礼をともなうのが普通である。戦争もまた国家対国家の関係の一つといえよう。

㈡国家対個人の関係。この場合の個人は国家の権力や地域の利害を背後に持っている人びとのことで、使節団員が公務を離れた場合、許可された民間貿易・私貿易に従事する商人、僧侶・留学生等の巡礼・研修、あるいは亡命等もこれにふくまれる。

㈢国家と係わりのない個人対個人の関係。背後に国家を持たないか、あるいは意識しない人びとと相互の関係である。密貿易とか倭寇集団の結成等がこれに当る。

国際関係は右のような国家と個人の諸種のからみあいのうえに成立するが、見落してはならぬのは国際相互認識の問題である。国際関係は当事国を相手がどのように意識するかにより規定される場合がきわめて多い。各国家には、それぞれ理想とする独自の国際秩序像があり、それにともなって外交姿勢がつくられ、対外政策が決定される。前近代のアジアでは、中国の力が政治・経済・文化・軍事の各分野で圧倒的に強大であったから、国際関係もまた中国を中心に構成されて展開する場合が多かった。中国人の世界観にもとづく華夷思想が東アジアの国際秩序形成の基本理念となり、中国から国家と認められることが国際社会に参入するための重要な条件となった。

華夷思想の中国では、周辺の国家に対し、その君長にのみ朝貢を許可し、君長以外の臣下や人民は原則として朝貢できなかった。その際、四夷の君長は中国の皇帝に上表文を贈ることを義務づけられたが、上表文は当然のことながら漢文で書かれた。皇帝の文書である詔・勅・制・誥なども漢文だった。漢字・漢文は漢字文化圏における共通語・公用語であり、漢文文書は国際関係を構築し、維持するために必要欠くべからざる手段であった。それも単に文字を解するだけでは不十分で、中国士大夫層の教養の基礎である漢籍の故事や漢詩に通暁することがもとめられたのである。

本稿で取りあげるのは武家政権の外交文書である。ここで使用する外交とは、国家と国家との関係交渉すなわち国家主権者相互間に結ばれる関係をさすことにする。外交の用語には狭義と広義の使用例がある。この言葉は江戸時代の後期に「外国交際」が政治課題として浮びあがってきたころから使用されはじめたらしく、本来は狭義の用語だったものが、明治以後、対外関係全般を外交と称する広義の使用例がでてきたのである。(1)

二　室町政権期の外交文書

1　室町政権初期の外交文書

外交権の行使は、国家統治者の大権の一つであるが、それが武家政権の手に移ったのは十五世紀の初頭、足利義満の時である。それより以前にも武家は種々の面で外交に関与したが、いずれも武家の主宰する外交とは言い難いものだった。外交権は天皇を頂点とする律令政権が行使するもので、日宋貿易に熱心だった平清盛の行動も律令政権の荷担者としての行為を越えるものではなかった。文永・弘安両度の外敵襲来によって鎌倉政権の政治的発言権がいちじるしく増大し、武家は大宰府を支配し、蒙古使者との応接を担当し、さらに異国合戦・異国警固を経験した。これらのことは、武家が外交権を接収するのに必要な諸条件を準備した。(2)

室町政権で最初に外交問題を経験したのは足利義詮である。貞治五年(一三六六)に高麗から倭寇の禁止を要請する使者が、元の征東行中書省の箚付・咨を持参して出雲に来着した。このときの折衝は中村栄孝の研究で明らかにされているが、(3)室町政権ではまず対応の指示を北朝政府に仰いだ。高麗の使節は天竜寺におかれ、牒状は禅宗長老の春《しゅん》屋《おくみょうは》妙葩(普明国師、一三一一—八八)が進奏した(『太平記』)。漢文で書かれた外交文書のあつかいには、五山禅僧の春屋が最初から関与したのである。朝議では使節の受け入れを拒否したが、武家側では足利義詮が天竜寺で高麗使者に接見し、返書を与えた（『善隣国宝記』上）。返書の内容は義詮の意向を盛ったものだが、差出人の名義は春屋で、私信の形式をとり、能筆の世尊寺行忠が清書した。注目すべきことは、義詮が春屋に「僧録」の肩書を特に用いさせたことである（『鹿王院文書』）。僧録は叢林を管理する最高の職であるが、春屋はこのときはまだ僧録ではなく、実際に僧録に任ぜられたのは一〇余年後の康暦元年（一三七九）だった。義詮は春屋にこの肩書を使用させることで格式を権威づけ、外国人に見せる書状に信用をつけようとしたのである。僧録がのちに外交文書の作成と大きな係わりをもつようになることについては後述する。春屋の外交上の役割については村井章介が詳論しているが、(4)漢詩・漢文だけでなく、中国語の会話にも通じた人物だった。

華夷の秩序を重視する中国では、つねに上表文の有無を問題にした。比較的通交規制のゆるやかだった宋の時代でも、上表文を持たない大宰府の人は入貢を拒否されている（『宋史』日本伝、天聖四年条）。征服王朝の元を倒して中華帝国を回復した明の建国者太祖洪武帝は、中国中心の外交体制の確立に熱心で、上表文の有無には特に大きな関心をはらった。

足利義満は洪武七年（応安七、一三七四）に使僧を明に送ったが、表文がないとの理由で拒否された。同十三年（康暦二、一三八〇）には前例を懲りて、義満から直接に明の皇帝へ文書を送ることはせずに、征夷大将軍と同格の明の大臣を充所とする「丞相に奉る書」（原漢文、以下、本章では漢文は読み下し文で引用する）を持った使者を送ったが、これも「表無し」を理由に朝貢を拒否された。中国との通交＝朝貢を希望するものにとって、上表文の所持は不可欠の要件とされた。そのため武家政権には、中国から来る漢文文書を正確に解読し、日本側から中国に送る上表文等の外交文書を作成する能力のある者の確保が必要になった。しかも、武家政権が公家政権＝律令政権から独立して外交を展開しようとするならば、独自に、教養集団すなわち漢籍・詩文に通暁した知識人の集団を配下に把握しておくことを余儀なくされた。公家政権では、「公式令」などによれば中務省の大内記が詔勅作成に当っていたから、外交文書作成もまた彼らの任務の一つであったが、武家政権にとって五山叢林はまさにそれに代わる教養集団として位置づけられるようになったのである。

春屋についで外交文書の舞台に登場するのは、春屋の弟子の徳叟周佐《とくそうしゆうさ》（一三二四—一四〇〇）と絶海中津《ぜっかいちゅうしん》（一三三六—一四〇五）である。永和二年（一三七六）に倭寇の禁止を求める高麗の使者が来たとき、徳叟は春屋の先例にならって、私信の形式で返書を送った（『高麗史節要』辛禑二年十月条）。

明徳三年（一三九二）に足利義満が高麗に送った文書は絶海が作成した。「日本国相国承天禅寺住持沙門某（絶海）、端粛して、高麗国門下府の諸相国閣下に復し奉る」と書き始められ、末尾に「我が国の将臣は、古より疆外通問の事無し。是れを以て直ちに来教に答うること克《あた》わず。仍りて釈氏某（絶海）に命じて、代書して敬を致さしむ。礼を慢《みだり》にするには非ざるなり」（『善隣国宝記』上）と書いている。応永五年（一三九八）の「朝鮮に諭する書」も絶海が作成した。この場合には、大内義弘が朝鮮に送った使者に托して室町政権の意思を朝鮮に伝えさせるという方法をとった（『善隣国宝記』中）。絶海は応永六年相国寺鹿苑院の塔主《たっす》を勤め、事実上、僧録のことを司った。

以上の外交文書の考察から見られる室町政権初期の対外姿勢は、つぎの三点に要約できる。

㈠室町政権の首領を、従来通り天皇の臣下に位置づけて、外交権行使の主体とは考えていなかったこと。

㈡室町政権の首領が外国と交渉する場合は、中国では「丞相」、高麗では「門下府の諸相国」を同位・同格の存在と意識して、文書交換の相手と考えていたこと。

㈢律令政権に伝えられてきた文書作成者以外に、武家政権独自の文書作成者の集団、すなわち漢文文書の解読・作成が可能な知識人からなる教養集団を把握することの必要性を痛感して、五山叢林の僧侶を登用したこと。

2　武家政権の外交権接収

十五世紀に入って武家政権の外交は最大の転機を迎える。応永八年（一四〇一）、「日本准三后道義」の使者が上表文を「大明皇帝陛下」に奉呈した（『康富記』応永八年五月十三日条）。道義は足利義満の法諱であるが、この時期の義満は征夷大将軍でも太政大臣でもなく、准三后（皇后、皇太后、太皇大后に准ずる者）という曖昧な称号を用いた。他国の人臣が明の皇帝に上表文を奉呈することが許されないのを意識した称号使用と思われる。使者にも遣唐使時代のような公家の高官を任用せず、将軍側近の同朋衆から祖阿を選んで正使とし、博多商人の肥富《こいつみ》を副使とした。時あたかも、明では建文帝と燕王棣《てい》（のちの成祖永楽帝）が抗争中であり、東夷の日本からの遣使朝貢は歓迎を受けた。

このときの文書の起草者は公家の東坊城秀長（一三三八―一四一一）で、「特に往古の規法に遵《したが》」うという文が挿入されていた。高橋公明はこの文について、

> 新規の外交ではなく、従来の伝統にのっとった外交であることを強調し、伝統的外交慣習を守ろうとする朝廷側の姿勢が表現されたものであろう。[5]

と解しているが、すでに律令官制の外部に身を置いている義満が直接明皇帝に対して文書を送るに当り、わざわざ朝廷側の姿勢を書きいれる必要はない。むしろ、この文は義満が外交の継承者でありその実行者となった事実を明に伝えることを意図したもの、と解する方が適当ではないだろうか。

翌応永九年（一四〇二）、義満は建文帝の詔書を受けた。同時に日本国王に封ずる誥命も受けたと思われるが、伝わっていない。義満は「日本国王臣源〜〜表す」と書いた上表文を作成して（『善隣国宝記』中）、遣明使堅中圭密《けんちゅうけいみつ》に持

参させた。堅中らは翌応永十年に入明したが、帝位の簒奪を果した成祖に上表文を呈して歓迎を受け、冊封使趙居任とともに帰国した。堅中はこの後も、応永十三年（一四〇六）、同十五年（一四〇八）、同十七年（一四一〇）の三度にわたって遣明正使として渡航し、その功で南禅寺（五山の上）第七五世住持に任ぜられた。

3　詩文集のなかの外交文書

足利義満による日明外交の開始以来、五山禅僧集団の外交における役割は重要かつ決定的になった。東アジアの共通語・公用語たる漢字・漢文の習熟は、中国中心の国際秩序に参入するための必須条件になった。外交文書は外交折衝の基本手段になるものだが、その解読と作成には高度な漢詩・漢文に関する知識がもとめられた。室町政権の初期、これに対応できる能力を持つ者は、学問を家学とした清原（舟橋）氏・中原氏等の公家の一群と五山僧以外には存在しなかった。特に当時の五山には優秀な人材が集まっていた。宋・元王朝の交替期に清拙正澄《せいせつしょうちょう》・明極楚俊《みんきそしゅん》・竺仙梵《じくせんぼん》僊《せん》ら中国第一級の人物の大挙亡命渡来があり、日本の禅林は中国の禅林の持っていた士大夫層の文化を吸収し、中国の禅林とほぼ同等の地位に達した。そのもとに輩出した春屋妙葩・絶海中津・中巌円月《ちゅうがんえんげつ》・雪村友梅《せっそんゆうばい》・椿庭海寿《ちんていかいじゅ》・月《げっ》心慶円《しんけいえん》・無《む》我省吾《がしょうご》・愚中周及《ぐちゅうしゅうぎゅう》らは漢詩文に限らず、中国語の会話にも達していた中国文化の理解者たちだった。[6] これを、かつて入宋僧奝然《ちょうねん》が「隷書を善くすれども華言に通ぜず」と記されたのや、寂昭が「華言を暁《さと》らざるも、文字を識り、繕写甚だ妙なり、およそ問答には並びに筆札を以てす」（『宋史』日本伝、雍熙元年・景徳元年条）と記されたのと比較すれば格段の差異があった。しかし、基本的には華語（漢文）が解れば華言（会話語）は解らなくても折衝にさしたる支障はなかったと考えてよい。室町政権では、禅僧の語学力に依拠して外交使節に任じただけでなく、外交文書作成の業務もあげて禅僧に委ねることになった。ちなみに、作成者名を知りうるすべての外交文書は禅僧の手で作られている。

外交文書起草者で、春屋・徳叟の後継者となるのは絶海中津・厳中周噩《げんちゅうしゅうがく》（一三五九—一四二八）・元容周頌《げんようしゅうじゅ》（一三七六—一四二五）らで、村井章介が春屋のエコールと称した僧たちである。(7)

絶海は永徳三年（一三八三）相国寺鹿苑院の初代院主となり、春屋の没後に二代目の僧録となった。明徳三年（一三九二）と応永五年（一三九八）に朝鮮への文書を起草したことはさきに述べたが、応永十年（一四〇三）の遣明使堅中圭密が持参した「日本国王臣源」と書いた上表文も絶海が作成した（『善隣国宝記』中・『吉田家日次記』応永十年二月十九日条）。明皇帝への上表文は外交文書のなかでは特に重視されたから、その起草に当ることは詩文僧としてきわめて名誉なことであり、また重い責任をともなうことでもあった。

足利義持は、応永二十六年（一四一九）に明と通交することを拒否し、その趣旨を元容周頌から明使呂淵に伝えさせた（『善隣国宝記』中）。このときの二通の文書の作成者が大岳周崇《だいがくしゅうすう》（一三四五—一四二三）であることは、後年林羅山の撰した『五山文編』によって知ることができる。大岳は全愚道人とも称した詩文僧で、鎌倉円覚寺黄梅院塔主《たっす》義堂《ぎどう》周信《しゅうしん》（一三二五—八八）のもとに往来して詩文・学芸の教誨を受け、また東福寺の夢巌祖応《むがんそおう》からも外学（仏教以外の学問）を受けた。応永九年（一四〇二）相国寺第一〇世に昇住、同十年に同寺を退いたが、翌十一年同寺鹿苑院塔主に迎えられ、絶海の後を承けて僧録のことを司り、同二十一年（一四一四）まで長期にわたって在任した。足利義持の帰依が厚く、応永十七年（一四一〇）に天竜寺第四六世、同年南禅寺第七一世に任ぜられた。(8)

大岳についで外交文書の起草に当ったのは厳中周噩である。厳中は九条経教の息で、春屋について出家した。元容の法兄に当る。義堂を外学の師とし、相国寺二二世、天竜寺六五世、南禅寺一〇二世を歴任した。その間、応永二十五年（一四一八）六月から同三十年ころまで相国寺その他の諸寺と兼帯で同寺鹿苑院塔主として僧録のことを司った。

門生の瑞渓周鳳《ずいけいしゅうほう》（一三九一—一四七三）が撰した『善隣国宝記』には、厳中の作成した応永二十九年（一四二二）、同三十年（一四二三）の「朝鮮に遣わす書」と、同三十一年（一四二四）と正長元年（一四二八）の「朝鮮に答うる書」を載せている。

つぎの時期の文書起草者は惟肖得巌《いしょうとくがん》（一三六〇—一四三七）である。惟肖も足利義持の信任が厚く、その特旨で相国寺内の蘊真軒で寺内の大衆に学芸の教育を施した。応永二十八年（一四二一）天龍寺六九世、ひき続き南禅寺九八世に昇任、間もなく同寺を退き、寺内少林庵の双桂軒に隠栖、文筆三昧と講学の晩年を送った。惟肖は絶海・大岳のほか、多くの師から広範な学芸・経籍を学び、博識を以て天下に称された。足利義教の永享四年（一四三二）の「大明皇帝に奉る表」（宣徳七年八月十日付）と永享六年（一四三四）の「重ねて大明帝に啓す」（宣徳九年甲寅）とは、惟肖の作成にかかわるもので、『善隣国宝記』中にもあるが、彼の作品集『東海璚華《けいか》集』二に収められている。[9] 惟肖は僧録を司ったことはなく、詩文僧がその学才を認められて、上表文作成の任に当ったことを示す好個の事例である。

相国寺の蔭涼軒主も外交文書と無関係ではなかった。永享十二年（一四四〇）の日本国源義教から朝鮮国王に充てた文書は蔭涼軒主季瓊真蘂《きけいしんずい》（—一四六九）が作成した（『善隣国宝記』中・『蔭涼軒日録』永享十二年二月十五・十八・十九日条）。季瓊は播磨赤松氏支族の出身で、南禅寺の双桂軒で惟肖に、また相国寺勝定院で西胤俊承《せいいんしゅんじょう》に師事して学芸を学んだ。足利義教は季瓊の学識と事務才腕を買って、荒廃していた蔭涼軒を復興し、永享七年（一四三五）以来ここに移住させて、鹿苑院塔主兼僧録の宝山乾珍を補佐させた。のちの蔭涼職である。季瓊は赤松満祐の義教暗殺後、一時辞任していたが、長禄二年（一四五八）には足利義政に赦されて蔭涼軒に移住し、蔭涼軒主を僭称し、その政治権力は上司の鹿苑僧録を凌いだ。しかし、あまりに政治に介入して応仁の乱勃発の一因を作った。その筆録した『季瓊日録』は『蔭涼軒日録』の主部を占め、外交文書の作成や外交の事務に深く関与していた状況を克明に記録している。

足利義政の時代では瑞渓周鳳の行動が注目される。瑞渓は和泉堺の伴氏の子で、相国寺大智院養浩軒で巌中周噩に随侍して教訓を受けた。既述のように巌中は春屋に嗣法、義堂から外学を受けていたから、巌中に随侍した瑞渓は五山文学の正嫡に連なる人物であった。正長元年（一四二八）六月に巌中の示寂に逢い、その後は天章澄彧と惟肖に師事し、永享二年（一四三〇）の夏、蔭涼軒の季瓊から将軍義教に紹介され、その文筆を称揚された。同十二年（一四四〇）相国寺五〇世に昇住、文安三年（一四四六）鹿苑院塔主に任ぜられて僧録のことを司り、翌年これを辞したが、康正二年（一四五六）から寛正元年（一四六〇）まで再び鹿苑院塔主になり、僧録を司った。寛正五年（一四六四）季瓊から遣明使天与清啓（―一四六九）が持参する「大明への信書」を起草すべき将軍義政の命を伝えられ、一方で日本未渡の書籍を明にもとめるための目録の作成にも当った（『善隣国宝記』中・『蔭涼軒日録』寛正五年二月十二・十三・十六・十七日条）。瑞渓の教養・学問で看過できないのは清原業忠との交友である。瑞渓は「大外記清三位業忠は近代博学の士なり、予と従游するもの三十余年なり」とし、多くの国書・漢籍に関する知識を得、外交文章作成に当っても意見を聞いたりしていた（『善隣国宝記』中）[10]。瑞渓の門生からは後述する綿谷周瓞《めんこくしゅうてつ》（一四〇五―七二）・横川景三《おうせんけいさん》（一四二九―九二）・景徐周麟《けいじょしゅうりん》（一四四〇―一五一八）が輩出した。

綿谷周瓞は、文正元年（一四六六）と文明二年（一四七〇）の「朝鮮に遣わす書」を作成した（『善隣国宝記』中）。玉村竹二は、綿谷と瑞渓との関係について「綿谷は禅林瑞世の意欲は極めて少く、専ら外学に励んだ。先輩の瑞渓とは、前述の通り影の形に添うが如く、常に随持し、生涯のうち、離居している期間の方が僅かであった。よって瑞渓より得る所が、その学殖の根幹になった」としている。巌中・惟肖からも学芸を学んだ学僧であった。

横川景三は播磨の人で、その活動の時期は応仁の乱後であり、文明四年（一四七二）と同六年（一四七四）の「朝鮮国に遣わす書」と、文明七年（一四七五）と文明十五年（一四八三）の「大明に遣わす表」、および文明十八年（一四八六）の「朝鮮に遣わす書」を作成した。いずれも瑞渓の『善隣国宝記』中に収められているが、瑞渓の没年が文明五年（一四七三）であることから考えると、五通の外交文書は、瑞渓の没後に五山僧の誰かが補入したものであろう。横川は瑞渓に学芸を学び、応仁の乱に当っては友人桃源瑞仙にともなわれて乱をその郷里の近江に避け、文明四年（一四七二）帰洛して相国寺に寓居し、同十二年（一四八〇）に相国寺七九世の公帖《こうじょう》を受けたが入院せず、同十七年（一四八五）に再任入院をとげた。長享元年（一四八七）南禅寺の公帖を受け、同二年相国寺に三住、延徳二年（一四九〇）同寺鹿苑院塔主に任ぜられたが固辞し、明応元年（一四九二）になってこれを受けて僧録のことを司ったが、六ヵ月で辞した。五山詩僧の代表的人物の一人で、多くの詩文を遺したが、その厖大な作品を集めた『補庵京華集』(11)には前記五通の外交文書も収められている。

景徐周麟は近江の人で、大館持房の息、五歳のときに相国寺大徳院に入り、用堂中材《ようどうちゆうざい》・瑞渓・月翁周鏡《げっとうしゆうきよう》・横川・希世霊彦《きせいれいげん》等に師事し、外学・詩文を学んだ。明応四年（一四九五）相国寺の公帖を受け、以後、八回住持になった。特に明応五年（一四九六）から同九年までは鹿苑院塔主となり、僧録のことを司った。詩文集『翰林葫蘆集』(12)には景徐の作成した「朝鮮国に遣わす書」七通が収録されている。すなわち、長享三年（一四八九）と推定される日本国源道慶（足利義政）の文書、延徳三年（一四九一）の足利義材（義稙）の文書で、明応八年（一四九九）と文亀三年（一五〇三）の源義高（足利義澄）の文書等である。なお『翰林葫蘆集』には収められていないが、永正三年（一五〇六）には日本国王源義澄の上表文を作成している（『続善隣国宝記』）。

応仁の乱後、五山文学は衰退の一途をたどり、横川や景徐の入滅後は、火の消えたような寂寥の時期になった。(13)しかし、この時期でも外交文書の作成は依然として禅僧に委ねられていた。

月舟寿桂《げつしゆうじゆけい》（—一五三三）は近江の人、江見伊豆守の息。希世や天隠龍沢《てんいんりゆうたく》と交わって、学業を積み、朝倉氏の庇護を受け、さらに建仁寺二四六世となり、以後、同寺には数十回にわたって再住した。南禅寺の公帖も受けたが、入院はしなかった。文集に『月舟録』(14)があり、二通の外交文書がある。大永七年（一五二七）の日本国王源義晴の「大明に遣わす表」と、その別幅である。

大内氏は朝鮮との貿易に積極的だったことで知られているが、大内義興は明応六年（一四九七）に朝鮮国礼曹参判充ての文書二通を以参周省《いさんしゅうしょう》に作成させている（『続善隣国宝記』）。以参は大内教弘の子で、同族大内師弘の子癡鈍妙《ちどんみょう》穎《えい》に保寿寺に参じて法を嗣いだ。学僧翺之慧鳳《こうしえほう》や季弘大叔と親交があり、臨川寺・相国寺・南禅寺の公帖を受け、文筆に長じた学僧であった。義興は、永正十三年（一五一六）八月には朝鮮礼曹参判充ての文書を長門金山長福寺新命綱初玄纘西堂に作らせた（『続善隣国宝記』）。

島津氏は琉球との貿易に熱心だったが、外交文書作成には薩南学派の始祖とされる桂庵玄樹《けいあんげんじゅ》の法嗣《はっす》文之玄昌《ぶんしげんしょう》（一五五六―一六二〇）が当った。文之は桂庵の禅学とともに宋学をも継承した。文之は日向に生まれ、飫肥の不閑天沢《ふかんてんたく》のもとで生育、桂庵や明人黄友賢の指導を受け、のち京都東福寺や鎌倉建長寺で修行し、龍源寺を監し、慶長四年（一五九九）正興寺の住寺となり、同十九年（一六一四）ころ大龍寺開山となり、島津氏から賓客として遇され、家臣の教育に当った。(15)

文之の文集を『南浦文集』という。南浦は文之の号である。この文集は寛永二年（一六二五）と慶安二年（一六四九）に上梓されたが、いずれも三冊本である。明治三十九年（一九〇六）には『薩藩叢書』第二編（薩藩叢書刊行会）に収録、活字で印行された。上巻には有名な「鉄炮記」を収めている。対外関係文書があるのは中巻である。諸本に異同があるが、（ ）内の文字は寛永本に拠ってつけた。

(1)呈大明天使書（日本慶長十一年九月日　藤原家久）

(2)与大明商客（日本慶長十三年月日　藤原氏竜伯法印）
(3)与大明奕吾子書（癸丑正月二十八日）
(4)与大明福建軍門書（癸丑春月日）
(5)与　蛮　君　書（丙午正月日　藤氏義弘）
(6)答　蛮　君　書（慶長十一年丙午正月日　藤原義弘）
(7)答南蛮船主書（壬子八月日　島津少将家久）
(8)答南蛮四国老書（壬子八月日　島津少将家久）
(9)寄呂宋国船主書（年月日　藤原義弘）
(10)答安南国書（年月日　藤氏家久）
(11)答琉球国王書（慶長九年甲辰九月二十七日　藤原惟新拝復中山王閣下）
(12)呈琉球国王書（年月日　竜伯法印拝呈中山王閣下）
(13)答琉球国王書（壬子三月二十日　藤氏惟新拝復中山尚寧王閣下）
(14)答琉球国三司官書（三月日　大竜玄昌拝）
(15)答西来翁書（三月日　玄昌拝）
(16)答竜福禅翁書（三月日　玄昌拝）
(17)答中山王書（二月十九日　惟新拝復中山尚寧王閣下）
(18)答琉球国王書（暮春二十一　惟新拝復中山王閣下）

これをみれば、琉球・明・安南はいうにおよばず、ヨーロッパ人に対する文書もすべて文之が作成していたのである。ちなみに(8)の「南蛮四国老に答うる書」は、ポルトガル植民地マカオの高級吏員マヌエル＝バズら四人に対する返書と推定されているが、[16] そのなかには、

芳信数行の蛮字、其の旨趣の如何なるを知らず。人をして重訳せしめ、以て漸く其の理を解するもの十の一、二にして、其の八、九は未だ之を解すること能わず。是の故に詳《つまびらか》に之を謝するに由なし。

と漢文で書き、漂流民の送還を謝している。相手の文書の意味は皆目わからないけれども、とにかく感謝するという文である。文之がこの文書の作成者だった理由は、㈠漢文文書なら相手が理解するだろうと勝手に解したのか、㈡対外関係文書は漢文文書に限るという意識があったのか、㈢横文字の文書に対する対応の仕方がわからなかったので従来の方法を踏襲したのか、のいずれかであろう。対外関係文書は漢文という原則はここでも貫かれたのである。

なお室町期に琉球王国に送った文書は、足利将軍の場合も、島津氏の場合も和文を用いるのが普通であった。[17]

これまでの考察で、室町政権期の外交文書はほとんどすべてが禅僧によって作成されていた事実が明らかになった。京都五山の僧に限らず、地方禅院の僧もまた地方大名の対外関係文書の解読・起草を担当した。作成者不明の文書も多くあるが、それらもおそらく禅僧が作ったものであろうことは推測に難くない。

対外交渉を意図する者は、まず漢文の熟達者を確保せねばならなかった。禅僧のなかには交渉や事務の才腕を買われて使節に選ばれたり外客の応接を担当した者も少なくないが、外交文書の作成こそ詩文僧が本領を発揮できる場であった。現在、作者の明らかな外交文書がほとんど詩文集のなかにある事実は、文書の作成が詩文の作成と同種の作業と考えられていたことの証左である。ただ、外交文書作成者の経歴をたどってみると、最初の春屋を始め、絶海・大岳・厳中・瑞渓・横川・景徐はいずれも相国寺の関係者であり、鹿苑院塔主で僧録を司っている。いずれも五山叢林の第一人者だが、その僧職の高さゆえに外交文書の作成に当ったというよりも、その詩文の才によって外交文書の

作成に当たったと考えるべきである。(18)

相国寺が外交の事務に係わっていた事実は『蔭凉軒日録』『鹿苑日録』などで明瞭だが、相国寺にも鹿苑院にも僧録にも蔭凉軒にも関係のない惟肖や綿谷や月舟などはその詩文の才ゆえに外交文書作成者に選ばれたのである。外交文書作成者が漢詩文の理解者すなわち禅僧に固定化された結果、漢字文化圏以外の相手国の文書も禅僧が処理し、その返書を漢文で執筆するという奇妙な事態が導き出されたのである。

4　外交文書集の出現

文明二年（一四七〇）に瑞渓周鳳が撰述した『善隣国宝記』は、武家外交における一記念碑である。この書物は、古代以来の国使・僧侶の海外渡航往来の記事と中世の外交文書を集成した部分からなり、日本最初の外交史書といわれてきた。戦前は、五山僧としては稀有な国体観念を持った瑞渓がその思想を展開したものと評価されていた。この書に、足利義満が「日本国王」と称し、中国皇帝に「臣」としての礼をとり、中国の年号を使用したことに対する批判がふくまれていたからである。しかし、本書の撰述の真の目的は、瑞渓が遣明上表文を作成した体験をふまえて、知りえた先例旧規を後世の外交文書作成者のため指針として遺す点にあった。

応仁・文明の乱の時期に瑞渓がどうしてこのような書物を撰述したのか、いくつかの理由を考えてみよう。

㈠外交文書作成の規範が必要になったこと。繰り返し述べてきたことであるが、中国中心の国際秩序に加わるには、かなり複雑な文書を起草する要領を習得しなければならない。こうした知識を後世に伝える必要が生まれたのである。日本国王号の使用、中国年号の使用、差出者の肩書・称号・謙称、充所の肩書・称号・尊称などの用語をはじめ、印章・平出・擡頭・欠字の用法、用紙・封紙の選び方や折り方等の使用法、保管の方法等の諸問題に通暁することがも

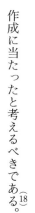

とめられた。

㈡室町政権の対外方針がほぼ固まり、外交文書起草者の範囲が定まったこと。室町政権で足利義詮が春屋妙葩を登用してから、ほとんどすべての外交文書の作成が禅僧に委ねられた。禅林は完全に外交文書作成の機関として位置づけられたのである。

㈢外交文書作成の経験は禅林に継承されねばならぬものと意識されたこと。『善隣国宝記』に後人が瑞渓没後に横川景三の文書を補入したのは、参考書として充実させることをはかったためである。蔭凉軒主亀泉集証は外交文書の先例を知るために『善隣国宝記』をしばしば引き（『蔭凉軒日録』長享三年二月二十一日条等）、二〇〇年後に外交文書を担当した以心崇伝《いしんすうでん》も『善隣国宝記』を参照している（『本光国師日記』元和三年九月五日条）。

㈣禅僧に外交の担当者としての自覚が生じたこと。瑞渓は『善隣国宝記』中の応永九年（一四〇二）条で、外交における禅僧の登用について「近ごろ、大将軍は国を利せんが為の故に、竊《ひそか》に書信を通ず。大抵は僧を以て使と為し、其の書もまた僧中より出るのみ」と実情を直叙して、これを肯定しているが、「序」においては日本と中国の外交は推古朝に始まり、外交文書の最初の起草者が聖徳太子だったことを力説している。太子は日本における仏教の祖であり、「善隣を宝となすは、豈《あに》太子の意に非ずや」と記し、僧侶の外交活動を太子の仏法の継承と意義づけたのである。(19)

このような僧侶としての使命観と、中国の古典籍・故事・詩文に通じて士大夫階層の文化に対応できる日本の知識人は五山の僧であるという自信とが、外交担当者としての自覚を生みだしたのである。漢字文化圏の存在がもたらした現象の一つといえよう。自国日本の歴史への省察もこのような自覚と自負からひきおこされたと考えられる。

三　織豊・江戸政権期の外交文書

1　外征と禅僧

戦国期以降の五山叢林で中興の主と称されたのは、相国寺の西笑承兌《せいしょうじょうたい》[20]（一五四八―一六〇七）と南禅寺の以心崇伝[21]（一五六九―一六三三）の二人であるが、二人とも外交文書との関係が深かった。

西笑は、伏見に生まれ、永禄九年（一五六六）には遣明使策彦周良と学問交流があり、天正十二年（一五八四）相国寺第九二世住持、翌年初めころ鹿苑院主となり、僧録を司り、同十九年三月まで在院した。

西笑が豊臣秀吉の外交に参画したのは天正十八年（一五九〇）以後だが、この年に秀吉の朝鮮国王への返書を起草し（『近衛家文書』『江雲随筆』）、翌十九年七月には、ポルトガル領インド副王に対する秀吉の答書を作成した（『富岡文書』）。もちろん漢文の文書である。[22]これには鹿苑院主の有節瑞保（周保）・東福寺正統庵の惟杏永哲《いきょうえいてつ》（東福寺二一八世）・里村紹巴らが評議に加わった（『鹿苑日録』天正十九年五月二十九日、六月一日条）。この年八月、承兌は有節・惟杏とともに秀吉から征明供奉を命ぜられて、翌二十年（文禄元、一五九二）に名護屋に着いた。翌文禄二年六月には日明講和交渉に当り、秀吉の和議条件七ヵ条を起草し、十一月には、高山国（台湾）に対して入貢を要求する文書を起草した。[23]文禄五年（慶長元、一五九六）九月には、大坂城で秀吉が明使楊方亨らを引見し、表文の無礼をとがめて追い返したというが、神宗万暦帝の誥文を秀吉の面前で読みあげたのが西笑であった。慶長二年（一五九七）から同十二年（一六〇七）まで鹿苑院主に再任。慶長二年八月には太泥国充ての返書を起草した（『鹿苑日録』慶長二年八月四・八・九日条。『承兌和尚事蹟』）。

北島万次は、西笑の外交文書作成を、五山禅林に蓄積された漢籍の知識を応用して対外的な国家意志決定の局面に関係し、積極的に奉仕する道をとったものと解している。(24)

外征に当って、秀吉は五山禅林の漢文の知識を最大限に利用した。あるいは利用せざるを得なかったという方が当っているかもしれない。秀吉は天正二年（一五九二）京都を発し、西笑・惟杏と玄圃霊三《げんぽれいさん》（南禅寺二六六世）が供奉して名護屋に下った（『鹿苑日録』天正十九年八月六日条）。このことについて西笑は、詩集の断簡に、

（秀吉）大明国を征伐せんと欲す。此の時に当り、三傑を叢林に釈〔択〕び、倭漢の語路を通ぜんと欲す。
（『鹿苑日録』二八）

と書いた。三傑は西笑・惟杏・玄圃の三人である。彼らの任務は「倭漢の語路を通」ずること、すなわち通訳だったのである。同年六月に、惟杏と玄圃は朝鮮在陣の諸大名に対する檄文を起草した。文禄二年（一五九三）、玄圃は秀吉が明の使者に名護屋で呈示した「大明と日本の和平条件」（内閣文庫所蔵『両国和平条件』）を書いた。

北島は、諸大名の軍に従って朝鮮に渡った禅僧についても論じている。(25) すなわち、小西行長・宗義智の軍に従った花園妙心寺の天荊《てんけい》、博多聖福寺の住持でのちに対馬以酊庵の開基となった景轍玄蘇《けいてつげんそ》（一五三七—一六一一）、鍋島直茂の軍に従った佐賀泰長院の是琢《ぜたく》、小早川隆景の軍に従った安藝安国寺の瑶甫恵瓊《ようほえけい》（東福寺二二四世）、吉川広家の軍に従った宿蘆俊岳《しゅくろしゅんがく》である。天荊・是琢の場合は榜文の起草、玄蘇は朝鮮人・明人との外交折衝、恵瓊・宿蘆は通訳のことに当った。

外征に従った僧侶の立場をよく示しているのは、文禄元年六月八日付で恵瓊が自寺の安藝の安国寺に送った書状である（『厳島文書』）。このなかの言語に関する二箇条を引用しよう。

一、以二文字一ハ、万事相通候、字の音律言語ハ、倭律ニ殊外相違候、依レ然、従二太閤様一通事一人被二付下一、所々

可二申付一通被レ成二御掟一候、言語之事、明日我等名を遣、通玄〔言〕判官ニ成、寺忠次（寺沢正成）可レ有二言上一候由候、（中略）、

一、内々於二其許一申候一、高麗人ニいろはを教、髪をはき、童部をハ中そり仕召仕候、日本人の様ニも候ハて、童部も物書、詩を作候、高麗人文字仕候を召寄、五日十日ツヽ置候て、在所〳〵へ遣候、今二、三人召仕候者、日本人よりもいさかしく候、

すべてのことは文字で通ずることができるが、日本語と朝鮮語の発音が異なるので秀吉から付けられた通訳で処理する、朝鮮人から優秀な者を選んで日本語（いろは）を習得させる、というのである。瑤甫恵瓊はこの書状の末尾に「学文肝要候、大唐・高麗にても人物は文字候」と書き加えた。(26)

宿蘆も「言語は通ぜず、通ずるに文を以てす」（『宿蘆稿』）と、他の僧と同様な感想をもらしているが、宿蘆には、醴泉の戦における吉川広家の行動を老子の言に例えて美化するなど、侵略行為を正当化する言動もあった。

なお、秀吉政権下の外交文書のうち、琉球に対する文書に漢文文書が使用されたことに一言しておかねばならない。室町政権下の足利将軍や島津氏は琉球に対して和文の文章であったが、秀吉が琉球国王に送った文書は漢文文書で、様式は朝鮮国王に送ったものと異なるところはなかった（『続善隣国宝記』）。文書でみる限り、秀吉は琉球を朝鮮と同格にあつかい、完全に「外国」とみなしていたのである。(27)

2　江戸政権初期の外交文書

豊臣秀吉の死後、慶長五年（一六〇〇）に関ヶ原の合戦があり、覇権は徳川家康に移ったが、鹿苑僧録としての西笑承兌の立場に変化はなく、依然として外交文書作成者の地位を保持した。侵略の論理の提供者だった西笑は、その学才ゆえに、無理することもなく平和時の外交文書作成者に転身したのである。

『異国近年御書草案』(28)は、西笑が起草した諸外国への返書を集成している。関ヶ原の合戦以前の慶長四年（一五九九）七月から、死亡直前の慶長十二年（一六〇七）十月までの文書で、充て先別の文書数は、呂宋《ルソン》四、安南六、東埔寨《カンボチャ》七、大泥《バタン》三、占城《チャンパン》二、暹羅《シャムロ》一、田弾《タタン》一、七国（地域）充て計二四通である。末尾に「朝鮮へ従㆓日本㆒御音物之覚」を付している。差出書は「日本国源家康」が二二通、他は呂宋国充て「日本国大納言秀忠」一通、占城国執事充て「日本国前龍山見鹿苑承兌」一通である。「御書」つまり主権者の書簡控に西笑の文書がふくまれるのは異例だが、これも西笑の編になることを物語る一史料といえよう。呂宋以下は、正確には必ずしも漢字文化圏とはいえない地域だが、さきの文之の例でみたのと同様に漢文文書をもって通交すべき地と考えられていたのである。(29)

『異国御朱印帳』(30)の前半部分は、西笑が作成した文書で、慶長九年（一六〇四）正月十三日から同十二年十二月二十四日付までの一六国（地域）充ての、落丁分をふくめ一〇一通の朱印状の覚書である。後半部分は、閑室元佶《かんしつげんきつ》（一五四八—一六一二、足利学校第九代庠主）が西笑のあとをうけて作成した文書で、慶長十三年（一六〇八）正月付から同十六年正月付まで、六国充ての三〇通である。

西笑はまさに終生外交文書作成者であった。その自覚も強かったらしく、『異国来翰認』『交隣考略』『交隣提醒』などの著作を遺した。西笑の死去に当って醍醐寺三宝院の義演は、「兌長老去る廿七日巳刻入滅と云々、当時威勢比類なき僧なり、不便なり」（『義演准后日記』慶長十二年十二月二十九日条）と書いている。

以心崇伝の外交上の活躍は西笑の没後に始まっている。以心は足利義輝の臣一色秀勝の第一子で、醍醐寺三宝院に学び、慶長十年（一六〇五）より玄圃を助けて南禅寺の再興に当った。西笑と親しく、その関係で家康に接近し、慶長十三年（一六〇八）以後は閑室とともに外交文書の作成に当り、以後、外交のことには細大となく関係するようになった。慶長十五年（一六一〇）、駿河に金地院を開き、同十七年以後は寺社行政に当り、大坂の陣では鐘銘事件や戦後処理に活躍した。家康の死後、元和四年（一六一八）江戸芝に金地院を開いた。中世禅林の最高の行政機関だった鹿苑僧録と蔭凉職は元和元年（一六一五）七月に停止されたが、[31]同五年（一六一九）九月になると、以心は僧録に任ぜられ、五山・十刹・諸山の住持の任免権など、禅院行政の実権を手中におさめた（『本光国師日記』元和五年九月十六日条）。

以心は、家康の時代には単なる文章家としての文書作成者にすぎなかったが、つぎの徳川秀忠・徳川家光の時代を迎えると、その外交上の働きは重要なものとなってくる。[32]すなわち、彼が作成した外交文書は単に将軍や幕閣の意向を伝えるためだけのものではなく、彼自身の意見が強く反映されるものとなったのである。

『異国日記』は、瑞渓の『善隣国宝記』のあとを承けたものというべきで、外交文書史上の意義は大きい。現存する二冊本は京都南禅寺の金地院に所蔵され、近世初頭の諸外国との往復文書と、その発給事務・起草の方法等に関する記事を収めている。上冊は寛永ころ以心がまとめたもの、下冊は西笑・文之・金地院最岳元良・林羅山らの詩文を収め、最岳がまとめたものと考えられている。[33]文書の紙の種類、大きさ、畳み方、字くばり等、形態や様式の記載が詳しいのは『善隣国宝記』以上で、文書作成の虎の巻として実務に役立てようとした意図が明白である。

3　儒者の外交文書作成

徳川家康の時代の外交文書作成者には、前代からの禅僧のほかに、新たに儒者の藤原惺窩《ふじわらせいか》（一五六一―一六一九）や林羅山（忠、信勝、道春、一五八三―一六五七）らの登用があった。学者好きの家康の性格の一つの表われとも考えられるが、室町政権期とは異なる外交文書作成者を側近に持ちたいという意向の表われと考える方が妥当であろう。

惺窩は、冷泉為純の三男で、はじめ相国寺の僧となったが、のちには、もっぱら朱子学を学んで京学派を興し、家康に招かれたが辞退し、羅山や松永尺五を育てたが、市井の学者に終始した。近藤守重の『外蕃通書』第一二冊（『近藤正斎全集』第二）には「惺窩文集に載す」と注して、日本国某から安南国頭目黄公に充てた「某、安南国に与うる書」を掲げ、つぎのように書いている。

守重按ニ、此書惺窩ノ草スル処、恐クハ国書ナランカ、書中ニ、甲辰六月トアレハ、慶長十年ノ後ナルコト明ケシ、（中略）、又按ニ、書中ニ信ノ一字ヲ論スルコト極テ精確ナリ、是大儒ノ起草ニアラスンハ、何ソ此ノ大筆ヲ得ンヤ、読モノ三復スヘシ、

守重は、ついで「惺窩文集」にある慶長の年号の文書「貞順、安南国に賚う船中の規約」を掲げ、角倉與一の文書であることを考証している。ただ、これらの文書が現実に安南に送られたか否かは不明で、中村孝也も永積洋子もまったく言及していない。(34) なお寛永四年（一六二七）の序がある林道春（羅山）・菅玄同編集『惺窩文集』（一六五四年刊）には、「舟中規約」はあるが、「某、安南国に与うる書」は収録されていない。

林羅山は京都に生まれ、建仁寺に学び、また清原秀賢や藤原惺窩から儒学を学んだ。慶長十年（一六〇五）二月、二三歳のとき朝鮮通信使惟政と本法寺で会見筆談し、四月十二日には家康と会見してその質問に答えた。堀勇雄は家康の羅山任用を「天下の覇権を握り政治を行うために、羅山の該博な知識を利用しようとしただけのことであり、いわば百科辞典の代りに羅山を側近に置こうとしたのである」としている。(35)

羅山が駿府に出仕したのは慶長十二年（一六〇七）で、同十五年から外交文書の起草に関与し、十二月に「大明国に遣わす」書を作成した。林春斎（恕）編『林羅山文集』（京都市史蹟会編、弘文社、一九三〇年）に収められた文書は「駿府に在りて、台命を奉じ、本多正純に代る」と注記がしてある。本多正純の名前で福建道総督軍務都察院都御史所に充てたものである。ロナルド・トビはこの文書の文章の内容を検討して、「中華としての日本」イデオロギーの

出現を表明したものと評価注目している。(36) しかし、文書の内容が真に台命すなわち家康の本意に出たものか、それとも羅山が朱子学の教養をひけらかすための文飾だったかは考慮の余地があろう。同年の「福建道の陳子貞に遣わす」書は長谷川藤広に代って羅山が書いたもの、翌慶長十六年（一六一一）の「南蛮舶主に答う」と「阿媽港《アバカウ》に諭す」は本多正純に代って書いたもの、「阿媽港の父老に寄す」「呂宋国王に呈す」「占城国主に呈す」は藤広に代り、「阿媽港の諸老に諭す」は後藤光次に代って書いたものだった（『林羅山文集』一二）。羅山が家康の在世中に外交文書の起草の当ったのはこの二年だけで、あとは三代将軍徳川家光の元和九年（一六二三）まで一二年間の空白があった。この間の外交文書の作成は以心が担当した。

二代将軍秀忠の時代には、羅山は直接外交文書には係わらなかったが、元和三年（一六一七）に朝鮮の通信使呉允謙らが渡来したとき、秀忠の返書に「日本国王」号を用うべきか否かの議が起きた際には、土井利勝・本多正純・安藤重信・板倉勝重と以心が参集し、羅山も末席に加えられた。

家光の時代は、羅山にとってはまさに雄飛の時期であり、羅山は家光の側近に侍し、その学力・知識を遺憾なく発揮して発言力を増した。元和九年（一六二三）七月に家光が将軍になったが、閏八月には板倉重宗に代って「暹羅《シャムロ》国に答う」書を作った（『林羅山文集』一二）。しかし、寛永元年（一六二四）の朝鮮通信使渡来のときの朝鮮国王への返書は以心が作成し、羅山は「朝鮮国副使姜弘重に寄す」と題した私信の質問書（『林羅山文集』一四）と「朝鮮の李誠国に寄する二首」（『林羅山詩集』四七）を書いただけである。翌二年七月、長崎代官末次平蔵に代って「大明福建都督に答う」を起草、八月には牧野信成に代り、寛永六年（一六二九）には板倉重宗に代り暹羅国への答書を書いた。さらに承応二年（一六五三）と翌三年には執政から琉球国主に送る文書を作成したが、これは漢文風和文ともいうべきもので、老中奉書の一種と考えるべきかもしれない。

寛永十三年（一六三六）、同二十年（一六四三）、明暦元年（一六五五）に朝鮮通信使の渡来があったが、以心はすでに世を去っており、三度とも羅山が将軍返書の起草に当り、完全に以心のあとを継ぐ形となった。朝鮮通信使の渡来とその応接は、江戸政権にとっては最大の外交儀礼であり、羅山が返書の起草に当ったことは外交の表舞台における禅僧と儒家の交替の証明でもあった。通信使一行滞在中の羅山の活躍には目ざましいものがあり[37]、使節と私的に交際するほか、老中・宗氏・板坂卜斎等に代って文書を作成したりした（『林羅山文集』一二・一三・一四）。

羅山の文集・詩集の編集は、羅山の死後ただちに三子の春斎（恕、春勝、鵞峰、一六一八―八〇）と四子春徳（守勝、読耕斎）によって着手され、万治二年（一六五九）に完成し、寛文元年（一六六一）に出版され、羅山が作成した外交文書はここに収められた。すなわち、同書の巻第一二より巻第一四までに、「外国書」上・中・下として収録されたのである。五山禅僧の外交文書がその詩文集に収められたのと同様の経過をたどったといえよう。もっとも羅山には外交文書の作成者としての意識も強く、自身外交に関する『異国往来』『日本大唐わうらいの事』の著述がある。瑞渓―西笑―以心に連なる者としての自信を持っていたのかもしれない。

羅山のあとは、春斎・鳳岡《ほうこう》（春常、信篤、一六四四―一七三二）・榴岡（信充、一六八一―一七四八）、鳳谷（信言、一七二一―七三）・鳳潭（信徴《のぶあき》、一七六一―八七）・錦峯（信敬、一七六七―九二）が継いだ。

春斎は父羅山とともに『寛永諸家系図伝』や『本朝通鑑』などを編纂し、『鵞峯文集』の著者でもあるが、五山僧で対馬以酊庵輪番をつとめた虎林中虔とも交渉があった（『国史館日録』寛文五年十月二十六日・二十九日条）。虎林は明暦三年（一六五七）に『善隣国宝記』版本の跋文を書いている。

鳳岡は四代将軍家綱から八代将軍吉宗まで仕え、とくに五代将軍綱吉の信任が厚く、元禄四年（一六九一）には大学頭に任ぜられた。朝鮮通信使渡来時の朝鮮国王への返書作成は、以後歴代の大学頭が担当することになった。天和二年（一六八二）の将軍綱吉の返書は鳳岡が起草した（『外蕃通書』四）。

正徳元年（一七一一）の朝鮮通信使の応待では新井白石（君美、一六五七―一七二五）が種々の新機軸を出したが、将軍家宣返書の起草にもみずから当り、朝鮮側の将軍に対する称号として用いていた大君号を廃して日本国王号を使用することにした（『国書復号紀事』・『殊号事略』・『外蕃通書』五）。

将軍吉宗の時代になると、返書の起草は林家にもどされ、享保四年（一七一九）の吉宗返書と延享五年（寛延元、一七四八）の将軍家重返書は林榴岡が、宝暦十四年（明和元、一七六四）の将軍家治返書は林鳳谷がそれぞれ執筆した（『外蕃通書』五）。朝鮮国王への返書を一貫して林家が起草した事実は、外交面における林家の地位の上昇と確立を物語るものであった。

4　以酊庵輪番制と外交文書

慶長十二年（一六〇七）の朝鮮回答使の渡来後、江戸政権は朝鮮との通交を回復したが、その実態は中世以来の慣習に従い、対馬の宗氏を中心に運営されていた。徳川家光の時代は、朝鮮との外交文書の形式が確立し、大君号が用いられるようになった点からみても画期的な時代であった。

寛永八年（一六三一）、対馬における藩主宗義成《そうよしなり》と老臣柳川調興《やながわしげおき》の対立が、柳川一件として表面化し、中世以来、対馬でひそかに行ってきていた外交文書の改竄や偽作の事実が暴露された。この事件の処理の過程で、江戸政権は柳川氏の勢力を排除し、日朝間の外交ルートを大君（江戸政権の首長）と朝鮮国王の線に一本化し、江戸政権の外交主導者としての地位を外交面に反映させることに成功した。なお、このときから用いられた「日本国大君」の号は羅山が立案したものと推測されている。(38)

寛永以前の対馬における外交文書作成者は、天荊・景轍玄蘇・規伯玄方（景轍の門弟）・柳川調興らだった。柳川一件の結果、規伯は南部に流され、調興は津軽に流されたから、対馬では外交文書の作成者を一挙に失ってしまった。外交文書の解読や作成は誰でも代行できるという性質の仕事ではない。勝訴した宗義成は、規伯に代って実務を行うことのできる人物、すなわち「修文之人」の派遣を幕府に要請した。幕府では、この機会を利用して、幕府が任命した京都五山の僧を対馬に送りこみ、幕府の意思を外交文書や事務折衝に反映させる策をはかった。[39]すなわち、対馬島に数年間滞在して朝鮮との外交文書を管掌する「朝鮮修文職」に当る人材を五山碩学のなかから選任した。この碩学の制は徳川家康が以心崇伝の意見をいれて作ったもので、五山の学問水準を維持するために、実力のある僧を選んで碩学料という特別の手当を支給し、慶長十九年（一六一四）以後に実施された（『東福寺文書』）。碩学のなかから選任された以酊庵輪番僧は、寛永十二年（一六三五）以降慶応三年（一八六七）まで、八九人が一二六世にわたって在番した。一人で再住・三住する者もあった。

以酊庵は景轍が開き、規伯が継いでいた対馬府中の禅院である。歴代の住持は、南禅寺を除く天龍・相国・建仁・東福の四寺から派遣され、対馬での任務を終えて本山に帰ったあとは、おおむねその住持に昇っている。その率は九〇・八パーセントにおよび、以酊庵輪番は離島勤務とはいえ五山のエリートコースの一つだった。

修文職は書簡役・朝鮮書契之役・対州書役ともよばれ、外交文書の作成・管理のほかに、朝鮮通信使の渡来に当っては、その接待・案内を担当し、対馬から伏見あるいは江戸まで同行した。道中では通詞の役も兼ね、一行の者と詩文の唱和・贈答等もあり、文化使節としての側面も有していた。[40]碩学の有する学識は、宗教活動や文芸活動の面よりもむしろ外交面の実務的な活動に成果をもたらしたのである。歴代の輪番僧は対馬在任中の朝鮮との往復書簡を集成し、その控を三部作成、それぞれ以酊庵・対馬藩庁・京都五山に伝えた。五山に伝えられた分は散佚したが、対馬の

ものは現在、韓国国史編纂委員会に所蔵されていて、その謄写本一〇一冊が東京大学史料編纂所にある。(41)

もっとも、対馬藩では外交文書のことをすべて以酊庵輪番僧に委任してしまったわけではなく、藩で召しかかえた儒者を朝鮮方役として置き、彼らは真文役・記室とよばれた。朝鮮通信使の応接と外交文書のことで新井白石と激しく対立した雨森芳洲（一六六八―一七五五）(42)、『朝鮮通交大紀』の撰者松浦霞沼（允任、一六七六―一七二八）(43)があり、釜山の倭館には実務担当の朝鮮通詞がいた。

朝鮮との通交において、表向きの正式の外交文書は林家、東莱府との接衝、倭館の貿易等の実務は対馬の以酊庵輪番僧ないし真文役という明確な分掌ができあがったのである。

5　江戸政権期の外交文書集

江戸時代は文運興隆の時期であったが、対外関心が最も高揚した時代でもあった。ちなみに、『国書総目録』（岩波書店）のなかから「異国」の文字を冠した書名を拾いあげてみるだけでも、その数の多さには一驚を禁ぜざるをえない。政権基盤の確立、対外政策の安定、外交文書起草者の固定化、一般人士の対外関心の拡大など諸種の条件が備わり、多くの外交文書集が生まれた。これらは、㈠五山等の禅僧が作ったもの、㈡林家で作ったもの、㈢幕府関係者・対馬藩関係者・薩摩藩（琉球国）関係者の作ったもの、㈣その他の人が作ったものに分類することができる。

五山等の禅僧の外交文書作成については、すでに文之玄昌の『南浦文集』、西笑承兌の『異国近年御書草案』、西笑と閑室元佶共編の『異国御朱印帳』、以心崇伝・最岳元良の『異国日記』等について説明した。注目すべきことは、後年新井白石が『異国日記』を調査して、朝鮮通信使応接儀礼改変の参考書としたことである。(44)

対馬以酊庵輪番の五山僧は、厖大な『本邦朝鮮往復書』を遺したほか、多くの外交文書の資料を遺した。以酊庵一五世虎林中虔が対馬赴任前に『善隣国宝記』版本の跋を書いたことはすでに述べた。『江雲随筆』は内題に「江岳和尚対馬随筆并雲崖和尚続集」とあり、以酊庵一八世江岳元策（一六三四―七二）と同三三世雲崖道岱（一六五八―一七一四）が外交事務の参考のために集めた史料集で、一六六点の文書を収めている。

五山および以酊庵は対外関係文書案の巨大な集積所であったと考えられる。三〇世松隠玄棟（一六四三―一七一一）は『善隣国宝記』のあとを継ぐ意味で『続善隣国宝記』を作った。『続群書類従』に『善隣国宝記後記』の書名で収められているものである。『続群書類従』本の『続善隣国宝記』は五山・以酊庵の史料の写本と推定されるものを京都の村井敬義が所蔵し、儒者の久保泰亨（一七三〇―八五）が整理したものである。『善隣国宝別記』『続善隣国宝外記』等の一連の文書集もほぼ同様の経緯で作成されたものと推測される。[45]

林家の事業としては唐船風説書の集成がある。唐船風説書は長崎に入港した中国船の海外情報を集めたもので、正確な意味では外交文書とはいえないが、オランダ風説書とともに、海外情勢の把握や対外方針の決定などに重要な史料であった。唐船が入港すると唐通事が乗りこんで、船頭・積荷・航路や起帆地の政情などを聴取し、翻訳して長崎奉行に提出し、奉行は継飛脚で老中に進達した。原文書は存在しないが、林春斎（春勝）・鳳岡（信篤）父子が書写輯綴して『華夷変態』と名付けた。内閣文庫本三五冊は正保元年（一六四四）から享保二年（一七一七）までの二二六六件の風説書を収めている。なお、このなかにはオランダ風説書五四件、対馬藩経由の情報二四件、薩摩藩からの二一件と、若干の勅諭・咨文・檄文・書简がふくまれている。『崎港商説』は『華夷変態』の続編に当り、享保二年（一七一七）から同七年までの一九九件の風説書である。[46]

『通航一覧』も林家の編纂書の一つとして外交史上に重要な意義をもつものである。撰者は林復斎（韑《あきら》、一八〇〇―五九）だが、実際の編纂には宮崎成身ら一二名が当った。内容は、永禄九年（一五六六）から文政八年（一八二五）の異国打払い新令までで、琉球・朝鮮・安南・南蛮・唐国・阿蘭陀・諳厄利亜・柬埔寨・暹羅・艾萊・浡泥・田弾・巴旦・麻利伽・爪哇・万老高・大人国・小人国・魯西亜・北亜墨利加との通交の沿革を、文書・文献を挙げて詳説した三五〇巻の大著である。林家に蓄積された豊富な史料を駆使して、林家の外交上の役割を誇示したものであった。撰者の復斎は、嘉永六年（一八五三）『通航一覧』の序文を執筆し、安政元年（一八五四）にはアメリカ使節の応接に当った。安政四年十一月『通航一覧』南蛮総括部の写本が作成されて長崎奉行の許に提出され、成立早々「有事」の役に立てられたのである。(47)

『通航一覧　続輯』の編纂はペリー来航を機に着手され、宮崎成身と復斎の長男林鶯渓（晃）が主宰者となり、八名の編纂者（うち七名は正編の関係者）によって進められ、安政三年（一八五六）十一月ころ完成した。(48)

元治元年（一八六四）十二月、林大学頭学斎（昇）は林鶯渓と連名で、すべての外交文書類を林家におくことを幕閣に願い出た。江戸城内の紅葉山文庫に納められた外国と調印の条約書等は、外国奉行といえども、それを必要とする時は林大学頭に届け出る義務があった。一方、外交の実務を担当した竹本正雅らの外国奉行は、外交上の事項の「条理顚末」を明瞭にした「不朽之典型」を作りたいとの理由から、同年十月に外交関係書類の編纂を申し出ていた。閣老は外国奉行による文書編纂を認め、慶応元年（一八六五）林家の建議を却下した。この年の春から、田辺太一らによる『通信全覧』の編纂が始まり、慶応三年（一八六七）に完成した。内容は、開国実施の安政六年（一八五九）と万延元年（一八六〇）の二ヵ年の外交文書三二〇冊である。すでに林家では横文字の多い外交文書に対応できなくなっていたのである。『続通信全覧』五〇五巻は明治政府の外務省により明治四年（一八七一）に着手、同十二年に完成した。内容は『通信全覧』のあとを承けて、明治元年八月までの江戸幕府の外交文書を収めている。(49)

幕府関係者のなかで、外交文書について深く関心を持ち研究したのは新井白石である。外交文書集の編纂こそないが、「五事略」「朝鮮聘礼事」「朝鮮信使進見儀注」「朝鮮信使賜饗儀注」「朝鮮信使辞見儀注」「朝鮮記事抄録」「朝鮮通交録」「朝鮮国信書の式の事」「朝鮮信使議」「朝鮮聘使後議」「朝聘応接紀及抄訳」「朝鮮冠服の事」「国書復号紀事」「以酊庵事議草」「坐間筆語」（白石・趙泰億）「江関筆談」等の多数の著書は、すべて朝鮮通信使迎接の儀礼や外交文書に関するものであった。[50]

幕府関係者作成の外交文書集のなかで高く評価すべきは、近藤守重（重蔵、一七七一―一八二九）の『外蕃通書』である。守重は文化四年（一八〇七）に北方巡視、エトロフ島に至り、調査書を作成して幕府に提出し、翌五年にその功をもって御書物奉行に任ぜられた。文政二年（一八一九）まで一二年間、守重は御書物奉行の職にあり、紅葉山文庫にも自由に出入して『外蕃通書』二七冊および目録一冊を作り、文政元年（一八一八）に幕府に献上した。幕府はこれに銀錠を以て報いたが、翌年の大坂転勤は讒言によるともいわれるが、幕府が守重の行為を喜ばなかったためでもあるともいう。[51]内容は、慶長十二年（一六〇七）以後の朝鮮・阿蘭陀・明・安南・暹邏・柬埔寨・占城・太泥・田弾・呂宋・阿媽港・新伊西把爾亜・漢乂利亜の諸国との関係文書を集めて守重が解説批判したものである。[52]外交文書に対する考証は精緻であり、『通航一覧』が守重の文章をそのまま採用している箇所もある。

対馬藩関係者の著述として異彩を放っているのは、松浦霞沼（允任）が編集した『朝鮮通交大紀』である。享保十年（一七二五）の序があり、応安元年（一三六八）から正徳六年（享保元、一七一六）までの朝鮮と対馬の往復文書と、天正十八年（一五九〇）に渡来した朝鮮使節金誠一の「海槎録」を収めている。文書にはそれぞれ霞沼の和訳文を付し、解説を加えている。[53]

薩摩藩（琉球国）関係者が作成したのは琉球王の尚家に伝えられた『古案写』である。内容は琉球国尚円王の一四七四年から尚寧王の一六一三年までで、琉球から薩摩への文書一五、薩摩から琉球への文書二三、その他の文書七、計四五通である。(54)ただし、このなかには純粋の漢文文書はない。琉球はもともと『歴代宝案』にみられるように漢字文化圏のなかの一国で、外交文書はすべて漢文で作られたのであるが、豊臣政権（関白政権）をのぞいて、室町政権・江戸政権との間には和文文書（老中奉書）の往復があったのである。(55)

江戸時代の外交文書集の特色は、以上に述べてきたような文書作成者・保管者のほかに、独自に文書集作成を企図する者が存したことである。『隣交徴書』六冊などがその例に当ろう。内容は、漢・魏から明・清に至る帝王の国書と日中間を往来した僧や学者の詩文を集成したもので、天保十一年（一八四〇）に刊行されているが、編者の伊藤松については豊前の人ということ以外にはよくわからない。『両朝書翰』『古今消息集』『方策新編』など、この類の書物は広く捜せば数多く見出せるのではなかろうか。官府に奉仕しない一般の漢学者・国学者も多く、対外関係や外交文書に対して強い関心を持っていたのである。

むすび

近代以前の東アジアは、いわゆる漢字文化圏であり、武家政権が国際社会において外交権を行使しようとするならば、漢字・漢文の知識に通暁した外交文書を解読・作成できる教養集団の確保が不可欠の要件であった。

本稿は、国際関係史上の外交文書の意義に着目し、作成に当った人物を可能な限り探り、それがどのような集団に属した人びとであったかを明らかにし、その人物の経歴を追究した。その結果を大まかに図示すればつぎのようになる。

中務省大内記――五山禅僧（詩文僧・鹿苑僧録）―┬林　家――外国奉行┐
　　　　　　　　　　　　　　　　　　　　　　└五山禅僧（以酊庵輪番僧）┘―外務省

図のほかにも、新井白石のような幕府の儒官、宗・大内・島津氏等の地方大名の文書を作成した禅僧・儒者がある。中国の士大夫層の文化に対応できる教養の持ち主のみが外交文書起草者となることができたのである（付表「外交文書起草者一覧」参照）。

つぎに、外交文書作成者が右のような集団に定着したことにより生じた効用と限界について考えてみよう。漢文文書の理解と作成には、儒学とくに朱子学に関する教養、すなわち中国古典の理解と中国語に特有な修飾語等の習得がもとめられる。その結果、文書作成者は中国に生まれた華夷思想の理解者となり、ついで、みずからの内にも華夷思想を育成した。中国周辺の諸国家内に小中華の意識が生じた一因に、漢文文書の往復の事実が存したことを見逃すわけにはゆかない。また、漢文は東アジアにおける国際語であり、一度、基本的な定式的知識を身につければ、かなり広範囲の人びとと交流することが可能になった。十四―五世紀、および十六世紀の倭寇が、日本・高麗・朝鮮・琉球・明との間にあって長期の活動ができたのは、彼らに漢字・漢文を理解する能力があったことも少なからぬ関係があったのである。(56) 漢文の知識と漢文文書が東アジアの国際秩序の形成と展開に果した効用には測りしれないものがあったといえよう。

文字による交流は、書くことと見ること、すなわち手と目との作業によって成立する。それを会話、話すことと聞くことと、すなわち口と耳の作業による交流と比べたら優劣は如何であろうか。一概には言えないが、意思伝達手段としての文字は、正確さにおいては会話におよばない。文章作成者の知識・教養をひけらかすための無駄な粉飾をともなうことも少なくなく、誤解・曲解が生ずる余地はきわめて多い。漢文文書による国際交流の限界である。また、漢字文化圏以外の横文字文化圏の人びとに対する対応は局限されたものとなり、林家がその地位を、幕末に外国奉行に明け渡したのも必然の成り行きだった。琉球に対しては、和文↓漢文↓和文と対応の方法に変遷があったが、文字を持たないアイヌ民族への対応は、漢字文化圏内に通用した定式的外交文書による処理は無理であった。

外交文書の内容は、外交権行使者の意向・命令・指示と、それを受けて文章に表現した起草者の思想・教養との結合により決定されるが、両者間には、当然ながら強い相互作用が存した。起草者は外交政策の決定・行使の一翼を担う存在であった。

本稿は、外交文書起草者の系譜をたどることに終始し、起草者の個別的活動を検討し、その本質を明らかにするまでには至らなかった。ただ五〇〇年にわたる武家外交文書の全容にせまり、その特質を解明するための基礎作業の一つと理解してもらえれば幸である。

注

(1) 田中健夫「対外関係史の視座」(『日本歴史』四六四、一九八七年)。
(2) 田中健夫『中世対外関係史』(東京大学出版会、一九七五年) 七一—九四頁。
(3) 中村栄孝『日鮮関係史の研究』上 (吉川弘文館、一九六五年) 二〇三—二二六頁。
(4) 村井章介『アジアのなかの中世日本』(校倉書房、一九八八年) 二九四—三一一頁。
(5) 高橋公明「室町幕府の外交姿勢」(『歴史学研究』五四六、一九八五年)。
(6) 玉村竹二『五山文学』(至文堂、一九五五年) 三二—一〇六頁。
(7) 村井章介、前掲注(4)書、三〇一—三〇七頁。
(8) 玉村竹二『五山禅僧伝記集成』(講談社、一九八三年)。なお、本稿の厳中周噩・惟肖得巌・季瓊真蘂・瑞渓周鳳・綿谷周瓞・横川景三・景徐周麟・月舟寿桂・以参周省等の伝記についての記述も本書に拠るところが多い。
(9) 玉村竹二編『五山文学新集』二 (東京大学出版会、一九六八年) 所収。この書には惟肖の詩文についての詳細な解題がある。

(10) 田中健夫「善隣国宝記の成立事情とその背景――室町外交における五山僧侶の立場――」(同『中世海外交渉史の研究』東京大学出版会、一九五九年、一五六―一六九頁)。同編『〈訳注日本史料〉善隣国宝記・新訂続善隣国宝記』(集英社、一九五九年) 所収の「『善隣国宝記』解説」参照。

(11) 玉村竹二編『五山文学新集』一 (東京大学出版会、一九六七年) 所収。この書には横川の作品集についての詳細な解題がある。

(12) 上村観光編『五山文学全集』四 (五山文学全集刊行会、一九三六年、一九七三年複刻、思文閣出版)。

(13) 玉村竹二、前掲注(6)書、二七五頁。

(14) 『月舟録』は『続群書類従』文筆部に「幻雲文集」の題名で収められている。

(15) 山本武夫「薩南学の一考察」(伊東多三郎編『国民生活史研究』三、生活と学問教育、吉川弘文館、一九五八年)。

(16) 村上直次郎訳注『異国往復書翰集・増訂異国日記抄』〈異国叢書〉(駿南社、一九二九年、一九六六年復刻、雄松堂) 二六八頁。

(17) 田中健夫「文書の様式より見た足利将軍と琉球国王の関係」(同『対外関係と文化交流』思文閣出版、一九八二年、所収)。『大日本古文書　島津家文書之一』三四〇島津忠隆書状案 (永正十五年九月二十二日、進上琉球国王閣下)。『同、島津家文書之二』一一〇七島津貴久書状案 (永禄二年卯月九日、進上琉球国王閣下)。

(18) 田中健夫、前掲注(10)論文。田中博美「武家外交の成立と五山禅僧の役割」(田中健夫編『日本前近代の国家と対外関係』吉川弘文館、一九八七年、所収)。

(19) 村井章介は『善隣国宝記』の序文をとりあげ、仏者往来の史実を神意のあらわれとして歴史の神話化を行ったものであり、顕密主義の国際意識のひとつのお手本を示したものと断定している (前掲注(4)書、五二頁)。

(20) 西笑の経歴は、北島万次「豊臣政権の朝鮮侵略と五山僧」(加藤榮一・北島万次・深谷克己編著『幕藩制国家と異域・異国』校倉書房、一九八九年、一七九―二一七頁)、のち、北島『豊臣政権の対外認識と朝鮮侵略』(校倉書房、一九九〇年、一三六―一六二頁に収録) で克明に考察されている。本稿もこれに拠るところが多い。

(21) 以心崇伝の伝記には、辻善之助「黒衣の宰相金地院崇伝」(同『日本仏教史之研究　続編』金港堂書籍株式会社、一九三一年) がある。

(22) 辻善之助「豊臣秀吉の南方経営」(同『増訂海外交通史話』(内外書籍株式会社、一九三〇年、四二五頁)。

(23) 村上直次郎、前掲注(16)書、六八―七〇頁。

(24)　北島万次、前掲注(20)論文、二一〇―二一二頁。
(25)　北島万次、前掲注(20)論文、一九七―二〇八頁。前掲書、一五二―一五三頁。
(26)　辻善之助「朝鮮陣と国語問題」(前掲注(22)書、四〇一―四〇九頁)。北島万次、前掲注(20)論文、二〇三―二〇四頁、前掲書、一五二―一五三頁。
(27)　三鬼清一郎「関白外交体制の特質をめぐって」(田中健夫編、前掲注(18)書、七九―八〇頁)。
(28)　異国日記刊行会編『影印本　異国日記――金地院崇伝外交文書集成――』(東京美術、一九八九年)一七七―一八七頁に収録。中村質の「解説」がある。
(29)　『慶長日件録』慶長九年閏八月十二日条には、伏見に呂宋国王(フィリピン諸島長官)の使者が来たが、二通の文書を所持し、一通は「彼国」の文字で書き、一通は「漢字」で書いてあったという。村上直次郎、前掲注(16)書、八八―九〇頁、参照。
(30)　前掲注(28)書、一九〇―二〇九頁に収録。
(31)　今枝愛真『中世禅宗史の研究』(東京大学出版会、一九七〇年)三六五頁。
(32)　永積洋子『近世初期の外交』(創文社、一九九〇年)二四―二九頁、三二―三四頁、一一五―一二三頁等。
(33)　辻善之助、前掲注(21)論文、三三四―三四三頁。木崎弘美「近世外交文書集成の歴史――「異国日記」を中心として――」(箭内健次編『鎖国日本と国際交流』上巻、吉川弘文館、一九八八年、所収)。中村質「解説」(前掲注(28)書、所収)。
(34)　中村孝也『徳川家康文書の研究』四冊・『同拾遺集』一冊(日本学術振興会、一九五八―六一年、一九七一年)。永積洋子、前掲注(32)書。なお、溝口雄三は惺窩の二通の文書にインターナショナリズムとしての道徳普遍主義がみられることを指摘している(「思想の言葉」『思想』七九二、一九九〇年)。
(35)　堀勇雄『林羅山』〈人物叢書〉(吉川弘文館、一九六四年)九二頁。羅山の伝記に関する本稿の記述は本書に拠るところが多い。
(36)　ロナルド・トビ(佐藤正幸訳)「近世における日本型華夷観と東アジアの国際関係」(『日本歴史』四六三、一九八六年、のち、同『近世日本の国家形成と外交』速水融・永積洋子・川勝平太訳、創文社、一九九〇年、に収録)。
(37)　李元植「林羅山と朝鮮通信史」(『朝鮮学報』一一九・一二〇、一九八六年)。
(38)　中村栄孝『日鮮関係史の研究』下(吉川弘文館、一九六九年)四八一―四九八頁。田中健夫、前掲注(2)書、二六三―二六四頁。田代和生『書き替えられた国書』〈中公新書〉(一九八三年)。荒野泰典『近世日本と東アジア』(東京大学出版会、一九八八年)一九一—二四三頁。

(39) 田中健夫「対馬以酊庵の研究——近世対朝鮮外交機関の一考察——」(『東洋大学大学院紀要』二四、文学研究科、一九八八年、本書第五論文)。

(40) 田中健夫、前掲注(39)論文。同「朝鮮修文職と通信使館伴」(『韓』一一〇、一九八八年、本書第六論文)。

(41) 上村観光『禅林文芸史譚』(大鐙閣、一九一九年、五〇七頁、のち、上村観光編・玉村竹二附説『五山文学全集』別巻、思文閣出版、一九七三年、に収録)。国史編纂委員会『対馬島宗家文書目録集』(一九九〇年、韓国)二二四—二三五頁。泉澄一『対馬島・宗家文書の分析研究——大韓民国国史編纂委員会所蔵の記録類(六五九二点)を中心にして——』(一九九〇年)四七—四九頁。『東京大学史料編纂所図書目録』第二部和漢書写本編10(一九七八年)二二二—二二三頁。田中健夫、前掲注(39)論文。

(42) 泉澄一編『芳洲外交関係資料・書簡集〈雨森芳洲全書三〉』『続芳洲外交関係資料集〈同四〉』(関西大学東西学術研究所資料集刊一一—三・一一—四、一九八二・一九八四年)。長正統「雨森芳洲と朝鮮外交」(博物館建設推進九州会議『Museum Kyushu』一三、一九八四年)。上垣外憲一『雨森芳洲　元禄享保の国際人』〈中公新書〉(一九八九年)。本書第四論文の〔補記〕参照。

(43) 田中健夫・田代和生校訂『朝鮮通交大紀』(名著出版、一九七八年)。

(44) 『異国日記御記録雑記』(前掲注(28)書、所収)。木崎弘美、前掲注(33)論文。

(45) 田中健夫「『続善隣国宝記』について——所収史料の特質と撰述の経緯——」(『東洋大学文学部紀要』三八、史学科篇X、一九八四年、本書第七論文)。

(46) 『華夷変態』上・中・下(浦廉一解説、東洋文庫、一九五八—五九年、東方書店増補復刻、一九八一年)。中村質「初期の未刊唐蘭風説書と関連史料」(田中健夫編、前掲注(18)書、所収)。

(47) 木崎弘美「「通航一覧」の編纂と伝来に関する考察」(『海事史研究』四七、一九九〇年)。

(48) 箭内健次「通航一覧続輯解題」(『通航一覧続輯』五、清文堂、一九七三年)。

(49) 田中正弘「徳川幕府外国方と外交文書整備問題——『日本外交文書』編纂の系譜——」(『栃木史学』創刊号、一九八七年)。同「正続『通信全覧』の概要と編纂の沿革」(『通信全覧総目録・解説』雄松堂出版、一九八九年)。

(50) 今泉定介・市島謙吉編『新井白石全集』三・四(吉川半七、一九〇六年)。

(51) 「近藤守重事蹟考」(『近藤正斎全集』一、国書刊行会、一九〇五年)八—一一頁。

(52)『改定史籍集覧』二一（近藤出版部、一九〇一年）。前掲注(51)書。

(53)田中健夫・田代和生校訂、前掲注(43)書。この活字本では、実務書として使用した宗家文庫本と、幕府に提出した内閣文庫本の双方を対比できるようにして校訂した。

(54)『古案写』は『琉球薩摩往復文書案』の名称で『那覇市史』資料篇第1巻2（那覇市役所、一九七〇年）に収められている。

(55)『那覇市史』歴代宝案第一集抄、資料篇第1巻4（那覇市企画部文化振興課、一九八六年）。豊見山和行「江戸幕府外交と琉球」（『沖縄文化』六五、一九八五年）。田中健夫、前掲注(17)論文。

(56)田中健夫「倭寇と東アジア通交圏」（『日本の社会史』1、岩波書店、一九八七年、一五六―一五七頁。同『東アジア通交圏と国際認識』吉川弘文館、一九九七年刊行予定、に収録）。同『倭寇――海の歴史』（教育社、一九八二年）一三二―一四八頁。

〔付表〕外交文書起草者一覧（人名・生没年・僧職・備考・著作等の順で掲出した）

○五山禅僧

春屋妙葩	（一三一一―一三八八）	僧録。天下僧録司。	
徳叟周佐	（一三二四―一四〇〇）		
絶海中津	（一三三六―一四〇五）	相国寺鹿苑院塔主。僧録。	
大岳周崇	（一三四五―一四二三）	鹿苑僧録。	『五山文編』
厳中周噩	（一三五九―一四二八）	鹿苑僧録。	
惟肖得巌	（一三六〇―一四三七）		『東海璚華集』
季瓊真蘂	（　―一四六九）	相国寺蔭凉軒主。	『蔭凉軒日録』
瑞渓周鳳	（一三九一―一四七三）	鹿苑僧録。清原業忠と交渉。	『善隣国宝記』
綿谷周瓞	（一四〇五―一四七二）		
横川景三	（一四二九―一四九三）	鹿苑僧録	『補庵京華集』
景徐周麟	（一四四〇―一五一八）	鹿苑僧録。	『翰林葫蘆集』

月舟寿桂（　　　－一五三三）　『月舟録』
西笑承兌（一五四八－一六〇七）鹿苑僧録。　『異国近年御書草案』『異国御朱印帳』
閑室元佶（一五四八－一六一二）足利学校庠主。　『異国御朱印帳』
以心崇伝（一五六九－一六三三）南禅寺。僧録。　『異国日記』

○公　家

東坊城秀長（一三三八－一四一四）応永八年の文書起草。清書は世尊寺行俊。

○地方大名下の禅僧

以参周省　大内教弘の子。大内義興の文書起草。
玄纉西堂　大内義興の文書起草。
文之玄昌（一五五六－一六二〇）島津氏の文書起草。　『南浦文集』

○儒　者

藤原惺窩（一五六一－一六一九）　『惺窩文集』
林羅山（一五八三－一六五七）信勝、道春　『林羅山文集』
林春斎（一六一八－一六八〇）春勝　『華夷変態』『鵞峰文集』
林鳳岡（一六四四－一七三二）春常、信篤　『華夷変態』
林榴岡（一六八一－一七四八）信充
林鳳谷（一七二一－一七七三）信言
林鳳潭（一七六一－一七八七）信徴
林錦峰（一七六七－一七九二）信敬
（林復斎）（一八〇〇－一八五九）韑　『通航一覧』
新井白石（一六五七－一七二五）君美　『新井白石全集』

（近藤守重）（一七七一—一八二九）重蔵　『外蕃通書』
（松浦霞沼）（一六七六—一七二八）允任、儀右衛門　『朝鮮通交大紀』

○対馬以酊庵関係者（一部を掲出）
景轍玄蘇（一五三七—一六一一）開山。博多聖福寺一〇九世。　『仙巣稿』

規伯玄方（一五八八—一六六一）二世。柳川一件に連り、南部流刑。　『御上京之時毎日記』『自雲記』

玉峰光璘（　　—一六五八）三世。再住。大君号の制定に関与。

虎林中虔（一五八七—一六七八）一五世。明暦版『善隣国宝記』の跋文を書く。林春斎・徳川光圀・向井元升らと関係あり。

江岳元策（一六三四—一六七二）一八世。『江雲随筆』を撰す。

松隠玄棟（一六四三—一七一一）三〇世。『続善隣国宝記』（続群書類従では「善隣国宝後記」の書名）を撰す。

雲崖道岱（一六七八—一七四三）四二・六〇世。『江雲随筆』を撰す。

玉澗守俊（　　—一八八六）八九世。最後の輪番僧。

〔補記〕

本章の旧稿執筆後の関連論著で注目すべきものをあげる。著書には、外交担当者や外交儀礼を解明した永積洋子『近世初期の外交』（創文社、一九九〇年）、日本型華夷意識を広い視野から論じたロナルド・トビ（速水融・永積洋子・川勝平太訳）『近世日本の国家形成と外交』（創文社、一九九〇年）、日朝の交隣関係を再点検した閔徳基『前近代東アジアのなかの韓日関係』（早稲田大学出版部、一九九四年）漢字文化圏における漢詩・漢文の役割を考察した村井章介『東アジア往還　漢詩と外交』（朝日新聞社、一九九五年）、古代・中世の外交文書を概観した川添昭二『対外関係の史的展開』（文献出版、一九九六年）等があり、論文には、高橋公明「慶長十二年の回答兼刷還使の来日について――近藤守重説の再検討――」（『名古屋大学文学部研究論集』XCII、史学31、一九八五年）、同「外交称号、日本国源某」（『名古屋大学文学部研究論集』113、史学38、一九九二年）、木崎弘美「『通航一覧』の書誌学的考察」（『海事史研究』四九、一九九二年）、石井正敏「古代東アジアの外交と文書――日本と新羅・渤海の例を中心に――」・西尾賢隆「京都五山の外交的機能――外交官としての禅僧――」（ともに荒野泰典・石井正敏・村井章介編『アジアのなかの日本史』II、東京大学出版会、一九九二年）、阿慈毅「十五・六世紀における日琉関係の一考察――室町将軍琉球国王間の往復書状をめぐって――」（『年報中世史研究』一七、一九九二年）、高木昭作「秀吉・家康の神国観とその系譜――慶長十八年「伴天連追放之文」を手がかりとして――」（『史学雑誌』一〇一―一〇、一九九二年）、西尾賢隆「室町幕府外交における五山僧――絶海中津を中心に――」（『日本歴史』五三七、一九九三年）、仲尾宏「『蔭《マヽ》涼軒日録』にみる「高麗」記事と「日本国王使」の性格」（京都芸術短期大学紀要『瓜生』一六、一九九三年）、紙屋敦之「大君外交と近世の国制」（『早稲田大学大学院文学研究科紀要〈哲学・史学〉』三八、一九九三年）、同「西と東の異域」（青木美智男編『日本の近世』17、中央公論社、一九九四年）、佐伯弘次「室町前期の日琉関係と外交文書」（『九州史学』一一一、一九九四年、のち丸山雍成編『前近代における南西諸島と九州――その関係史的研究――』多賀出版株式会社、一九九六年、に収録）、國原美佐子「唐船奉行の成立――足利義教による飯尾貞連の登用――」（東京女子大学紀要『論集』四四―二、一九九四年）、石井正敏「以酊庵輪番僧虎林中度」・紙尾敦之「大君外交と日本国王」・上白石実「万延元年アメリカ大統領宛て国書」（ともに田中健夫編『前近代の日本と東アジア』吉川弘文館、一九九五年）、紙屋敦之「近世の国家と東アジア」（紙屋他編『日本の近世――地域と文化――』梓出版社、一九九五年）、米谷均「近世日朝関係における対馬藩主の上表文について」（『朝鮮学報』一五四、一九九五年）、田代和生・米谷均「宗家旧蔵「図書」と木印」（『朝鮮学報』一五六、一九九五年）、伊藤幸司「日琉間交流と禅宗――大徳寺禅僧の語録史料を手がかりとして――」（『九州史学』一一三、一九九五年）、村井章介「東アジアのなかの相国寺」（『北山・東山文化の華　相国寺金閣銀閣名宝展』根津美術館、一九九五年）、米谷均「近世初期日朝関係における外交文書の偽造と改竄」（『早稲田大学大学院文学研究科紀要』四一・第四分冊、一九九六年）等がある。

韓国では、一九九三年十月に韓日関係史研究会（会長孫承喆氏）から『韓日関係史研究』創刊号が出され、引き続き第四号まで刊行されている。そこには旺盛で多彩な日朝間の外交文書研究の成果が盛られている。

柳川一件後の大君号制定に関しては、注(38)にあげたように、中村栄孝はこれを林羅山（信勝）の発案としていたが（『日韓関係史の研究』下、吉川弘文館、一九六九年、四八二―四八三頁）、ロナルド・トビがこのことに疑問をいだき（前掲書、七五―七七頁）、仲尾宏は立案者を玉峰光璘、羅山がそれに賛成したものとした（「通信使外交の画期――寛永十三年の聘礼」『善隣と友好の記録大系朝鮮通信使』二、明石書店、一九九六年）。

雨森芳洲については、本書、第四論文の〔補記〕参照。

なお、本稿が歴史学の分野だけでなく、国語学の分野の研究者からも注目されたことは望外のよろこびであった（森野宗明「学界時評・国語」『国文学』三六―一）。

第二　足利将軍と日本国王号

はじめに

足利義満は明の成祖永楽帝から日本国王に封ぜられ、以後、歴代の室町政権の首領は明の皇帝の冊封を受けて日本国王を称した。このことは、これまで公家政権の首領すなわち天皇に所属していた外交権を武家政権が奪いとったことを意味し、武家政治展開過程のなかで画期的な事件であった。しかし、従来の研究では、その事実関係の確認も歴史的意義の解明も十分に行われたとは言いがたい。

本稿は、外交文書等の史料にあらわれた「日本国王」号の使用の事例を整理、検討して足利将軍と日本国王号との関係を明らかにし、日本国王号が国際社会において、また日本国内においていかなる意味をもつ存在であったかを解明する一つの手がかりを得ようと企図するものである。

一　日本国王号検討の視点

「日本国王」の称号が設定されるのは、中国の皇帝から日本の政権の首領が国王として認定されることを前提とする。「日本国王」号は、史料には多様な形であらわれるが、それを検討するためには二つの視点を忘れてはならぬ。

第一に注意すべき視点は、日本国王号の使用が冊封を前提とする制度上の名称、すなわち固有名詞的なものであるか、それとも単に一国の最高位者という程度の普通名詞的なものであるかを区別して考えることである。制度上の国王号は、中国（明）皇帝の蕃夷（周辺諸国）の君長に対する冊封によって成立する。そこには、誥命・印綬・冠服・暦等を授受する儀礼の存在が不可欠である。国王に封ぜられた者は、中国の正朔を奉じて中国の年号を使用し、臣と称して貢物を皇帝に献上する義務があったが、一方では中国を中心に構成される東アジアの国際社会のなかで一国の政権の首領としての地位を保障され、奉貢に対しては頒賜を受け、通交貿易上の種々の特権を与えられたのである。普通名詞的使用というのは、制度上の冊封の事実にあまり厳密には対応せずに、一般的に政権の元首・領袖・首領と考えられる者を王とよぶよび方である。たとえば、朝鮮においては明帝から冊封を受ける以前の太祖・定宗も王であったし、朝鮮国王は明帝の冊封を受けていない室町政権の首領をさして国王とよんでいたことがあった。

第二に注意すべき視点は、日本国王号の使用が自称なのか、他称なのか、または偽称なのかということである。冊封を受けた人物が国王号を称するのは当然であるが、冊封を受けていない人物が国王号を自称していたいくつかの事例がある。また正式に冊封を受けた者に対して他の者が国王と称するのは当然だが、冊封を受けない者を他から国王とよび、国王として遇していた事例もあった。偽称は、冊封にまったく関係のない者が国王を称し、国王の身分に付属する特権のみを享受しようとすることである。

右にあげた二つの視点から史料を検討してゆくと、足利将軍の歴代を通じて、日本国王号の使用はきわめて流動的で、その用法にも意義にも推移と変化の存したことが明らかになるのである。

ちなみに、日本の国内においては日本国王号が正式の場で用いられたことはない。正式の場で用いられたのは征夷大将軍をふくめた律令制の官職名であり、一般には公方または御所の称が通用していたのである(1)。

二　足利義満以前の日本国王号

日本国王の冊封が歴史上の課題として現われるのは、明帝国の建国以後である。(2)明では征服王朝の元を倒した朱元璋が漢民族による中華帝国の回復をなしとげたが、彼は儒教を治政の根本方針とし、対外的には華夷の分を明らかにして中国中心の国際秩序を建設することを目的とした。朱元璋が太祖洪武帝として大明皇帝を称したのは一三六八年正月で、日本の北朝応安元年、南朝正平二十三年である。この年の十二月に日本では足利義満が征夷大将軍に任ぜられた。太祖の時代と義満の時代とは、その開幕の年を同じくしていたのである。

足利将軍のうち、初代の尊氏（一三〇五―五八）とつぎの義詮（一三三〇―六七）とは、その生存の時期が明帝国の成立以前なので、検討の対象にはならない。

ここでは、義満以前に日本国王と呼ばれた人物について述べることにしよう。『明太祖実録』をみると、洪武年間に日本の使者が入明した記事が一〇回ある。(3)そのうち、第一・第五・第六・第七・第九・第一〇の六回の遣使者には「日本国王良懐」の名が記されている。第二・第八の二回の遣使者が義満、ほかに第二回の義満の使者と同行した島津氏久の使者、それに日本人ではあるがその人名を知ることのできないものが二回ある。

明では、折衝の相手を日本国王使に限定したので、「日本正君」と認めた良懐（懐良親王）以外の使船の入貢はすべて拒否した。

洪武四年（応安四、一三七二）の良懐の第一回の入貢については、『明太祖実録』につぎの記事がある。(4)

日本国王良懐遣其臣僧祖来、進表箋、貢馬及方物、并僧九人来朝、又送至明州・台州被虜男女七十余口、

これは、日本国王良懐が国王にふさわしい表文（上表文・表箋）を所持した使者を送って入貢し、倭寇が捕えた中国の被虜人を送還した記事である。記事は、送使の理由が趙秩の宣諭にあったことを述べたあとで、

至是奉表箋、称臣、遣祖来随秩入貢、詔賜祖来等文綺帛及僧衣、比辞、遣僧祖闡・克勤等八人護送還国、仍賜良懐大統暦及文綺紗羅、

としている。祖闡は仲猷祖闡、克勤は無逸克勤である。この記事は良懐の称臣入貢と大統暦受領を示しているものであるが、その解釈をめぐって従来諸説があった。すなわち、懐良親王が屈辱的な称臣入貢をなすはずはないという前提に立って、明側の誤解、あるいは中間の者の国書（上表文）偽作等によってつくりあげられたものであったとする説と、『明太祖実録』の記事をそのまま肯定する説とである。(5)

『明太祖実録』の記事について私は、「征西将軍府が伝統的外交方針を大きく旋回させる意志もなく、またその力もなかったろう」との想定を根拠にして誤解説・偽作説に賛同したが、(6)村井章介は「明側の要求する禁寇について、征西府は当時それをなしうる唯一の権力だった。称臣とひきかえに、懐良は明という巨大なうしろだてを獲得できるばかりか、朝貢貿易の利益も独占できる」という想定を根拠にして称臣入貢肯定説をとった。(7)

否定説も肯定説もともに征西将軍府をめぐる当時の国内事情と国際情勢とに関する判断をその立論の根拠にしているわけであるが、この問題の解決はさらに広汎な検討と情勢の分析とが必要と考えられる。

良懐名義の遣使は、征西将軍府が失墜した文中元年（応安五、一三七二）以後にもあるばかりか、親王が没した弘和三年（永徳三、一三八三）以後にもある。このことは良懐名義の遣使であっても、それは懐良親王とは別人の所為であることを明らかにしてある。栗林宣夫は、最初に「良懐」の称が用いられた理由を、「この際（祖来派遣のとき、―田中注）趙秩の入れ知恵によって、上表朝貢の形式をとることとし、日本国王には征西将軍懐良を擬したが、これは懐良

の諒解を得ていないので、その名前をそのまま書くことを憚って、ことさらに「良懐」と記したのではなかろうか」とし、とくに洪武十九年（元中三、至徳三、一三八六）の遣使については、その演出者を八代の名和顕興と推測している。(8)懐良の名が「良懐」に転倒して『明太祖実録』や『明史』に数回記載された事実を軽視してはなるまい。

洪武年間における義満の遣使は、洪武七年（応安七、文中三、一三七四）六月と洪武十三年（康暦二、天授六、一三八〇）九月の二回行われた。

洪武七年の義満の遣使について、『明太祖実録』はつぎのように記している。

日本国、遣僧宣聞渓・浄業・喜春等来朝、貢馬及方物、詔却之、時日本国持明与良懐争立、宣聞渓等齎其国臣之書達中書省、而無表文、上命却其貢、仍賜宣聞渓等文綺紗羅各二匹、従官銭帛有差、遣還、勅中書省曰、朕惟日本僻居海東、稽諸古典、立国亦有年矣、向者国王良懐奉表来貢、朕以為日本正君、所以遣使往答其意、(9)

この文章について、佐久間重男は「国臣之書」は持明の国臣の書で、義満の文書であったにちがいないとしている。(10)ここでは日本正君は良懐で奉表来貢の資格をもつ者、国臣（義満）は表文がなく入貢の資格のない者という中国側の観念が明らかに示されている。

また、同時に入明した島津氏久の使者についての『明太祖実録』の同日の記事も、入貢の資格に関する明側の見解に言及しているので、左に引用しておこう。

是時、其臣有志布志嶋津越後守臣氏久、亦遣僧道幸等、進表貢馬及茶布刀扇等物、上以氏久等無本国之命而私入貢、仍命却之、而賜道幸等文綺紗羅各一匹、通事・従人以下銭布有差、復詔礼部、符下氏久等曰、夷狄奉中国礼之常経、以小事大古今一理、今志布志嶋津越後守臣氏久、以日本之号紀年、棄陪臣之職、奉表入貢、越分行礼、難以受納、（中略）、其表文・貢物、付通事尤虔、齎領還国、

島津氏久の遣使が私的入貢であり、日本の年号を用いたことと、陪臣の職でありながら奉表入貢したことは越権の行為に当るとして、拒否の理由にしたのである。

洪武十三年の義満遣使に関する『明太祖実録』の記事を引こう。

日本国、遣僧明悟・法助等来貢方物、無表、止持其征夷将軍源義満奉丞相書、辞意倨慢、上命却其貢[11]、

このとき義満の使者が持参した文書は、明皇帝に対する表文ではなく「奉丞相書」であった。「奉丞相書」の形式をとったのは、義満はみずからを「征夷将軍」すなわち天皇の臣と位置づけているので、皇帝の臣で義満と対等である者への文書という敵礼（対等の儀礼）の関係を配慮したためにちがいない。「無表」が入貢拒否の理由としてあげられているが、義満は「奉丞相書」を表文の代りとなるものと安易に考えていたのかもしれない。この一件で義満は、入貢の資格者が国王でなければならないこと、入貢の条件が表文の所持にあることを強く思いしらされたことであろう。ただ、この時点で、義満に日本国王になろうとする意志があったかどうかは疑問である。「奉丞相書」の持参にみられるように、義満にはまだ自身を国家元首として国際社会に登場させる意志はなく、またそのような国内情勢も成熟していなかったと考えるのが妥当であろう。

三　室町政権の歴代将軍と日本国王号

1　足利義満の場合

室町幕府三代将軍足利義満は、二代将軍義詮の子で、延文三年（一三五八）八月二十二日誕生、応永十五年（一四〇八）五月六日、五一歳で没した。征夷大将軍の職にあったのは、一一歳の応安元年（一三六八）十二月三十日から三七

歳の応永元年（一三九四）十二月十七日までである。

義満の将軍辞職は日本国王への道の一つの階梯であったとみることができる。将軍辞職の八日後、十二月二十五日には太政大臣に任ぜられ、翌応永二年六月三日にこれを辞し、同二十日出家し、道義と号した。この三年後には日明国交の開始を断念した明の太祖洪武帝が没した。義満が再度日明外交の開始にとりくんだのは応永八年（恵帝建文三、一四〇一）で、十五世紀の第一年に当っていた。

義満の将軍辞職と出家とは、政界からの引退を意味するものではなく、世俗の束縛から抜け出して自由の身となり、より強力な世俗支配を行うためのものであった。嫡子義持を将軍にはしたけれども、政治の実権は依然として義満の手中に遺されていたのである。(12)

応永八年における義満は、日本国内におけるならびなき権力者であり、相手の建文帝は太祖洪武帝没後の不安定な政情のなかにあった。また、洪武帝以来、日明両国間の最大の懸案であった倭寇の問題もようやく鎮静の方向をたどりつつあり、日明外交開始の諸条件は熟していた。(13)

義満が建文帝に送った文書は、『康富記』によると「日本准三后道義書上〔上書〕大明皇帝陛下」にはじまり、末尾は「応永八年五月十三日」の日本年号で終っている。(14)瑞渓周鳳の『善隣国宝記』では「道義」の部分を「某」とし、年号記載が省略されている。『善隣国宝記』は文書の書式・体裁を重視する立場からそのような掲載方法をとったものと想像される。実際に明に送ったのは『康富記』所載のものであろう。

これに対し、建文四年（応永九、一四〇二）二月初六日付の建文帝の返詔があった。『福照院関白満基公記』と『善隣国宝記』に載っているもので、両者はほぼ同文である。この詔のなかでは義満を「日本国王源道義」とよび、「今遣使者道彝・一如、領〔頒カ、善隣国宝記ハ班〕示大統暦、俾奉正朔」としている。このことから推量すれば、天倫道彝と一庵一如はいわゆる冊封使であり、建文帝が義満を日本国王に封ずることを記した誥命も同時に日本にもたらされたと推察されるのであるが、現存の史料ではそれを明らかにすることはできない。義満が天倫等に付して明帝に送った表文は『善隣国宝記』にみることができる。そこには「日本国王臣源」と書かれているが、実際に明に送った文書には、おそらく「源」の下に「道義」の文字が加えられていたにちがいない。

建文帝を継いだ成祖永楽帝は義満を日本国王に冊封した。応永十一年（永楽二、一四〇四）に来日した明使趙居任を冊封使と考えてよいであろう。『善隣国宝記』には、応永十年（永楽元、一四〇三）、同十一年、同十三年、同十四年の「大明書」を収めているが、その充所はいずれも「日本国王源道義」であった。とくに応永十三年の詔書には「賜印章、申之以誥命、重之以褒錫」の文言が見え、成祖から義満への誥命や国王印の伝達があったことは確実である。応永十五年の義満死去に際しては、成祖は「恭献王」の諡号を義満に贈って生前の功を讃えた。

義満冊封の事実は、直ちに室町政権と朝鮮との関係にも反映した。『朝鮮太宗実録』四年（応永十一、一四〇四）七月己巳の条をみると、「日本国王源道義」の使者が来て土物を献じたと書いている。おそらく義満の使者が日本国王使を称して渡航したので、このような記事となったのであろう。これより以前には、義満の使者は「日本国大将軍」とか「日本国大相国」の使者を称していて、日本国王の使者を称することはなかったのである。[15]

こののち十六世紀の足利義昭のときまで、朝鮮側の記録には前後六〇回をこえる日本国王遣使の記事がみえる。[16]朝鮮国王は日本国王使の渡航に対応して、回礼使・通信官・通信使を派遣してこれにこたえた。[17]

義満の場合は、自他ともに日本国王を称していたのである。

伊東多三郎は、この時代には将軍の権威が単なる階級的首長から封建君主の性格に発展する気運がおこっていたとし、日本国王号の問題は義満一人の国体観念や国家意識を示すものではなく、武家政治発展の一指標であったと意義づけている。[18]

しかし、義満の外交は、外国に対して屈辱的な態度をとったということで、日本国内では旧支配層であった公家層ばかりでなく、僧侶や武士からも非難をあびなければならなかった事実も見逃すことはできない。[19]

2 足利義持の場合

四代将軍義持は、義満の子で、至徳三年（一三八六）二月十二日誕生、応永三十五年（正長元、一四二八）正月十八日、四三歳で没した。将軍の職にあったのは、九歳の応永元年（一三九四）十二月十七日から三八歳の応永三十年（一四二三）三月十八日までである。同年四月二十五日には出家して道詮と号した。なお、義持を継いだ義量が応永三十二年（一四二五）二月二十七日に早世すると、法体のまま幕政をみて没年に至った。

既述のように、義持が将軍職にあった初期の一五年間は、義満が在世して政治の実権を握っていた。義持が室町政権の首領としての地位を得たのは、義満が没した応永十五年（永楽六、一四〇八）以後のことである。

義持はただちに使者を成祖（太宗）永楽帝のもとに送って義満の訃を告げた。『明太宗実録』八六、永楽六年十二月戊子条はつぎのように記している。

日本国世子源義持、以父源道義卒遣使告訃、命中官周全往祭、賜謚恭献、賻絹布各五百匹、復遣使賚詔、封義持嗣日本国王、賜錦綺紗羅六十匹、

成祖はただちに義満を弔すとともに、周全[20]を冊封使として義持を日本国王に封じた。周全は、義満が生前に派遣して明に滞在中であった堅中圭密とともに渡来したのである。

このときの成祖の勅書は『善隣国宝記』に収められ、永楽六年十二月二十一日付で、義持のことを「日本国世子源

義持」と記している。また、浅野家に所蔵されている同年十二月二十六日付の成祖勅書は「勅日本国王源義持」で書きはじめてあり、倭寇の禁圧を要求している。(21)成祖にとって、義持の冊封は既定の方針にもとづいた予定の行動だったのであろう。

義持が、これにこたえて堅中圭密を周全の帰国に同行させて再派遣したことは、『明太宗実録』一〇三、永楽八年四月甲辰条に、

日本国王源義持遣使圭密等、奉表貢方物、謝賜父諡及命襲爵恩、皇太子賜圭密等鈔幣、有差、

とみえている。このときの表文が日本側の史料にのこされていないのは、のちに義持が対明絶交方針をとったこととなにか関係があるかもしれない。

応永十八年(永楽九、一四一一)二月には「日本国王源義持」に対して、成祖の勅書をもった明の使者が派遣されてきたが、(22)義持は明使王進の入京を許さず、王進は九月九日兵庫から帰国した。(23)

『明太宗実録』によると、永楽十五年(応永二十四、一四一七)十月、成祖は刑部員外郎呂淵等を日本国王源義持のところに派遣して、朝貢と禁寇を要求させ、翌年呂淵は帰国し、日本国王源義持は日隅薩三州刺史島津滕存忠等を遣わして奉表謝罪したとして、その表文の内容を掲げている。(24)しかし、これは『善隣国宝記』応永二十六年条の永楽十七年七月十三日付の大明書(通事周肇等書)のなかに「因無国王文書不領」とあるのと矛盾する。小葉田淳は『明太宗実録』の記事について、かかることはあり得ることではなく、「義持に関係なく島津氏が使船を途中より同行せしめたのが真相である」とし、義持の表文はなかったとしている。(25)

義持の対明外交拒絶が決定的になるのは、応永二十六年(永楽十七、一四一九)七月に呂淵が来日したときである。(26)『善隣国宝記』の同年七月二十日付の「諭大明使者」は、内容は義持から明使に充てたものであるが、ことさら元

容西堂から明使に伝達させる形をとり、みずからは「征夷大将軍某」と書き、臣と称することはもとより日本国王の称号も使用していない。実際の文書には、「某」の部分にはおそらく「源義持」と書いてあったと想像される。

以後、義持の外交文書から日本国王号は姿を消す。朝鮮国王に対する義持の書契は、応永二十六年（世宗元、一四一九）無涯亮倪が持参して朝鮮に渡った。『朝鮮世宗実録』元年十二月丁亥条には、その書契を掲げたあとに、

義持父道義、帝嘗封為王、義持不用命、自称征夷大将軍、而国人則謂之御所、故其書只曰日本国源義持、無王字、

とし、義持の王号不使用の事実を特記している。『善隣国宝記』の応永二十九年（一四二二）五月の「遣朝鮮書」の署名は「日本国源義持」、同三十年七月の「遣朝鮮書」、同三十一年八月の「答朝鮮書」、同三十二年三月の遣朝鮮書は「日本国道詮」である。義持が応永三十二年三月に将軍職を辞して、四月には出家して道詮と号したことについては前述した。道詮名義の文書はいずれも将軍としての文書ではなかった。朝鮮との通交の実権は新将軍義量には関係なく、依然として義持の掌中にあったのである。

高橋公明は、義持が日本国王として『朝鮮世宗実録』に現われるのは一四二三年（世宗五、応永三十）から一四二八年（世宗十、応永三十五、正長元）までであるとしているが[27]、世宗が義持に充てた外交文書には日本国王号の使用はない。『善隣国宝記』所収の洪熙元年（応永三十二、一四二五）朝鮮国王李祹の書は「奉復日本国殿下」になっていて、国王号は使用していない。義持の文書に対応する意味で国王号を使用しなかったのか、あるいは冊封されていない者を王とよぶことを憚ったのか、いずれかであろう。

3　足利義量の場合

五代将軍義量は、義持の子で、応永十四年（一四〇七）七月二十四日誕生、応永三十二年（一四二五）二月二十七日、

一九歳で没した。将軍の職にあったのは、一七歳の応永三十年（一四二三）三月十八日から同三十二年二月二十七日までで、二年に満たなかった。

義量の将軍在職中の事績は、義満在生中の義持の場合と似ていて、政治の実権は父義持に握られていて、みるべきものはなかった。対外関係もすべて義持の意向で動かされ、義量が関与する余地はなかった。

4　足利義教の場合

六代将軍義教は、義満の子で、応永元年（一三九四）六月十三日誕生、嘉吉元年（一四四一）六月二十四日、四八歳で没した。応永十五年三月四日、得度して義円、正長元年（一四二八）三月十二日、還俗して義宣、翌年三月また義教に改名した。将軍の職にあったのは、三六歳の永享元年（一四二九）三月十五日から、四八歳で没した嘉吉元年六月二十四日までである。

義教は、将軍権威の確立をはかった人物で、諸事父の義満の態度を模範にしていたふしがある。永享四年（宣徳七、一四三二）義教は宣宗宣徳帝に表文を送って日明国交の回復を策した。その表文は『東海璚華集』[28]『善隣国宝記』『戊子入明記』に収められている。『善隣国宝記』『戊子入明記』には義教の差出書に相当する文言や年月の記載がないが、『東海璚華集』には「日本国臣源義教」と明記してあり、年月も「宣徳七年八月十日」とある。遣明使龍室道淵等が持参したのは『東海璚華集』の文書と思われるが、この時点の義教はまだ国王に封ぜられていないので、単に「日本国臣」と称したのであろう。

『明宣宗実録』をみると、宣徳八年（永享五、一四三三）五月甲寅条に、

日本国王源義教遣使臣道遠〔淵〕等奉表、貢馬及鎧甲盔刀等方物、

同年六月壬辰条に、

遣鴻臚少卿潘賜・行人高遷・中官雷春等使日本国、賜其王源義教白金綵幣等物、初太宗皇帝時、日本国王源道義恭事朝廷、勤修職貢、道義卒、使命不通已久、上嘗賜勅撫諭、至是義教嗣爵、遣使道淵、奉表来朝、并献方物、故遣賜等報之、

同年閏八月癸丑条に、

日本国王源義教遣僧有瑞等来朝、貢馬及方物、

と記している。明使潘賜・高遷・雷春は義教に対する冊封使と解してよいであろう。

明使がもたらした宣徳八年六月十一日付の宣宗の勅書は『善隣国宝記』にみえるが、「皇帝勅諭日本国王源義教」ではじまっている。翌永享六年(宣徳九、一四三三)には、義教が表文を宣宗に送った。表文の作者は惟肖得巌で、『善隣国宝記』に収められているが、文中に日本国王号の使用はない。実は、この時には日本国内では国王号の使用が問題になっていたのである。同年六月十五日、三宝院満済は、国王号等について管領細川持之の諮問を受けた。『満済准后日記』の同日条にはつぎの記事がある。

管領来臨、唐朝へ御返牒御位署事、愚身意見尤被思食也、只今被改鹿苑院殿御沙汰之条、一向彼御非虚ヲ可相当被仰顕異朝歟、旁如本日本国王ト可被遊遺云々、予自最初此等義申入了、於王字不可有御憚候哉、既執政御事、覇王勿論御座候歟、国主ノ主字ナトハ聊可有子細事歟、此仰尤珍重之由申入了、

これによれば、義教には鹿苑院殿(義満)の先例にしたがう意図があり、それを持之を通じて満済に諮問したのである。満済は執政(義政)はすでに覇王であり、王の字を使用するのは憚るべきことではなく、改める必要はないことを答申した。義教に国王号使用について少なからぬ躊躇があったのは、義満の外交に対する一般の批判がかなり厳

しかったためと思われるが、満済は、将軍を覇王と位置づけることによって、先例遵守の正当性を述べたのである。『善隣国宝記』の正統元年（永享八、一四三六）二月初四日付の英宗正統帝の勅書が「日本国王源義教」としているところから考えれば、日本からの表文にも、皇帝の外交文書にも変化がなかったのである。

一方、朝鮮国王世宗の外交文書は「朝鮮国王李祹奉書日本国殿下」ではじめられ、義教の返書は「日本国源義教奉復朝鮮国王殿下」の形式であった。[29]

5　足利義勝の場合

七代将軍義勝は、義教の子で、永享六年（一四三四）二月九日誕生、嘉吉三年（一四四三）七月二十一日、一〇歳で没した。将軍の職にあったのは、九歳の嘉吉二年十一月十七日から翌嘉吉三年の七月二十一日までで、一ヵ年に満たない。

義勝は、英宗正統帝に表文を送ったことはなく、冊封を受けたこともない。

ただし朝鮮には、嘉吉の乱の変報が嘉吉元年十二月には届いており、阿可馬豆（赤松）が日本国王を謀殺したと伝えられた。[30]朝鮮では、日本からの訃告使は来ないけれども、新王の嗣位を賀する通信使を派遣しようということになり、正使卞孝文・副使尹仁甫を任じた。このときの世宗の書契は義勝を国王と認識したものであった。[31]朝鮮からみた新将軍は、明皇帝の冊封の有無とは関係なしに新王だったのである。義勝は通信使が京都滞在の間に没した。[32]

6　足利義政の場合

八代将軍義政は、義教の子で、永享八年（一四三六）正月二日誕生、延徳二年（一四九〇）正月七日、五五歳で没した。嘉吉三年（一四四三）七月、義勝の没後、八歳で家督を継ぎ、文安三年（一四四六）十二月十三日に後花園天皇から義成の名を賜わり、享徳二年（一四五三）六月十三日に義政と改名した。将軍の職にあったのは、一四歳の宝徳元年（一四四九）四月二十九日から三八歳の文明五年（一四七三）十二月十九日までである。文明十七年（一四八五）六月十五日に出家して道慶と号した。

義政が外交の舞台に初めて登場するのは、嘉吉三年に家督を継いだ直後である。前述したように、このときには朝鮮の通信使卞孝文等が来日して京都に滞在していた。さきに義教が殺害されたときは通信使高得宗が来日していたときであり、こんどの義勝の死のときには通信使卞孝文が来ていたので、将軍の死は朝鮮人の祟りだといわれた(33)。卞孝文は義勝の将軍襲職を賀するために来日しながら、義勝の死をみることになったのである(34)。卞孝文は同年の十月朝鮮に帰国復命したが、そのときに「其国王書契」すなわち日本国王の文書を持参して帰った(35)。この書契の差出人は義勝以外の人物でなければならないが、室町政権の代表者として朝鮮に文書を送ることができたのは家督を継いだ義政（義成）と考えるのが妥当である。朝鮮では義政を「新王」と認識した。義政は将軍職につく以前、すでに外交権の行使者であり、日本国王として文書を朝鮮に送ったのである。

文安五年（世宗三十、一四四八）四月、義政は文渓・正祐を朝鮮に送り、大蔵経を求めさせた。朝鮮側では彼等を「日本国使」として、国王使とはしなかった。使者が礼曹に送った文書には、

我王不幸数年之間父母継薨、矧又辺徼騒然、道路不通、源義成雖接兄之武而即位、然歳尚幼矣、不克嗣音、国人為之怏怏、

とあった(36)。六月になって正祐が義政の国書を世宗に献じたが、それは「日本国王源義成奉書朝鮮国王殿下」で書き始められており(37)、これに対して世宗が正祐に託した復書でも「朝鮮国王奉復日本国王殿下」となっていた(38)。これは義持

や義教が朝鮮に送った外交文書に「日本国源義持」「日本国源義教」等を用いて王号を使用しなかった先例とは相違している。

このことについて、高橋公明は、文書における日本国王の自称と朝鮮国王の自称とを比較し、日本は「日本国源某」が一般的である。ただし、室町将軍が名目上にせよ事実上にせよ武家政権の第一人者の立場にあり、かつ将軍職に在職中でない時期には、「日本国王某」、「日本国准三后」のような自称も用いられる。逆に、将軍在職中は「日本国源某」以外は用いられない。将軍職が対外的な称号に影響を及ぼすことを示すものであろう。また、王号に関しては、朝鮮とは対照的に冊封を受けていない時期に用いた例もある。

としている[39]。重要な指摘ではあるが、義政のときの事例を義満のときの事例と共通のものとして理解してよいのかどうか、また朝鮮に対する場合と中国に対する場合の差をどのように考えるべきか等の問題は、今後の検討課題であろう。

宝徳二年（世宗三十二、一四五〇）朝鮮に至って大蔵経を求めた日本国使僧は、将軍になった義政が派遣したものであるが、その書契には「日本国源義成拝覆朝鮮国王殿下」とあり、国王号の使用はなかった[40]。

義政が明の皇帝にはじめて送った表文は、『善隣国宝記』の宝徳三年（景泰二、一四五一）の条にある「遣大明表」である。差出書は「日本国王臣源義成」で、年号は明の景泰を使用している。代宗景泰帝の返書（「大明書」）も同書の享徳三年（景泰五、一四五四）の条にあり、それは「皇帝勅諭日本国王源義成」で書き始められている。義政は皇帝の誥命を受けることなくして日本国王を自称し、明帝もまた誥命を発することなくして義政を日本国王とよんでいる。義政に対して冊封使が派遣された事実は確認できない。

普通、先王が没すると、世子はその訃を皇帝に告げ、皇帝は新王を封ずる誥命を発するのである。琉球では新王冊立に当ってしばしば冊封使の派遣があり、多くの冊封使の記録がのこっているが、(41)日本では義政以後の日本国王に冊封使が派遣された形跡はない。義政―景泰帝の時代は、日明間で明初以来の厳密な冊封の儀礼がくずれ、外交が慣習にもとづいて惰性的に運営される傾向が生じてきた時期ということができるかもしれない。

つぎに、康正二年(一四五六)以後の、義政の時代の明・朝鮮との外交文書にあらわれた称号を、『善隣国宝記』『続善隣国宝記』『朝鮮王朝実録』等からひろって年代順に列記しよう。

康正二年(景泰七、世祖二、一四五六)

日本国〔源〕義政端粛拝覆朝鮮国王殿下 〔『善隣国宝記』・『朝鮮世祖実録』三年三月戊寅条〕

同年　遣朝鮮書

日本国源義政奉書朝鮮国王殿下 〔『善隣国宝記』・『蔭凉軒日録』・『朝鮮世祖実録』四年十月丙寅条〕

長禄三年(天順三、世祖五、一四五九)(42)

朝鮮国王李瑈奉復日本国殿下 〔『善隣国宝記』〕

寛正元年(天順四、世祖六、一四六〇)(43)朝鮮書

朝鮮国王李瑈奉書日本国殿下 〔『善隣国宝記』・『朝鮮世祖実録』五年八月壬申条〕

同六年(成化元、世祖十一、一四六五)遣大明書

称号の記載なし。 〔『善隣国宝記』・『蔭凉軒日録』〕

文正元年(成化二、世祖十二、一四六六)遣朝鮮書

日本国源義政奉書朝鮮国王殿下 〔『善隣国宝記』〕

文明二年(成化六、成宗元、一四七〇)遣朝鮮書

日本国源義政奉書朝鮮国王殿下　〔『善隣国宝記』・『朝鮮成宗実録』二年十月辛卯条〕

文明四年（成化八、成宗三、一四七二）遣朝鮮国書

日本国〔源〕義政奉書朝鮮国王殿下　〔『善隣国宝記』・『補庵京華前集』・『朝鮮成宗実録』五年十月己酉条〕

文明六年（成化十、成宗五、一四七四）遣朝鮮国書

日本国源義政奉書朝鮮国王殿下　〔『善隣国宝記』・『補庵京華前集』・『朝鮮成宗実録』六年八月丁亥条〕

同年　高麗之返書

朝鮮国王李娎奉復日本国王殿下　〔『続善隣国宝記』・『朝鮮成宗実録』五年十二月丙申条〕

文明七年（成化十一、成宗六、一四七五）遣大明表

日本国王臣源義政上表大明皇帝陛下　〔『善隣国宝記』〕

日本国王源義政言　〔『補庵京華前集』〕

同年

朝鮮国王李娎奉復日本国王殿下　〔『続善隣国宝記』・『朝鮮成宗実録』六年九月乙丑条〕

文明十年（成化十四、成宗九、一四七八）

皇帝勅諭日本国王源義政　〔『続善隣国宝記』〕

文明十四年（成化十八、成宗十三、一四八二）

朝鮮国王李娎奉復日本国王殿下　〔『続善隣国宝記』・『朝鮮成宗実録』十三年五月庚辰条〕

文明十五年（成化十九、成宗十四、一四八三）遣大明表

日本国王臣義政言　〔『善隣国宝記』〕

日本国王臣源義政言　〔『補庵京華別集』〕
文明十七年（成化二十一、成宗十六、一四八五）
皇帝勅諭日本国王源義政　〔『続善隣国宝記』〕
文明十八年（成化二十二、成宗十八、一四八六）遣朝鮮書
日本国准三宮道慶奉書朝鮮国王殿下　〔『善隣国宝記』・『補庵京華新集』〕
長享元（成化二十三、成宗十八、一四八七）
朝鮮国王李娎奉復日本国王殿下　〔『続善隣国宝記』・『朝鮮成宗実録』十八年七月丙子条〕
不明（長享三年カ）遣朝鮮国書
日本国源道慶奉書朝鮮国王殿下　〔『翰林葫蘆集』・『続善隣国宝記』〕
延徳元年（弘治二、成宗二十、一四八九）
朝鮮国王李娎報復日本国王殿下　〔『続善隣国宝記』〕

これをみれば、文明五年（一四七三）に義政が将軍職を辞したのちも、義政は日本国王の地位を放棄しなかった事情が明白である。文明十七年（一四八五）以後は法諱の道慶を外交文書に使用することになるが、文明十八年（一四八六）の文書で、「准三宮道慶」を用いたのは、応永八年（一四〇一）における義満の先例を真似たのである（『蔭凉軒日録』文明十八年七月二日・十一日条）。

義政が将軍職にあった時期の文明三年（成化七、成宗二、一四七一）、朝鮮では申叔舟が王命を奉じて『海東諸国紀』を撰した。その「日本国紀」には、「天皇代序」とならんで「国王代序」があり、源頼朝以来の武家政権の首領の略史が述べられている。このことは、武家政権である室町政権の首領を国王と認識する一般的な観念が、すでに朝鮮で

は定着していたことを物語るものである。一方、日本においても、義政の外交を背景にして瑞渓周鳳が『善隣国宝記』を撰した。この事実は、外交のことが天皇＝朝廷＝公家政権を離れて、国王＝武家政権の首領に移った一つの指標とみることも不可能ではない。禅僧は外交文書の作成・管理をはじめ、外交使節としても多彩な活動を要求され、この時期の五山は武家政権にとってはなくてはならない教養集団となっていたのである。

義政の時代は、また偽国王使が横行した時代でもある。朝鮮では国王使と一般の通交者の待遇には大きな差をつけていたので、国王使を偽称するものが輩出したのである。

長享元年（成宗十八、一四八七）四月、朝鮮で李瓊仝が啓して、

往者日本国乱、某大臣等不稟於王擅送使价、称為国王使、求請無厭、朝廷不知其詐、後正球来言、有称国王使者皆詐也、請送符信以相験、乃因其言作象牙符十部送之、近年果無称日本使者、

といっている(44)。朝鮮では偽国王使に対応するために、義政に象牙符の通信符を新たに支給して、偽使の渡航を防がねばならなかった(45)。またこれと並行して、日本人で琉球王使を偽称するものも多かった(46)。反面からみれば、国際社会における国王の制度上の地位が確固たるものとなっていたゆえに、それを利用するものが多かったということもできよう。

なお、この時期になっても、日本国内では国王号を使用することについての批判は消えていなかった。瑞渓は『善隣国宝記』に、

彼国以吾国将相為王、蓋推尊之義、不必厭之、今表中自称王、則此用彼国封也、無乃不可乎、

と書いている。日本国王の自称にはまだ多くの抵抗があったのである。

しかし、義政にとって、国王号は将軍の称号よりも重要なものを感ぜられていたのではなかろうか。国王号は対外

文化交渉における主導者としての地位の表現であり、国王号の所持にともなう勘合船の派遣や銅銭の獲得、大蔵経の求請などの行為は、経済的な実益をもたらす作用も持っていた。

7　足利義尚の場合

九代将軍義尚は、義政の子で、寛正六年（一四六五）十一月二十三日誕生、延徳元年（一四八九）三月二十六日、三五歳で没した。文明五年（一四七三）十二月九日に義尚、長享二年（一四八八）に義煕と改名した。将軍の職にあったのは、九歳の文明五年（一四七三）十二月十九日から、延徳元年三月二十六日死没の日までである。この間、日本国王の地位には父義政が依然存在し、義尚が日本国王として行動する余地はまったくなかった。

8　足利義稙初任の場合

一〇代将軍義稙は、足利義視の子で、文正元年（一四六六）七月三十日誕生、大永三年（一五二三）四月九日、五八歳で没した。初名義材、明応七年（一四九八）に義尹、永正十年（一五一三）に義稙と改名した。将軍の職にあったのは、二五歳の延徳二年（一四九〇）七月五日から、二八歳の明応二年（一四九三）六月二十九日までである。のち、将軍に再任するが、そのことは別に述べる。

景徐周麟の『翰林葫蘆集』と『続善隣国宝記』には、年次の記載のない「遣朝鮮国書」が収められているが、それには「佩国印献書、俾知新司国事也」とあり、義稙（義材）が新たに将軍職についたことを報じている。内容は大蔵経の贈給を求めたもので、延徳三年（一四九一）の文書と推定される。

また『続善隣国宝記』には弘治四年（延徳三、一四九一）の朝鮮国王の返書があり、そこには「朝鮮国王李娎奉復日本国王殿下」とある。義植は将軍在職中に朝鮮国王から日本国王とよばれていたのである。

9　足利義澄の場合

一一代将軍義澄は、足利政知の子で、文明十二年（一四八〇）十二月十五日誕生、永正八年（一五一一）八月十四日、三二歳で没した。初名義遐、明応二年（一四九三）六月十九日に義高、文亀二年（一五〇二）七月二十一日に義澄と改名した。将軍の職にあったのは、一五歳の明応三年（一四九四）十二月二十七日から、二九歳の永正五年（一五〇八）四月十六日までである。

義澄関係の外交文書は現在三通知られている。

第一は、景徐周麟の『翰林葫蘆集』と『続善隣国宝記』とに収められている明応八年（燕山五、一四九九）の「遣朝鮮国書」で、「日本国源義高奉書朝鮮国王殿下」とあり、大蔵経を請求したものである。

第二も、『翰林葫蘆集』と『続善隣国宝記』にあり、文亀三年（燕山君九、一五〇三）燕山君に充てた遣朝鮮国書で、義政時代の象牙符に代る通信符の新給をもとめたものである。『翰林葫蘆集』は「日本国源義澄奉書朝鮮国王殿下」としているのに、『続善隣国宝記』では「日本国王源義澄奉書朝鮮国王殿下」となっている。いずれが正しかったか速断はできないが、慣行では王の文字を使用しないのが普通であるから、『続善隣国宝記』では筆写のときに誤って王字が挿入されたものと考えておく。

第三は、『続善隣国宝記』にあり、弘治十九年（正徳元、永正三、一五〇六）正月十一日の日付のある明の孝宗弘治帝への表文である。ただし、孝宗は前年死去し、明では武宗正徳帝が即位していた。署名は「日本国王臣源義澄」である。

10　足利義稙再任の場合

義稙の将軍職再任は、四三歳の永正五年（一五〇八）七月一日から五六歳の大永元年（一五二一）十二月二十五日までである。

この間、永正七年（中宗五、一五一〇）朝鮮では三浦の乱がおこって、朝鮮と対馬との関係が断絶した。このとき、日本国王使として修好回復に活躍したのは弸中である。日本側の史料である『朝鮮送使国次之書契覚』[47]に「御所丸之上官人ハほうしゆくと申人にて」とみえる。「ほうしゆく」は鳳叔で、弸中のことである。『朝鮮中宗実録』では、中宗六年（永正八、一五一一）三月壬辰条以下にしばしばあらわれるが、はじめは「倭人」、ついで「国王使」「倭使」「日本国使臣」などの肩書でみえ、中宗七年九月乙酉条の礼曹書には「日本国専使大人」となっている。また、同書の九月丁丑条には、司成金安国が作成した「答日本国王書契」が引かれている。

義稙の最晩年の大永三年（嘉靖二、一五二三）四月、細川高国と大内義興の遣明船が中国寧波で衝突しているが、義稙とこの両遣明船との関係はなかったと考えてよいであろう。

ちなみに、薛俊の『日本国考略』にはつぎの文章がある。『日本風土記』の文もほぼ同じである。

嘉靖二年、各道争貢、国王源義植〔稙〕嗣位、幼沖勢不能制、大内藝興〔義〕遣使宗設謙導〔道〕（西、日本風土記）、細川高国遣使瑞佐・宋素卿、交貢舟（船舶、日本風土記）泊寧波港、互相詆（抵、日本風土記）毀、

記述は正確ではないが、日本国王と関係なしに朝貢船の派遣があったことは明側でも熟知していたのである。

11　足利義晴の場合

一二代将軍義晴は、義澄の子で、永正八年（一五一一）三月五日誕生、天文十九年（一五五〇）五月四日、四〇歳で没した。将軍の職にあったのは、一一歳の大永元年（一五二一）十二月二十五日から、三六歳の天文十五年（一五四六）十二月二十日までである。

寧波の乱のあったのは大永三年（一五二三）であるが、大永七年（一五二七）になって、義晴は琉球使を介して明の世宗嘉靖帝の勅書を受けた。月舟寿桂の『幻雲文集』と『続善隣国宝記』には、嘉靖六年（一五二七）八月付の義晴の表文とその別幅とがある。そこには「日本国王源義晴」と「日本国王臣源義晴」とが書かれている。

天文九年（一五四〇）には湖心碩鼎を正使とする大内船が勘合を所持して入明し、翌年帰国した。当然、日本国王の表文を持参したはずであるが、すべては大内氏のもとで企画・運営され、義晴は関与しなかったらしい。

大永三年（一五二三、嘉靖二、中宗十八）五月、朝鮮に日本国使臣一鶚東堂と堯甫東堂が行き、義晴の書契を中宗に呈した。そのなかには「日本国源義晴奉書于朝鮮国王殿下」としてあった(48)。

12　足利義輝の場合

一三代将軍義輝は、義晴の子で、天文五年（一五三六）三月十日誕生、永禄八年（一五六五）五月十九日、三〇歳で没した。初名義藤。将軍の職にあったのは、一一歳の天文十五年（一五四六）十二月二十日から、三〇歳の永禄八年五月十九日死没の日までである。

義輝在職中の天文十八年（一五四九）に策彦周良を正使とする遣明船の派遣があった。一行が所持した表文は、おそらく大内氏の手もとで作成されたにちがいない。現在、毛利博物館に所蔵されている「日本国王之印」の印文のある木印も、大内氏作成の表文となにか関係があったかもしれない。(49)

義輝の時代は、いわゆる嘉靖大倭寇の最盛期に相当しているが、義輝がこれと積極的に関係をもった形跡はみられない。

13 足利義栄の場合

一四代将軍義栄は、義晴の弟の義維の子で、天文七年（一五三八）誕生、永禄十一年（一五六八）九月、三一歳で没した。初名義親。永禄九年（一五六六）十二月二十八日、義栄と改名した。将軍の職にあったのは、永禄十一年の二月八日から同年の九月までで、一年に満たない。

松浦允任の『朝鮮通交大紀』と『続善隣国宝記』(50)に、隆慶元年（永禄十、明宗二十二、一五六七）六月付の朝鮮明宗の書契が収められていて、そこには「朝鮮国王李峘奉復日本国王殿下」と書かれている。永禄十年は将軍空位の時期で、義栄も足利義昭（義秋）も室町政権の首領とよばれる地位にはなかった。

松浦允任は、この間の事情をつぎのように推理している。

按に、此書隆慶元年の書にして、本朝永禄十年丁卯義栄の公方の御時に当るときハ、此書義栄に復せしものなり、書内に、比於五年三承貴价、といへるに拠るに、永禄六年より同しく十年に至るその間五年なるをいへり、六年より八年五月に至るまて義輝の公方にして、九年十二月より十一年二月まてハ義栄の時に当たるときハ、我公方の求によって歳遣五船を加へし事、義輝の時にして大抵永禄七、八年間の事と見へたり、然るときハ、此書、因先大王之教、加歳遣五船、といふへくして、大王の教といふへからす、おもふ此時我州より国王使を渡し、義輝

の薨逝を秘し、三度の国書いつれも義輝の書と為して遣られしと似たり、(51)

この記事は、義輝・義栄の将軍在職時期について誤解があるが、対馬と朝鮮との通交の機微にふれた重要な内容をふくんでいる。すなわち、対馬においては、義輝の死を秘して三度にわたって偽国王使を派遣したというのである。この将軍の存在を無視したという允任の推量は当時の情勢から考えて、おそらく当っていたと思われる。日本国王は、明への通航証（勘合）が大内氏に奪われただけでなく、朝鮮との通交も対馬宗氏の偽使によって運営されていたのである。この時期の日本国王は、まさに名目だけで実体のない存在に堕ちていたということになろう。

14　足利義昭の場合

一五代将軍義昭は、義晴の二男、義輝の弟で、天文六年（一五三七）十一月三日誕生、慶長二年（一五九七）八月二十八日、六一歳で没した。初名覚慶、永禄九年（一五六六）二月還俗して義秋、同十一年四月義昭と改名した。将軍の職にあったのは、三二歳の永禄十一年（一五六八）十月十八日から、三七歳の天正元年（一五七三）七月七日までで、最後の足利将軍であった。

義昭時代関係の外交文書は、『朝鮮通交大紀』と『続善隣国宝記』に三通ある。万暦九年（天正九、宣祖十四、一五八一）五月と十一月、および万暦十二年（天正十二、宣祖十七、一五八四）九月の朝鮮宣祖の文書で、いずれも「朝鮮国王李昖奉復日本国王殿下」としている。

義昭は天正四年（一五七六）二月以後、天正十五年（一五八七）までは備後の鞆に居住していた。(52)宣祖の書契が鞆の義昭のところに届けられたか否かは疑問である。しかし、天正五年（一五七七）十二月に対馬の宗義智が義昭から昭字を受けて昭景と称したことがあり、鞆における義昭と宗氏とには密接な関係があり、対馬の国王使船は義昭の諒解のもとに派遣されていたと考えることもできる。いずれにせよ、義昭に積極的に使船を朝鮮に派遣する意図があったとは思われない。

四　東アジアにおける日本国王号とその国内における機能

これまで、歴代の足利将軍と日本国王号との関係を外交文書を中心に検討してきたが、ここでは角度を変えて、明皇帝・朝鮮国王・足利将軍のそれぞれの立場から、日本国王号がどのようにあつかわれてきたかを考察してみたい。

まず、明の皇帝の立場から記そう。皇帝はアジアの国際社会を規制した華夷体制の頂点に位した存在であり、国王を冊封する主体であった。

日明間の外交文書のなかで日本国王号使用が明らかなのは、義満・義持・義教・義政・義澄・義晴の六人である。このうち義満・義持・義教の三人には、皇帝から冊封使を派遣して誥命授与の儀礼を行った形跡があるが、義政以下と三人についてはその明証がない。義政以後、冊封使派遣という宗藩関係の設定に必要な手続きが省略されてしまったことは、皇帝の日本国王観を推測するうえで重要な意味がある。すなわち、このころ以後になると、明では一般に室町政権の首領と認識した者を日本国王と考え、その人物が誥命を受けたか否か、また、日本国内で征夷大将軍であるか否かは問わないという風潮が生じていたようである。大内氏の遣明船独占が可能になったのは、明側のこのような日本国王観を背景にしていたのである。

つぎに、朝鮮国王と日本国王との関係を考えよう。

朝鮮では、義満冊封後室町政権の首領を日本国王と認識した。朝鮮国王は太宗以後、明の皇帝から冊封され(53)、明と朝鮮とは宗藩の関係になった。太宗が成祖永楽帝の冊封を受けたのは永楽元年（応永十、一四〇三）だが、義満もそのころ、建文・永楽両帝の冊封を受けた。日本と朝鮮とは、ほぼ時を同じくして明を宗主国とする藩属国になったのである。こうした国際関係のなかで、朝鮮は事大交隣の政策を対外関係の基本方針とした。すなわち、宗主国である明には大国としてこれに事《つか》え、藩属国同士である日本の武家政権とは隣国として対等通信の交隣外交関係を維持するという、伝統的な政策である。(54)交隣政策を堅持するために、朝鮮では日本国内における幕府や将軍の地位や変化や衰退を知りながらも、「朝鮮国王」と「日本国王」との関係は崩さないという方針を貫いたのである。

申叔舟『海東諸国紀』の「国王代序」には、義政についてつぎの記事がある。

即今所謂国王也、於其国中不敢称王、只称御所、所令文書称明〔御〕教書、毎歳元率大臣一謁天皇、常時不与相接、国政及聘問隣国、天皇皆不与焉、

天皇は、常時は国政にも外交にも関与していないというのである。朝鮮ではこのような現実を十分に認識していたのである。朝鮮からみた日本国王は、それが建て前上、日本における外交権の行使者であり、交隣の直接の相手であるということにのみ意味があったのであり、統治の実力のある政権の主宰者かどうかはむしろ二次的な問題でしかなかった。

日本国王から朝鮮国王への文書は原則として「日本国源某」の形式で、朝鮮国王は「日本国殿下」「日本国王殿下」の形式で対応した。

足利将軍の立場から考えてみよう。尊氏・義詮の時代には、中国ではまだ元王朝が存しており、彼らにとって国王号の問題はまったく関係のないことであった。国王号が問題になるのは明帝国の成立以後である。義満が日本国王になったのは、明側の事情もあったが、将軍職を辞したあとである。この場合には、将軍でないことがむしろ国王にな

る条件として重要な意味を持っていた。将軍義持は前王（義満）の死後ただちに、皇帝から国王の後継者と認められ、義教も将軍職のまま国王になった。義政は、朝鮮に対しては将軍になる以前から国王であり、将軍在職中も国王であり、義尚に将軍職を譲ったあともなお国王であった。義澄・義晴は将軍の職にあって冊封はなかったのに、国王として表文を皇帝に送っている。このころには、冊封の儀礼に対する彼我の考え方はかなり厳密さを欠くようになり、慣行と惰性とによって外交が行われるようになっていたといってよいであろう。義量・義勝・義尚等はいずれも将軍在職の期間が短かったり、実権がなかったりして、「国王」としての存在を示す機会はなかったようである。義稙は明とは関係がなかったが、朝鮮に対しては国王として通交した。義輝・義栄・義昭の時代は、日本国王号が将軍とまったく乖離して存在した時代とでもいえようか。遣明船は大内氏が経営し、朝鮮への国王使船は対馬の宗氏が経営した。

以上の考察によって明瞭になったことは、日本国王と征夷大将軍とはかならずしも一体の存在ではなかったという事実である。たしかに国王と将軍とは形と影のような関係にはあるが、国王は将軍になる以前の人物であることもあり、将軍その者であることもあり、将軍を辞した者であることもある。将軍＝国王という等式は成立しない。すなわち、室町政権には征夷大将軍と日本国王という二つの権威ないし権力の中心が存在し、それが一人の人格に集中していたこともあれば、別の人格に保有されて併存していたこともあったのである。将軍と国王とが併存した事実は、室町政権の政治的特質の一つということができよう。

日本国王号は室町政権の前期と後期とではかなり使用のされ方に変化があり、義満から義教のころまでは冊封使の渡来などにみられるように制度的にもかなり厳密に行われていたが、義政以後になるときわめて惰性的になり、厳密な手続なしで室町政権の首領が日本国王として国際社会で容認された。一方、国内においても将軍の意志とは関係なしに、遣明勘合船・国王使船を運営する風潮が生みだされていたのである。

さて、これまで述べてきた諸事実をもとにして「日本国王」の定義を考えれば、《東アジアの国際社会において、日本の中央政権（室町政権）の首領と認められた人物》ということになろう。このことは、同時に、武家政権が日本の中央政権として国際的に認知されたことと深い関係を持っていたのである。

ところで、室町政権の首領が日本国王になることで、どのような得失がもたらされたのであろうか。これには、日本国王の機能を国際社会と国内との両面から検討することが必要であろう。

国際社会における日本国王は、明を宗主国と仰ぐ藩属国の君長である。国王は皇帝に臣属して朝貢の義務を負い、皇帝の要求である倭寇の禁圧に努力した。臣属することによって、日本は中国からの武力攻撃の恐怖から解放され、また、中国以外の第三国からの攻撃に対しては中国の援助が保証された。さらに、朝貢は頒賜とそれに付随する貿易の利益を約束した。

朝鮮と日本との関係では、明と日本との関係が完全な形で反映したとはいえない。朝鮮は事大交隣政策によって日本国王と朝鮮国王とを対等の存在と意識しようとしたが、日本側では朝鮮国王を一段下の存在と意識しようとした。外交文書における国王号の使用とともに、年号の表記もこれと関連している。朝鮮側が一貫して宗主国たる中国の年号を用いたのに対し、日本側では原則として干支表記、ときには日本年号さえも使用した。国王号の使用と関わりなく、朝鮮では室町政権の首領を国王政権の首領と認識して対応した。歴代の日本国王が積極的に朝鮮と通交することができたことは、朝鮮側のこのような国王政権観の存在を無視して理解することはできない。国王にだけ許された通交上の特権は、室町政権の首領としての立場を支持する一つの要素にもなっていたのである。

室町政権と琉球との関係は、室町政権と明や朝鮮との関係とは完全に相違していた。室町政権の首領は、琉球国王

に対しては日本国王ではなくて将軍であり、琉球国王を「世の主」とよんで、国内の臣下に準ずる文書を発給していた。(55)

最後に、日本国内における日本国王号の意義とその機能について検討しなければならない。日本国王号をふくむ義満冊封の問題について看過できないのは佐藤進一の見解である。「室町幕府論」(旧版『岩波講座日本歴史』7、中世3、一九六三年、のち佐藤進一『日本中世史論集』岩波書店、一九九〇年、に収録)、『南北朝の動乱』(中央公論社『日本の歴史』9、一九六五年)、『足利義満』(『日本史を創った人びと』11、平凡社、一九八〇年)、『日本の中世国家』〈日本歴史叢書〉(岩波書店、一九八三年)である。ここでは、最近の『日本の中世国家』の所説だけを紹介して、私の考えを述べておきたい。

佐藤は、室町幕府の国家統一と王権完成の最終課題が日明通交の開始であったとし、義満が明との国交開始にふみきった最初の目的は九州統一にあったろうと推測している。この見解は村井章介も全面的に支持しているところで、(56)私もこれに異論をはさもうとは思わない。ただ、義満の対明交渉は洪武帝のときには成功せず、建文・永楽帝のときにようやく達成された。建文・永楽帝のときにはすでに九州はほぼ義満のもとに統一され、倭寇をも統制できるようになっていた。義満はそのことを背景として対明外交に成功したのである。博多商人肥富の派遣はこの点で大きな意味をもっている。九州統一だけが対明交渉開始の目的であったと考えるわけにはゆかないのである。

佐藤はさらに、義満が日明通交によって得たものは、政治的にも経済的にも予想を超えて巨大なものであり、冊封は従属国の王権を政治的にも経済的にも強力に支持する国際機構だったと述べ、義満が冊封のメカニズムから得た利益をつぎのように分析している。

明帝が一旦特定服属国の特定人物を国王と認めると、別人が恣いままに国王の地位を冒すことは認められない。また同時に、国王には明との公貿易権が独占的に与えられ、他の私貿易は一切認められない。しかも貿易は商品による実物交易が原則だが、国王から明帝に贈る朝貢品に対する見返り（頒賜）としてのみ明銭が与えられる。これによって国王は、朝貢の名で銭貨を独占的に輸入することができる。これは、国内における貨幣流通の源泉は国王にあるという王権の名分を国王に与えることになる。（二一六頁）

「独占的」という言葉はふくみのある表現だが、国王が皇帝から与えられたのは朝貢権＝通航権＝勘合であって、公貿易権や銭貨の輸入権はそれに付随した権益に過ぎない。日明間の貿易には、進貢貿易、公貿易、私貿易の三種が考えられるが、公貿易と私貿易には、国王使以外に遣明船に座乗を許された僧侶や商人も参加しているのであり、むしろ、この方が貿易の主体であり、決して国王の独占ではなかった。また、貿易は商品による実物交易が原則だったというのも当らない。貿易品の対価はおもに銭と鈔とで支払われていたのである。(57)なお、私鋳銭は私貿易によってもかなりの量が輸入され流通していた。貨幣の問題は、東アジア全域における中国銭流通の実情を明確にしたうえでなければ、軽々に論じることはできないのではなかろうか。もっとも、佐藤が述べているのは義満時代の冊封についてのことであり、室町政権と冊封の関係を全般的に論じたのではなく、大局的にみれば、多くの検討課題をふくんだ貴重な提言といえよう。

私は、日本国王号が日本の律令以来の官職制以外の称号であることの意味を大きくみたいと思う。国王政権は伝統的な公家政権とも武家政権とも原理的には別個の存在であった。明の皇帝を中心に諸国の王をもって構成される東アジアの国際社会のなかで、室町政権の首領は日本国王としてその存在を確保した。外交主宰者の公家から武家への交替が完成したのである。そのため、国王政権には公家階層の教養に頼らない独自の教養集団を保有する必要が生じた。外交文書を読解し、起草することを公家に依存している限り、武家外交の独立はありえなかったからである。五山は国王政権を維持するために不可欠の教養集団であり、五山禅僧は外交文書の起草者としてばかりではなく、外交使節としても国王政権を支持したのである。

日本国王号は、室町政権の国内政治においてはむしろマイナスの作用の方が大きかった。武家外交の独立が皇帝の冊封によって裏付けられているかぎり、国王は皇帝の臣である。また、武家政権は公家政権の完全な否定のうえに成立したわけではなく、天皇を最高位におく律令の官職体制は依然として健在であった。将軍政権の首領は、たとい形式上とはいえ、天皇の臣下であることに変わりはなかった。国王が天皇以上の存在であるという認識は日本人にはなかった。そのため、国王はつねに、外に対しては卑屈、内に対しては僭上という非難をまぬがれることができなかったのである。しかし、外交権の公家から武家への移行が日本国王号によって明確にされたことは、武家政権にとっては大きなプラスとして作用した。通交貿易によってもたらされたものは、単に外国の商品にとどまらず、文化全般にわたるものであった。武家外交が室町時代の政治・経済・文化を発展させる大きな要因となっていたことは疑う余地のないことであるが、国王はつねにその主導者として頂点の地位にいたのである。

むすび

本稿で明らかにしたことは、室町政権が国内に対しては将軍政権（幕府）、国外に対しては国王政権という二重の構造を有する複合的政権であった事実である。両者はかならずしも有機的に整合されていたわけではなく、あるときは補完しながら、またあるときは随所にその破綻をみせながら展開したことについても論述した。

なお、本稿では叙述を国王号の問題に局限したために、幕政全般の動きと国王号との関係や、国王号の存在が影響をおよぼした諸分野の考察はなお不十分である。とくに、国王政権外交の実務を担当した五山教養集団の果した役割の検討と、応仁・文明期の対外関係の特質の検討とは、さらに深められなくてはならない今後の研究課題と考えている。

国王号の問題は、室町政権期に限らず、武家政権全般の推移と密接な関係をもっている。豊臣・徳川政権期、武家政権崩壊期における国王号問題の検討は近世国家解明の一つの指標となるであろう。

注

（1）『教言卿記』など国内の史料には「公方」、『海東諸国紀』の「国王代序」、『朝鮮世宗実録』元年十二月丁亥条・同二年十月癸卯条・同十一年十二月乙亥条などの朝鮮史料と、『朝鮮送使国次之書契覚』（田中健夫『対外関係と文化交流』思文閣出版、一九八二年、所収）などの対馬の朝鮮関係の史料には「御所」「御所丸」がみえる。

（2）親魏倭王や倭五王などいわゆる倭王の問題は、ここでは考察の対象にしない。

（3）佐久間重男「明初の日中関係をめぐる二、三の問題――洪武帝の対外政策を中心として――」（『北海道大学人文科学論集』四、一九六六年、のち、同『日明関係史の研究』吉川弘文館、一九九二年、四三―九六頁、に収録）。田中健夫『中世対外関係史』（東京大学出版会、一九七五年）五八―六一頁。

（4）『明太祖実録』六八、洪武四年十月癸巳条。

（5）藤田明『征西将軍宮』（東京宝文館、一九一五年、一九七六年複刻、文献出版）三六五―三六六頁、辻善之助『増訂海外交通史話』（内外書籍株式会社、一九三〇年）三〇〇頁、秋山謙蔵『日支交渉史研究』（岩波書店、一九三九年）四四九頁、木宮泰彦『日華文化交流史』（冨山房、一九五五年）五二四頁、森克己「征西将軍宮の対外方針」（同『続々日宋貿易の研究』〈森克己著作選集3、国書刊行会、一九七五年〉、佐久間重男、前掲注（3）論文、田中健夫、前掲注（3）書、五五―五六頁、栗林宣夫「日本国王良懐の遣使について」（『文教大学教育学部紀要』13、一九七九年）が懐良親王の称臣入貢を疑問とするもの。池内宏「明初に於ける日本と支那との交渉」（『歴史地理』六―五～八、一九〇四年）、今枝愛真・村井章介「日明交渉史の序幕――『明国書并明使仲猷無逸尺牘』を中心に――」（『東京大学史料編纂所報』一一、一九七七年）、村井章介「建武・室町政権と東アジア」（『講座日本歴史』4、東京大学出版会、一九八五年）、鄭樑生『明・日関係史の研究』（雄山閣出版、一九八五年）一二四―一三九頁は、『明太

祖実録』の記事に従って懐良親王の称臣入貢の事実をほぼそのまま肯定するものである。今枝・村井と村井の両論文は、のち村井『アジアのなかの中世日本』（校倉書房、一九八八年）に収録。小葉田淳『中世日支通交貿易史の研究』（刀江書院、一九四一年）一—七頁、は良懐と懐良親王とを同一人としているが、称臣入貢については『明太祖実録』の記事をひき、とくに見解は述べていない。

(6)(7)(8) 前掲注(5)論文参照。

(9) 『明太祖実録』九〇、洪武七年六月乙未条。なお、このときの彼我の交渉を論じた村井章介「室町幕府の最初の遣明使について——『雲門一曲』の紹介をかねて——」（今枝愛真編『禅宗の諸問題』雄山閣出版、一九七九年、のち村井章介、前掲注（5）『アジアのなかの中世日本』に収録）がある。

(10) 佐久間重男、前掲注(3)論文。

(11) 『明太祖実録』一三三、洪武十三年九月甲午条。

(12) 臼井信義『足利義満』（吉川弘文館、一九六〇年）一〇〇—一〇一頁。

(13) 田中健夫、前掲注(3)書、七一—九四頁。

(14) 『康富記』応永八年五月十三日条。

(15) 田中健夫、前掲注(3)書、一〇六—一〇七頁。

(16) 中村栄孝『日本と朝鮮』（至文堂、一九六六年）九三—一〇二頁の「十五・六世紀日本国王使・朝鮮通信使年表」参照。

(17) 三宅英利『近世日朝関係史の研究』（文献出版、一九八六年）七三—一二六頁。

(18) 伊東多三郎「将軍、日本国王と称す——その史的意義——」（『日本歴史』六〇、一九五三年、のち、同『近世史の研究』第四冊に収録、吉川弘文館、一九八四年）

(19) 辻善之助「懐良親王の対外硬と足利義満の国辱外交」（前掲注(5)書）、田中健夫「善隣国宝記の成立事情とその背景——室町外交における五山僧侶の立場——」（同『中世海外交渉史の研究』東京大学出版会、一九五九年）参照。

(20) 周全は『善隣国宝記』には周全渝とみえるが、中国人名としては周全の方が妥当であろうという鄭樑生の意見がある（前掲注(5)書、一八四頁）。

(21) 浅野長武「明成祖より足利義持に贈れる勅書に就て」（『史学雑誌』二九—一、一九一八年）。

(22)『明太宗実録』一一三、永楽九年二月甲寅条。
(23)『明史』三二二、日本伝。『如是院年代記』。
(24)『明太宗実録』一九三、永楽十五年十月乙酉条。『同』一九九、永楽十六年四月乙巳条。
(25)小葉田淳、前掲注(5)書、三三一―三四頁。
(26)『満済准后日記』応永二十六年七月二十三日条。
(27)高橋公明「外交文書、「書」・「咨」について」(『年報中世史研究』七、一九八二年)。
(28)『東海璚華集』二(玉村竹二編『五山文学新集』二、東京大学出版会、一九六八年、七三九―七四〇頁)。『戊子入明記』(牧田諦亮編『策彦入明記の研究上』所収、法蔵館、一九五五年、三五四頁)。
(29)『善隣国宝記』永享十一年、同十二年条。
(30)『朝鮮世宗実録』九四、二十三年十二月乙未条。
(31)『朝鮮世宗実録』九九、二十五年二月丁未条。
(32)『朝鮮世宗実録』一〇二、二十五年十月戊申、十一月丁酉条。
(33)『朝鮮世宗実録』一〇二、二十五年十一月丁酉条。
(34)『朝鮮世宗実録』一〇二、二十五年十月戊申条。
(35)『朝鮮世宗実録』一〇二、二十五年十月庚子条。
(36)『朝鮮世宗実録』一二〇、三十年四月壬午条。
(37)『朝鮮世宗実録』一二〇、三十年六月乙亥条。
(38)『朝鮮世宗実録』一二一、三十年八月庚辰条。
(39)高橋公明、前掲注(27)論文。
(40)『朝鮮世宗実録』一二七、三十二年二月辛卯条。
(41)『那覇市史』資料編第1巻3(那覇市役所、一九七七年)に陳侃以下の冊封使録の原文編と読み下し編が収められている。
(42)文書には「天順三年弐月初一日」とあるから、『善隣国宝記』がこの文書を「寛正元年庚辰」の条にあげいるのは誤りで、長禄三年に改むべきである。

(43) 文書には「天順肆年三月二拾捌日」あるから、『善隣国宝記』がこの文書を「寛正二年」の条にあげているのは誤りで、寛正元年に改むべきである。
(44) 『朝鮮世宗実録』二〇二、十八年四月癸巳条。
(45) 通信符については、田中健夫、前掲注(1)書、八九―九〇頁、参照。
(46) 田中健夫、前掲注(3)書、三〇一―三一一頁、村井章介「朝鮮に大蔵経を求請した偽使について」(田中健夫編『日本前近代の国家と対外関係』吉川弘文館、一九八七年、所収、のち村井、前掲注(5)書に改題収録)、和田久徳「琉球と李氏朝鮮との交渉――一五世紀東アジア・東南アジア海上交易の一環として――」(石井米雄・辛島昇・和田久徳編『東南アジア世界の歴史的位相』(東京大学出版会、一九九二年、所収)参照。
(47) 田中健夫、前掲注(1)書、所収。
(48) 『朝鮮中宗実録』四八、十八年五月甲午条。
(49) 田中健夫、前掲注(1)書、九四―九六頁、参照。
(50) 『続善隣国宝記』所収の文書には錯簡があり、『朝鮮通交大紀』によって訂正することができる。本書第七論文、参照。
(51) 田中健夫・田代和生校訂『朝鮮通交大紀』(名著出版、一九七八年)一一二頁。
(52) 奥野高広『足利義昭』(吉川弘文館、一九六〇年)二四一・二九一頁。
(53) 朝鮮国王で冊封を受けたのは太宗が最初で、永楽元年(太宗三、一四〇三)四月である(末松保和「麗末鮮初に於ける対明関係」『青丘史草　第一』一九六五年、所収、参照)。
(54) 中村栄孝『朝鮮――風土・民族・伝統――』(吉川弘文館、一九七一年)一二五―一三六頁、参照。
(55) 田中健夫「文書の様式により見た足利将軍と琉球国王の関係」(前掲注(1)書、所収)。
(56) 村井章介、前掲注(5)「建武・室町政権と東アジア」。
(57) 小葉田淳、前掲注(5)書、三八八―四四九頁。

〔補記〕

本章の旧稿執筆後に発表された関連論著に、高橋公明「室町幕府の外交姿勢」(『歴史学研究』五四六、一九八五年)、閔徳基「朝鮮朝前期の「日本国王」観」(『朝鮮学報』一三二、一九六九年、のち同『前近代東アジアのなかの韓日関係』早稲田大学出版部、一九九四年、第一部第二章に収録)がある。

足利義昭時代の朝鮮宣祖の文書に見える「日本国王」は、いずれも対馬で偽作された国書に記された架空の国王に充てたものと考えられる。『朝鮮通交大紀』はこれを義昭に比定し、田中義成「豊太閤の外征に於ける原因に就て」(『史学雑誌』一一—八、一九〇〇年)・同『豊臣時代史』(明治書院、一九二五年)は織田信長に比定した。田中義成の説は、辻善之助・栢原昌三・徳富猪一郎・花見朔巳らに承けつがれた。その後、田保橋潔・中村栄孝は田中義成説を批判し、備後鞆に滞在中の義昭とした。しかし、『朝鮮送使国次之書契覚』などには、対馬で国王印を捺した記述などがあり、対馬で創作された国王と考えるのが妥当であろう(田中健夫編『〈訳注日本史料〉善隣国宝記・新訂続善隣国宝記』集英社、一九九五年、三五〇—三五七頁)。

第三　十五世紀日朝知識人の相互認識

はじめに――漢字文化圏と知識人――

十五世紀、ほとんど時期を同じくして外交の舞台に登場、活躍した傑出した知識人が、日本と朝鮮に存在した。ここにいう知識人とは、漢字文化圏のなかにおける知識人で、四書五経をはじめとする高度の漢籍・漢詩の知識に通暁して、漢詩・漢文を書くことができ、広範な儒教・仏教の教養を持った人たちのことである。士大夫などの文化人がこれに当る。漢字文化圏では知識人の存在はきわめて重いものであり、その思想や認識は文化ばかりでなく、政治や経済の動向をも左右した。対外交渉も、また直接・間接にその影響を受けることが多かった。

このような意味において、両国で最高の知識人と目された人物は、日本の五山禅僧瑞渓周鳳（一三九一―一四七三）と朝鮮の宰相申叔舟《シンスクチュ》（一四一七―七五）とである。瑞渓が申叔舟より二六歳の年長だったが、二人が活動した時期は重なっており、瑞渓が八三歳で寂した二年後に申叔舟も五九歳で没している。

日朝同時代を生きた二人の知識人の行動と思想を比較し、検討する作業は、日朝関係の展開を考えるうえで見逃すことのできない重要な問題をふくんでいる。本稿は、瑞渓周鳳の『善隣国宝記』と申叔舟の『海東諸国紀《ヘドンチェグッキ》』を中心にして、それが選述された事情や背景に配慮しながら、両者の共通点と相違点を明らかにし、両国知識人の対外認識がどのようにして形成されていったかを考えてみたい。

一　日本と朝鮮で同時期を生きた二人の知識人

1　五山を代表する詩文僧　瑞渓周鳳

室町時代、五山の詩文僧は、家学を受け継いだ公家とともに当代の学問を担った代表的知識人であり、教養人であった。五山僧は、中国貴族の習俗としての学芸教養・儒学・詩文を中心とする士大夫階級の社交形式の心酔者・紹介者であり、その模倣追随者だったのである。(1)

瑞渓は、臨済宗夢窻派の僧で、道号を瑞渓、法諱を周鳳という。地名《ちみん》を泉南といい、べつに臥雲山人・竹郷子・刻楮子・猱僧とも称した。明徳二年（一三九一）和泉堺の伴氏の子に生まれ、応永の乱で父を失って上京、応永十一年（一四〇四）一四歳で相国寺（五山）の無求周伸（一三二二—一四一三）の室に入り、一六歳で剃髪した。応永二十年、無求の示寂にあい、厳中周噩（一三五九—一四二八）に随侍してその教訓を受けた。厳中は春屋妙葩（一三一一—八八）に嗣法したが、外学は義堂周信（一三二五—八八）から受けており、詩文に巧みで、『三体詩』に詳しい人だったから、瑞渓はいわば五山文学の正嫡を受けたということになる。応永二十五年、奈良に行き、戒律と華厳を学び、帰京して再び相国寺鹿苑院に厳中に随侍した。

正長元年（一四二八）厳中の示寂にあい、その後は天章澄彧・惟肖得巌（一三六〇—一四三七）に師事した。永享八年（一四三六）夏、鹿苑院蔭凉軒主季瓊真蘂（—一四六九）から将軍足利義教に紹介され、義教から文筆の才量を称揚された。同年山城景徳寺（諸山）の住侍に任ぜられ、入院して一香を無求の真前に献じて、その法を嗣いだ。翌九年山城等持寺（十刹）に遷住、同十一年、上杉禅秀の乱の後始末の都鄙和睦の使者として幕命を帯びて関東に下向した。同十二年、相国寺の第五〇世住侍に昇り、入院の式には義教が親しく出席した。

嘉吉元年（一四四一）、相国寺内の壽星軒に隠居、同三年、相国寺崇壽院塔主に就任した。文安三年（一四四六）には相国寺鹿苑院の塔主に任ぜられ、僧録の業を掌った。僧録は、中世禅林の最高統括機関であるが、瑞渓は、文安三年十月から翌年七月までと、康正二年（一四五六）二月から寛正元年（一四六〇）十月までと、応仁元年（一四六七）から文明五年（一四七三）の示寂に至までの三度、鹿苑院主として僧録のことを掌った。(2) 文安四年（一四四七）以後、瑞渓は相国寺壽徳院・嵯峨の大慈庵・北山鹿苑寺・北岩蔵慈雲庵などに住したが、その間、宝徳元年（一四四九）から同三年まで杜詩の講筵を開き、寛正二年（一四六一）から翌年にかけては、蘇東坡の詩を抄して『坡詩脞説』を撰述するなどの文芸活動を行った。寛正五年（一四六四）には幕命により遣明使節が持参して明の皇帝に奉呈する表文を起草し、明に求める日本未渡の書籍の目録を作成した。

著書には、外交の参考書『善隣国宝記』三巻、四六文集『竹郷集』（『瑞渓疏』）一巻、故事の考証録『臥雲夢語集』一巻、有馬温泉への紀行『温泉行記』（『温泉紀行』）一巻、群書を抄録した『刻楮集』二〇〇巻などがあり、文学僧としての面目躍如たるものがある。外学の門生に、横川景三（一四二九―九三）・景徐周麟（一四四〇―一五一八）・綿谷周瓞（一四〇五―七二）・月翁周鏡（―一五〇〇）などがいるが、いずれも文名が高く、外交文書の作成などに活躍した。

瑞渓の日記『臥雲日件録抜尤』は、相国寺の惟高妙安（一四八〇―一五六七）が永禄十年（一五六七）抄録したもので、文安三年から文明五年までの記事が収められている。この日記は、東京大学史料編纂所編纂『大日本古記録　臥雲日件録抜尤』（岩波書店、一九六一年）として、解題・年譜・索引を付けて刊行されている。

瑞渓は、文明五年（一四七三）五月八日、慈雲庵で示寂した。行年八三。文明十四年、後土御門天皇から興宗明教禅師と勅諡された。(3)

2　文人にして宰相　申叔舟

朝鮮の知識人を代表する申叔舟は、本貫は朝鮮慶尚道高霊県。字を泛翁《ボモン》、号を希賢堂または保閑斎と称した。一四一七年（太宗十七、応永二十四）六月に生まれ、幼時から「読書一覧輒記」といわれ、一四三九年（世宗二十一）に文科に及第し、俊才の名をほしいままにした。世宗・文宗・端宗・世祖・睿宗・成宗の六朝に仕え、京外の要職を歴任した。

一四四三年（成宗二十五、嘉吉三）、通信使僉知中枢院事卞孝文《ピョンヒョムン》・副使上護軍尹仁甫《ユンインボ》とともに書状官として日本の京都に使し、一四五二年（文宗二、景泰三、享徳元）には首陽大君《スヤンテグン》（のちの世祖）の謝恩使行の書状官となって明都北京に使した。さらに、一四六〇年（世祖六、寛正元）には江原・咸吉道都体察使として毛憐衛野人（満洲の女真人）を征討した。とくに世祖の知遇を受け、王位の確立を図り、靖難・佐翼の両功臣に列せられた。一四六二年（世祖八）には領議政（首相に当たる）に任ぜられたが、もともとこの職は最高の知識人にして初めて達しうる最高の官職であった。一四六八年、睿宗の即位と南怡の獄のときにも功をたて、さらに睿宗夭折後は成宗を立てて幼主の補弼に当り、一四七一年（成宗二）に再び領議政になった。一四七五年（成宗六、文明七）六月病没し、文忠の諡号を受けた。行年五九。

ひろく経史に通じ、詩文をよくし、政治に関する識見が高く、ながく礼曹判書を兼ねて外交と文教を主宰した。外交文書の作成や世宗の訓民正音（ハングル）制定にも寄与し、その詩文は没後に成宗の命で『保閑斎集』一七巻（『朝鮮史料叢刊』一四）として刊行された。

日朝通交に関する規定は、世宗朝（一四一九—五〇）に多く作られて、文宗・端宗と継承され、それが完備したのが世祖朝（一四五五—六八）であった。世祖の信任が厚かった申叔舟は、規定の整備と励行につとめ、不備なものは補って新制度をたてた。『海東諸国紀』は、まさに申叔舟の外交の成果の記録であり、結晶であった。『朝鮮成宗実録』六年(一四七五)六月戊戌条は、申叔舟死去のことをあげ、その伝を記し、そのなかに「以事大交隣為己任」としている。事大交隣とは明と日本とに対する朝鮮の外交のことである。また、死に臨んで成宗が言わんと欲するところを問うたのに、「願国家、毋与日本失和」と答えたいう話は有名で、柳成龍の『懲毖録』に書かれ、はやくから日本に伝わり、松下見林の『異称日本伝』にも引かれた。

二　申叔舟の日本行

申叔舟は、一四四三年(世宗二十五、嘉吉三)通信使に従って書状官として日本に渡った。このことは申叔舟の日本観形成に大きな関係があると考えられるので、この時の情況について述べよう。

通信使の本来の使命は善隣外交の儀礼を修することであったが、同時に、相手国の政治・経済に関する情報を蒐集することや、文化使節として相手国の各層と交流して朝鮮文化の水準を誇示し、理解させることなども任務にふくまれていた。それゆえ、通信使一行には一流の知識人と目された人物が選任されるのが常例であった。

一四四一年(世宗二十三、嘉吉元)六月二十四日、将軍足利義教が播磨の守護赤松満祐により誘殺された。嘉吉の乱である。この報道は、一年半後の一四四二年十二月に対馬の宗貞盛の使者によって朝鮮に伝えられた。朝鮮では通信使の派遣について賛否の論があったが、翌一四四三年(世宗二十五、嘉吉三)二月、新将軍義勝襲位の祝賀と前将軍義教の致祭を名目に派遣を決定した。義勝は、前年の十一月七日、将軍位についていた。正使卞孝文・副使尹仁甫・書状官申叔舟の五〇余人の一行は、二月ソウルを発し、三月富山浦発船、対馬を経て赤間関に到った。大内教弘はこのことを京都に馳報し、四船を発して護送した。しかし、尾道では国王教書がないという理由で護送されず、兵庫では兵庫守護官から「国王年少、諸大臣擅権、以使臣支待、各有所費、但於国有礼物、而於己無益、故托辞以拒之」と告げられ、入京を阻止されたが、六月兵庫に上陸して京都に入った（『朝鮮世宗実録』一〇二、二十五年十月甲午条、『朝鮮成宗実録』一〇一、十年二月丙申条など）。

日本側の対応に関しては、三宅英利の研究があるが[4]、京都では、一行を受け入れるかどうかで賛否の論があった。中原康富の日記『康富記』の嘉吉三年五月六日条には、

清大外史令立寄給、只今招引之間、可向飯肥第云々、予向飯尾肥前入道許、清大外記参会、

とあり、

肥前入道語云、近日高麗人可来朝也、先々要脚被懸仰諸大名、被出之処、今時分諸大名諸国役出銭不可叶之間、高麗人不可被入立京都、可被追返也、其間事、管領畠山被存之間、諸大名一揆して可被返高麗人也、可為如何様哉、意見密々談合清大外記之由語之、唐船者、誠不可入日本之由、有先々御沙汰歟、於高麗人者、既神功皇后御退治以後来服之三韓之随一也、高麗相通者、可叶神慮也、只不可入之由今更被仰者、可為後年煩歟、如何して可被返之や、所詮上古往昔ハ来朝之貢賦也、近来者為商売所入来也、然者牒状之文章違上古歟、古今之牒状取集見合天就文章之咎可被返高麗人歟之由、外史意見歟、

とある。

清大外史とは大外記清原業忠（一四〇九―六七）のことで、後花園天皇・成仁親王（のちの後土御門天皇）に進講し、清原（舟橋）宣賢には養祖父として学問を伝え、当代最高の儒者の名を恣にし、清原家中興の祖と言われた人物である[5]。瑞渓周鳳は「大外記清三位業忠近代博学之士也、与予縦遊者三十余年矣」（『善隣国宝記』中）とし、太極蔵主は「今外

史業公、積精深思、通達其旨、頃日大開講肆議説論語・尚書・左氏伝及諸典、其弁如翻波、天下学者皆師之、以公出故、清家之学大興也」(『碧山日録』長禄三年四月二十三日条)とその人物を評している。

飯肥とか肥前入道とあるのは、室町幕府奉行人の飯尾為種(―一四五八、法名永祥)である。為種の邸に業忠と康富が集まって高麗人(朝鮮使節)に対する談合を行い、為種は、諸大名が使節応対の費用を負担することが困難なので、管領畠山持国に対し一致して朝鮮人の入京を拒否していることを述べ、業忠の意見を徴したのである。

隣国の使節を迎える行事は、莫大な費用を必要としたので諸大名は国役の出銭を負担することができず、なんとか理由を考えて追い返そうとしたのだが、当時の幕府ならびに諸大名の経済力はこの程度だったのである。業忠の意見は、高麗人は上古以来日本に服属していたのだから拒否する理由はない、文書の文章の難点を言い立てて返せばよい、という拒絶理由の摩り替えだった。三宅英利は、業忠のこの言について「その学識の固陋性と国際感覚の欠如に驚くほかはない」といっているが、このような考え方はむしろ当時の貴族層に共通した一般的な見解だったのではないだろうか。

朝鮮使節はこれに対し、今回の渡航の目的は商売ではなく、足利義教(普広院)の弔礼のためであると弁明して入洛を許され、六月十九日、五〇余人の使節団が室町邸において足利義勝に謁した(『康富記』嘉吉三年六月十九日条)。一行は六月室町邸で義勝に拝礼し、前将軍義教の祭文を呈した。帰途、赤間関では義勝の訃に接し、山口に立ち寄って大内教弘に大内持世の祭文を呈し、十月に帰国復命した(『朝鮮世宗実録』一〇二、二十五年十月甲午・丁酉・庚子・甲辰・戊申・十二月丁酉条など参照)。

申叔舟の日本観察に大きな影響を与えた人物として副使尹仁甫の存在が考えられる。尹仁甫は、応永の外寇の直後、一四二〇年(世宗二、応永二十七)回礼使宋希璟に従い、一四二二年(世宗四、応永二十九)には回礼使朴熙中・副使李藝・書状官呉敬之に従い（『朝鮮世宗実録』一八、四年十一月癸卯条）、ともに通事として日本に渡航し、一四三九年（世宗二十一、永享十一）には、ついに通信使高得宗を正使とする通信使一行の副使あげられた（『朝鮮世宗実録』八九、二十二年五月丙寅条）。申叔舟と同行した一四四三年（世宗二十五、嘉吉三）は、二度目の副使だったのである。渡航経験の豊富な有数の日本通といっても過言ではなかった。[6][7]

一四二〇年、尹仁甫は帰国後に精細な日本国内の事情に関する復命書を提出した。

日本国回礼使通事尹仁甫、先来復命啓曰、臣等初到其国、待之甚薄、不許入国郡、館于深修庵、距国都三十里而近、常以兵囲守、不令与国人通、（中略）、国無府庫、只令富人支待、又有人密言、其王居無体面、不欲示之、故不令入都也、其御所毎歴諸寺修斎以此為事、命令只行於近都地面而已、土地皆爪分於強宗、毎事依違而已、

（『朝鮮世宗実録』一〇、二年十月癸卯条）

ここに見られる室町幕府に対する認識は、朝鮮政府の対日政策を決定するための重要な情報になったと想像される。このことは、九年後の一四二九年（世宗十一、正長二）の通信使朴瑞生の上啓によくしめされている。

大抵其俗不知礼義、小不合意、不顧其身、雖御所之命、拒而不従、由此観之、修好御所、雖為交隣之道、而於禁賊之策猶緩也、且日本有所求、則遣使請之、如無所求、雖賀新弔旧之大節、漫不致礼、今臣等奉命而至、接待亦不以礼、恐因其国旧史所書而然也、願自今国家不得已之事及報聘外、不許遣使、而於上項諸島之主、厚往薄来、以悦其心、間或遣使、敦諭至意、以為禁賊之策、

（『朝鮮世宗実録』四六、十一年十二月乙亥条）

一四二〇年の尹仁甫の報告の趣旨は、後年の朴瑞生の対日策の献言にそのまま受け継がれ、室町将軍（御所）と修好するのは交隣の道ではあるが、倭寇対策としては不十分だから、むしろ各地の諸大名との間に「厚往薄来」の関係を結ぶほうが得策だとしている。そして、これが朝鮮の対日政策の基本になったのである。

一四四三年、申叔舟が日本に渡った時の通信使一行の見聞の内容は、三六年後に前経歴李仁畦が国王成宗の諮問に答えた文のなかに詳しく語られている（『朝鮮成宗実録』一〇一、十年二月丙申条）。李仁畦は正使卞孝文の子弟として随従した人物である。彼が見た日本の国情はつぎのようなものであった。

其国無郵駅、其俗耕田以馬、凡輸物人担之、而放牛山谷間、牛皆肥腯、臣等問曰、可得宰牛而食乎、答云、汝国好食走獣、誠可醜悪、且倭人待我甚薄、臣偶入僧舎、求飲水、乃以故器与之、飲畢即破棄、又饋食用木器、食畢必蹴踏毀之、乃曰、汝不染歯、不班衣、好食獣肉、良可醜也、見必掩鼻而過、

駅逓・輸送の手段、牛馬を飼育しながら肉食を極度に嫌悪し、嗅覚に敏感な日本人の国民性、飲食の習慣、お歯黒や衣服に関する嗜好の相違などがよく描写されている。接待を受けた場所が寺院であったために生じた見聞であることを考慮しなくてはならないが、一般の日本人が朝鮮人に対して抱いた感じにも大きな相違はなかったと思われる。

ちなみに、日本人が外国人の臭いを嫌う感覚は江戸時代でも同様だった。このことについて、荒野泰典はつぎの報告をしている(8)。

台湾の長官だったピーター・ヌイツという人が、一六二〇年代の後半に幕府との交渉で日本にやって来るんですが、その時に京都所司代の板倉と箱根のあたりで一行と会って挨拶しようとした。ところが板倉は宿にいるにもかかわらず会うのを拒否して、居留守をつかって、板倉らはオランダ人の悪臭を恐れて、鼻と耳を塞いで通り過ぎた、それが日本の伝統的な礼儀正しい作法だ、というふうに答えさせた。ヌイツはそれを書き留めて非常に怒っていて、こういうことが語られるのは、日本以外のどこでも経験しなかったというふうなことを書いている。

二〇〇年近い年代を隔てても変わらなかった日本人の感覚の符合が見られて、興味をそそられる。

李仁畦の報告の引用を続けよう。

国俗酷信仏教、寺刹半於閭閻、雖至達官、年踰四十、便剃髪、臣等始至、亦館於寺、傍有竹林、盗乗夜欲攻、臣等常苦防戍、不能安寝、上又問曰、大臣職名何如、対曰、最上管提、次左武衛、次大和守、分其国土田、管提取其半、二臣又治其半、出銭供奉皇帝、上曰、有市肆交易乎、対曰、市肆頗類我国、然土瘠民貧、所貿之物、不過海錯、其婦女被髪為飾、塗以冬栢油、昼聚為市、夜則淫奔、以資生業、(中略)、国多盗賊、嘯聚成群劫掠、殆無虚日、有売劒者来言曰、吾劒昨夜連斬二人、鋩刃少缺、又其俗崇仏、雖犯殺人者、投仏舎過三日、則不之罪、上曰、有善射者乎、対曰、其俗合竹為弓、臣見三十人耦射、中者僅一二人、臣曰、我国之人、終日射侯、発無不中、今観汝射、有同児戯、其人発怒挺身、露刃将刺臣、頼通事解得免、(中略)、上曰、有勇力者乎、対曰、無之、我国人与倭相搏必勝、

文中の管提は管領細川氏、左武衛は斯波氏である。大和守は山名氏かもしれない。

これに続く、日本人の学問に関する諮問の応答には申叔舟が登場する。

上曰、(中略)、倭亦知学乎、対曰、但解題詠耳、経書則不学也、寺僧好詩、求詩於申叔舟、叔舟即賦三十篇、僧見之心服、欲和而未能也、

叔舟はその詩才を遺憾なく発揮して、即座に三〇編の詩を作り、詩文に関心の深い日本の五山僧たちを心服させたというのである。

ここに見られる、日本人は経書は学ばず、詩の題詠にのみ熱中していたという記述は、当時の日本知識人の漢字文化に対する偏向した受容の態度を明確に認識した重要な指摘である。

物産・音楽についても記事がある。

上曰、有水牛乎、対曰、無之、其国無物産、凡物多貿於南蛮而用之、只有黄金、其直与我国無異也、上曰、有

楽乎、対曰、但有腰鼓・笙管、聞我国音楽、或有起舞者、

李仁畦の報告は、この他にも、日本全土の面積、使節接待の席次、皇帝（将軍）の服装、婚姻などに関する興味深い記述に満ちている。のちに申叔舟の撰した『海東諸国紀』「日本国紀」の「国俗」の条と直接の関係は見られないが、いくつかの点では共通したものもある。申叔舟も李仁畦や尹仁甫・朴瑞生と同様の経験をし、同様の感懐を抱いたであろうことは想像に難くはない。

三　瑞渓周鳳の仏教的世界観と『善隣国宝記』の朝鮮観

室町時代の知識人はいったいどのような宇宙観・世界観をもっていたのであろうか。宇宙・世界といっても、悟道の境地としての曼荼羅のようなものや、時間的な想念としての三世・過現未・正像末などがあるが、ここでは空間的な拡がりを一応世界と考えて検討することにする。

北畠親房が『神皇正統記』巻一で述べているところの、須弥山を中心に本朝（日本）・震旦（中国）・天竺（インド）をもって構成される空間が世界のすべてであると考える、仏典にもとづく三国世界観は、仏教伝来とともに日本にもたらされ、知識層の共通認識としてその異民族観の形成などにも影響していたが[9]、この世界認識はそのまま瑞渓周鳳も共有した中世知識人の一般的な世界観であった。

板沢武雄は、中世の仏徒が抱いていた宇宙観・世界観、すなわち天文学的常識をつぎのように要約している[10]。

仏教の天文学系の説でわが国の場合もっとも重視すべきは須弥山説である。須弥山は梵語 Sumer の旧訳で、新訳にては蘇迷盧といい、中国で更に意訳して妙高という。宇宙はこの須弥山を中央として周囲に七金山、八海を

有し、一切の生類はこれによって生棲し、日月諸天またこれによって廻転するとなす。

北畠親房の神皇正統記巻一の序論ともいうべきところに、須弥山説を中心とする印度の創世説をあげ、ついで中国の磐古の創世説をあげている。これ蓋し中世までの日本人の常識であった本朝・震旦・天竺をもって世界のすべてであるとする三国世界観に立って、わが国の国体のいかに震旦、天竺のそれと異なっているかを明らかにせんとする意企に出たものであるが、またもって中世における日本人の天文学的常識を察することができる。瑞渓は、この須弥山中心の三国世界観を信じ、本朝を過去久遠の風の顕現した仏国としながらも、一方では「粟散之地」の自国認識にとどまっていたのである（『善隣国宝記』序）。

また芳賀幸四郎は、当時の禅僧一般の教養について、

禅僧の教養のひたすらに大陸文化の摂取にむけられたことが、根柢において、大陸崇拝の感情に根ざすものであること、そしてその限り、それが主として彼等の管掌した室町幕府の対明国辱外交と相通ふものとして、厳正な批判に値ひするものであることはいふまでもない。それは、どう強弁してみても誉めたものではない。しかし、考へてみれば仏本神迹説がまだ神本仏迹説として完全に時代の思想界を支配しえなかつたその頃、また神本仏迹といひながらも、わが国の神をそれ自体の絶対性の故にでなく、何等かの意味で仏に関聯せしめてその価値と尊厳を承認する段階にあつた当時の思想的雰囲気のうちあつては、それは又彼等の無自覚といふだけでは片付けられぬものでもあつた。

と指摘している(11)。中国思想の崇拝を根柢とし、仏本神迹説を克服できない段階にあったというのである。

以上のような前提をふまえて、瑞渓の世界観および朝鮮観を『善隣国宝記』の序文の記事を手がかりにして検討してみよう。

『善隣国宝記』は日本で最初のまとまった外交史書として知られているが、この書は瑞渓が寛正五年（一四六四）に明皇帝への上表文の起草を命ぜられたのを契機に撰述したもので、仏教徒の往来を中心に外交の推移をたどり、室町時代の外交文書を収録し、後世の外交文書執筆者の参考に資そうとしたものである。その序文は文正元年（一四六六）に書かれているが、内容はその後に増補されている部分が少なくない(12)。

序文の冒頭には、

日本与震旦相通、蓋始於垂仁天皇之代乎、其通書信、則推古朝聖徳太子自製隋国答書焉、予録両国使者及禅教名師揭来年月乃至近時往返之書、号曰善隣国宝記、

として、まず、日本と中国との外交の開始が日本仏教の祖とされた聖徳太子によって始められたことを指摘し、ついで内容におよび、古代以来の仏教徒の往来と近時の外交文書を収録したのが本書であるとしている。

つぎには瑞渓の神国史観が見えるが、多くを北畠親房の『神皇正統記』に拠った事情をみずからつぎのように記している。すなわち問答形式をとって、

或問、此記之首略述神代事何也、曰、此方学徒、読震旦書者知其国山川・人物、読天竺書者亦然、吾国雖有六国史等書、而読者鮮矣、故知本国事者幾希矣、捨近取遠無乃左乎、今録両国相通之事、先当令人知吾国之為神国之由故、述十一二耳、此皆神皇正統記中所載也、其記過半倭字、今改作漢字矣、

とある。ちなみに『善隣国宝記』上巻巻頭のつぎの文は、『神皇正統記』そのままの引用に近く、親房の神国観をそのまま受け継いでいる。

大日本者神国也、天祖創基、日神伝統焉、在神代曰豊葦原千五百秋瑞穂国、蓋自天地開闢初有此名矣、

このように、『神皇正統記』が『善隣国宝記』に与えた影響は大きかったが、瑞渓が『神皇正統記』に注目したの

は、七五歳のとき、さきにあげた清原業忠の教示を受けたことによっているのであって、『善隣国宝記』撰述の思想的・文献的背景として『神皇正統記』が大きな役割を担ったとは考えがたい(13)。ちなみに、清原家は、一条天皇のとき広澄・善澄兄弟が博士および助教に任ぜられ、清原姓を賜って以来、明経道の家として重きをなし、業忠は吉田家から出た神道家の養孫舟橋宣賢に学問を教えたという(14)。

白山芳太郎は、親房はその前半生には儒教を修め、のちに伊勢神道を学習して思想の基盤を形成したと説き、「『善隣国宝記』などをみていると、当時の儒学に朝鮮系儒学と宋学と養老令の学令で課せられた律令官人の素養としての古典的儒学等、色々なものの混入を感じる。親房も同様の混入があって不思議ではない」といっている(15)。

問答形式で続く序文のつぎの文章は、瑞渓の神国観・仏国観・本地垂迹観を述べている。

又問、既是神国、然録学仏者往来何也、曰、未知神国之所以為仏国乎、凡此国諸神皆垂迹也、其本則三世諸如来・十地大薩埵也、北野神曰、此国普賢・龍樹流伝密教之地、又応化諸聖以悲願力、借名明神、游住諸処、覆護衆生、誠哉斯言、法華曰、諸仏救世者、住於大神通、為悦衆生故、現無量神力、伝聞、熊野権現之神、就六万余言中、特挙此偈告解脱上人、其意不待言而可知也、況八幡神請仏光禅師来此国、日吉神勧智証大師入大唐、皆為仏法流通也、神能如此帰仏、非仏国而何耶、慈覚大師云、雖神明応跡国、而大日応現故号日本、亦有旨哉、

日本の神は諸仏の垂迹であること、仏法の流通は諸神によるものであることと神仏の交流や対応関係を記したものである。村井章介は、瑞渓のこの文に注目し、

この意識からは、仏教者の往来の史実も、仏光禅師無学祖元の来日は八幡神の要請により、智証大師円珍の入唐は日吉神の勧奨による、といったぐあいに、すべて神の意思のあらわれとされてしまう。いわば歴史に神話化がおこなわれるわけである。

とし、「顕密主義の国際意識の、ひとつのお手本をしめすものといえる」と解し、当時の知識人の国際認識は畢竟、黒田俊雄の提唱した顕密主義の枠組みの限界を超えられなかったといっている。(16)

瑞渓の序文は、ついで聖徳太子の事績に言及し、『日本書紀』などには見えない太子伝説をあげて、初めは天竺に生を受け、震旦に転生し、最後に日本に来化して奇跡を行ったとしている。

吾国第三十代欽明天皇御宇、仏教始来、既而聖徳太子始講法華・勝鬘二経、雨華放光聳動四衆、昔在天竺、為勝鬘夫人親聞金口説、後生震旦、為南岳思大密承達磨之誨、来化吾国、託胎之初、自称救世菩薩、実欽明神孫、用明聖子、而輔推古政、居儲君位、寰中不令而化、塞外不征而従、或時乗烏駒翔虚空、而凌士峰之雪、或時駕青龍横大洋、而入衡岳之雲、皆出於思議之表、所謂救世而現神力者乎、遊片岡逢達磨、見其飢臥、推衣々之、磨乃逝矣、空棺留衣、太子特服其衣、聖意深矣、虎関竊以為表伝衣、未為誣焉、然則三十二字和歌、亦可以擬伝法偈也、吁、仏法東漸祖師西来、太子皆為之地乎、

文中の虎関は、『元亨釈書』の著者虎関師錬である。

序文はつぎに、日本は太子の広めた教えによって他には類を見ない仏国として栄えてきたという論を展開し、その根源は太子が推進した善隣外交にあったと結論している。

夫、天竺則外道六師交起、提婆之逆・瑠璃之難、在仏世尚然、況仏後乎、震旦則仏氏纔歯于三教之一、而互相推奪、三武廃教、又未免其数也、吾国則王承神、々承仏、三即一、而此外無他、太子生神国為王子、四十九年所修之行、無一不仏事焉、爾来聖武帝・清和帝・宇多帝、同是吾国明天子、而譲位出家、蓋異国之所希者乎、如八王子・十六子之父、捨王位成仏道、皆在無央数劫之前、不図、粟散之地、劫濁之代、復覩過去久遠之風、国王既然、将相以降至于士民、無男無女、垂老薙其髪、円其顱、皆唱南無為口実、豈非吾国之為仏国也邪、実太子遺風余烈

之使然者也、如通書於震旦、亦出推古之朝、則善隣為宝、豈非太子之意乎、凡商船往来、常得貨財、以富吾国、亦善隣為宝之一端乎、然此皆入海求七宝之類、専為利爾、恐非太子之意矣、按十七条憲法、第二曰、篤敬三宝、々々仏・宝・僧也、云々、震旦乃三宝所自来也、太子善隣必以三宝為国宝矣、

この序文に書かれた神国・仏国一体の思想は、そのまま近世初頭にまで引き継がれた。浄土宗鎮西流名越派の僧袋中は琉球に渡ったが、一六〇五年（慶長十、万暦三十三）「琉球神道記序」に、

琉球国者、雖為海中小島、而　神明権迹之地也、国土安穏、而災厲不起、四時調適、而不曾見萎凋之相、殆可謂仙処、

として、琉球を瑞渓が理想とした「神明権迹之地」だとして謳歌した。(17)

また高木昭作は、瑞渓の序文の文章を詳細に分析・検討し、卜部兼邦の著と推定されている神道書『神祇正宗』の「神明之利生譲仏陀事」の項との間に文章の共通点があることを指摘し、そこにしめされた本地垂迹、神国・仏国、仏法東漸の思想は、近世の初頭に以心崇伝が起草した「伴天連追放之文」にまで引き継がれたとしている。(18)

序文の最後の文章は瑞渓の朝鮮観を述べていて重要である。

又吾国仏法、始自百済而伝焉、今属之震旦何也、百済蓋震旦之域也、泛而言之耳、此記多載新羅・高麗事、亦摂之震旦之故也、

瑞渓にとっては、本朝・天竺・震旦の三国以外に世界はないという仏教的世界観は絶対であり、朝鮮半島の文化は震旦文化圏の文化の一部にすぎないとしか考えられなかったのである。

『臥雲日件録抜尤』を見ても、朝鮮に対する瑞渓の関心はきわめて薄い。長禄二年（一四五八）二月二十六日条は、足利義政とともに建仁寺に詣り、この年の春朝鮮から将来された大蔵経を見たことを記し、翌長禄三年の八月一日条

では、多武峰が朝鮮に大蔵経を求めようとしてその文書の撰文を瑞渓に依頼し、瑞渓は天英周賢を推薦したことを記している。ほかに、寛正五年（一四六四）五月二十日条に「唐太宗、伐高麗時、日本出兵、助高麗、蓋以神功皇宮〔后〕代誓以来有好也」という清原業忠の言を書き留めている。このように瑞渓にとっての朝鮮は、大蔵経を印出した国、漢文の外交文書を送る相手の国、程度の意識しかなかったのではあるまいか。

しかし、対外関係を歴史的に考察して把握しようとするとき朝鮮半島の存在を無視することはできず、但し書きとして末尾に付け加えたのであろう。三国世界観の枠のなかでの朝鮮観であり、対外関係の現実を直視して得た認識の所産ではなかった。

四　申叔舟の交隣第一主義と『海東諸国紀』の日本観

一四七一年（朝鮮成宗二、成化七、文明三）十二月、朝鮮議政府領議政申叔舟が王命を奉じて『海東諸国紀』を撰進した[19]。瑞渓周鳳が『善隣国宝記』の序文を書いた文正丙戌（元年、世祖十二、成化二、一四六六）から五年後に当たる。序文の冒頭には、

夫交隣聘問、撫接殊俗、必知其情、然後可以尽其礼、尽其礼、然後可以尽其心矣、

とある。朝鮮外交の基本政策は、大国（中国）に臣事する事大と、隣国（日本など）と敵礼・抗礼の対等関係を保持する交隣である。申叔舟は、この書物が交隣聘問を最重要課題とし、その実践には相手の国情を知悉し、儒教道徳の基本である礼を重んずべきを述べる。

ついで、撰述は成宗の命令によること、史料の蒐集に努めたこと、撰者には渡航の経験もあり要職を歴任した自分

が適任者であることを記し、東海の諸国中で最も重視すべきは日本であるとし、その地理・歴史の大要におよんでいる。

主上殿下命臣叔舟、撰海東諸国朝聘往来之旧、館穀礼接之例、以来臣受　命祇栗〔慄〕、謹稽旧籍、参之見聞、図其地勢、略叙世係〔系〕源委、風土所尚、以至我応接節目、裒輯為書、以進、臣叔舟久典礼官、且嘗渡海躬渉其地、島居星散、風俗殊異、今為是書終不能得其要領、然因是知其梗概、庶幾可以探其情、酌其礼、而収其心矣、竊観国於東海之中者非一、而日本最久、且大、其地始於黒龍江之北、至于我済州之南、与琉球相接、其勢甚長、厥初処処保聚、各自為国、(下略)、

申叔舟の世界観についてまず考えさせられるのは、書名にあげた「海東諸国」である。本書の内容は日本と琉球の記事に限定され、自国朝鮮についてはまったく書かれていないが、「海東」とは本来中国の東方に位置する諸国をさし、朝鮮をはじめ、古くは渤海などまでも含めた地域の総称であった。「海東」を書名に採用したのが申叔舟自身だったのか、あるいは成宗の意図を受けて命名したのかは知る由もないが、ここには、日本・琉球も朝鮮とともに海東という共通の地域圏・文化圏のなかの一国であるという意識が存したにちがいない[20]。ちなみに、朝鮮では『海東諸国紀』と同類の書物として、一四九九年と一五〇四年、北方の野人に対する「西国諸番〔蕃カ〕記」の纂輯・印出を計画したことがあった(『燕山君日記』三二、五年正月己卯、『同』五二、十年正月辛未条)。『海東諸国紀』が書名にあえて「東国」の文字を用いずに「海東」を用いたことの意味を考えるべきではなかろうか。申叔舟にとっての世界は、実際に自己の属していた地域圏・文化圏すなわち海東諸国であり、瑞渓に見られるような観念によって構成された三国世界ではなかったのである。

内容を知るために目録を見よう。ここには申叔舟がどのような視点から日本を理解しようとしたかが明らかにされ

ている。

①海東諸国総図
②日本本国図
③日本国西海道九州図
④日本国一岐島図
⑤日本国対馬島図
⑥琉球国図
⑦日本国紀
　天皇代序　国王代序　国俗　道路里数　八道六十六州対馬島・一岐島附
⑧琉球国紀
　国王代序　国都　国俗　道路里数
⑨朝聘応接紀
　使船定数　諸使定例　使船大小船夫定額　給図書　諸使迎送　三浦熟供　三浦分泊　上京人数　三浦宴　路宴　京中迎餞　昼奉盃　京中日供　闕内宴　礼曹宴　名日宴　下程　例賜　別賜　留浦日限　修船給粧　日本船鉄釘体制　上京道路　過海料　給料　諸道宴儀　礼曹宴儀　三浦禁約　釣魚禁約

①から⑥までは地図である。①は、これに続く②から⑥までを合成して一枚の地図にしたものである。図の対馬・一岐（壱岐）・九州・琉球などの大きさは、本国（本州）の大きさに対して実際よりも大きく描かれている。この比率は、朝鮮人のこれらの地域に対する関心の度合いに比例している。すなわち、これらの地域は、実際の面積よりもは

るかに巨大な存在として朝鮮人から意識されていたのである。

②③は、本州と九州の図で、地図学のうえでは行基式日本図の系統に属する。夷島（北海道）が別島として描かれた最初の地図である。航路や港湾と里程の記載は先行の行基式日本図には見られなかったものである。おそらく、この地図の原図を朝鮮に持ち渡った九州方面の航海者が既存の地図に描き添えたものであろう。凡例に「道路用日本里数、其一里准我国十里」とあり、図中の里数は日本地図のそれがそのまま用いられている。このことは、安易に日本の里数を朝鮮の里数に置き換えるようなことはせずに、原図の記載を尊重していることを示している。「天皇宮」「国王殿」などは、申叔舟が自ら書き加えたものかもしれない。[21]

④⑤は、朝鮮人にとって最も関心のある対馬と壱岐の図で、山川・集落の記載は詳細を極めている。郡・郷・里・浦の名称の表記法は、あたかも万葉仮名のように漢字の音で日本読みの地名を表す方法をとっている。両図は、対馬・壱岐に渡航した経験のある朝鮮人――おそらくは申叔舟自身――と日本人との協力によって作成されたものと考えてよいであろう。

⑥の原図は、琉球渡航の経験をもった日本人――おそらくは博多の商僧道安――によって作られて朝鮮にもたらされたものであろう。航路は、おおむね琉球を起点にしているが、上松浦や大島（奄美大島）を起点にしていることもある。周辺島嶼の記載は、この時期よりすこし後れて明人の地理学者鄭若曾が著した『琉球図説』の「琉球国図」と較べればはるかに詳細かつ正確である。[22]

①は、②から⑥を一図に凝結させたもので、日本人の標準的地理認識をもりこんだ行基図と、朝鮮人による対馬・壱岐の認識と、九州地方の商人群を中心とした南島認識とが、申叔舟という希有の人物を得てはじめて同一の図面のなかに統一・総合されたのである。[23]

⑦は「日本国紀」だが、まず歴代天皇の系譜を王代記風に記した「天皇代序」と歴代将軍の系譜を記した「将軍代序」がある。典拠になった日本の著述を特定することはできない。単に、朝鮮国王が交隣の相手と考えた日本国王のことを知ろうとするならば「将軍代序」だけで足りるわけであるが、それのみでは日本の歴史の実態を理解したことにはならない。「天皇代序」は、北朝系の天皇の系譜で、飯豊天皇・淡路廃帝・神功天皇などが見え、『日本書紀』には見えない徐福の説話なども載せている。「国王代序」は、源頼朝と足利尊氏以後義政までの室町将軍について書いている。朝鮮国王が日本国王とよぶのは、本来は明の皇帝の冊封を受けたものであるべきだが、そのことは問題にされていない。頼朝から一二代目が尊氏だというのも誤りである。「将軍代序」の前に「天皇代序」を配したところに、交隣の原則を重視するよりも隣国の歴史の現実を見つめようとする態度が認められる。

「国俗」は、日本の婚姻・官職・刑罰・田賦・武器・節日・飲食・習俗・家屋・喫茶・傾城・国字・衣服などについて記し、民俗史料としても貴重な内容をふくんでいる。

「道路里数」は、朝鮮の富山浦（釜山）から日本の王城（京都）に至るまでの里数をしめしたもの。日本式の里数表示になっている。

「八道六十六州、対馬島・一岐島附」は、山城・大和以下、対馬・壱岐にいたる諸国の地勢・属郡・田積・産物などの記載である。田積については、凡例に「計田、用日本町段」とし、日本の史料をそのまま引用している。また凡例に「巨酋以下甚多、然姑記朝聘者於所居州下」とあるように、各地在住の定例・臨時の通交者の称号・処遇およびその動静などを詳述している。朝鮮では日本との通交に当ってその対象を日本国王だけに絞ることはせずに、各地の大名や豪族と個々に多元的に通交の関係を結んでいたから、個人に関する情報を重視したのである。

⑧の「琉球国紀」は、⑦の「日本国紀」と大体同様の記述方法によっているが、「琉球去我最遠、不能究其詳」と

書いているように、かならずしも十分ではない。

⑨の「朝聘応接紀」は、外交実務書としての本書の中心になる部分である。各種の応接に関する詳しい規定や先例で、申叔舟が、礼曹に保管されている書類や、議政府や承文院に所蔵されている謄録などの記録類を調査して編纂したものであろう。『朝鮮王朝実録』の記事で裏付けられるものが少なくない。[24]

以上のように、『海東諸国紀』の記事はきわめて多岐多彩で、日本国内に現存する史料では知ることができない事実も多くふくまれている。そのため、対外関係の史料としてだけでなく、中世日本を知るための史料としてもしばしば注目されている。これは、本書の編纂が外交の相手としての日本の姿を客観的に理解しようと努める姿勢で貫かれていたからである。すなわち、私意・独断を排し、事実や史料に密着して、それを見極めようとする態度を崩さなかったのである。『海東諸国紀』の序文のはじめに「知其情、然後可以尽其礼」として、交隣聘問のためには相手の国情を知るべきだとしたことの実践であった。ちなみに、一五六一年（嘉靖四十、永禄四）の鄭若曾の序のある『日本図纂』は、明代中国における日本研究の一つの頂点をしめすものであるが、『海東諸国紀』と比較すると、百科全書的な叙述に終始していて、『海東諸国紀』の細密な日本国内事情の観察にはおよばない。[25]『海東諸国紀』は、朝鮮における日本認識の集大成であると同時にその出発点であったといえよう。

五　相互認識とその特質

これまで、『善隣国宝記』の序文と『海東諸国紀』とに拠りながら、日朝両国における二人の知識人——瑞渓周鳳と申叔舟——が、相手国の朝鮮と日本をそれぞれどのように認識していたかを考察してきた。ここでは、二人の相互認識の特質を解明するための作業として、両者の共通点と相違点とを整理して考えてみよう。

二人の共通点は、すでに繰り返し述べたように、ともに両国における最高の知識人の代表だったことである。しかも、それが学問・教養を共有する漢字文化圏の東辺の隣接する地域の読書人として、同じ時代に共存したのである。瑞渓は、当時日本最高の学問の府である五山叢林において詩文僧として高い評価を受け、五山を統括する僧録という高位に昇った人物、叔舟も幼時から俊才の誉れが高く、外交の責任者である礼曹判書の地位に長く任じていたほかに、行政府の最高の地位である議政府領議政に昇り、経筵庁（王の筵席に侍講する官吏の役所）・藝文館（王の辞命の製撰をつかさどる役所）・春秋館（時政記を作る役所）・弘文館（宮中の経籍・文書をつかさどり、王の顧問に備える役所）・観象監（天文・地理・暦数・占籌・測候・漏刻などのことをつかさどる役所）などの長官を兼ねていた人物だった。

『善隣国宝記』と『海東諸国紀』との共通点は、共に外交の参考書・実務書という性質を持っていたことである。しかし、前者は外交文書作成の参考書として、その先例を後世に遺そうとする意識が強く、後者には外交事務全般を円滑に運用するための規定を中心として、なるべく具体的に対象国の国内事情を明らかにした実務書といった性格が強い。前者は詩文僧、後者は宰相という撰者の立場の相違がそのまま両書に反映したのである。そして、両書が後世から、ともに参考書・規範書として尊重され続けたことも共通した点であった。

つぎに、二人の相違点、すなわち立場・経験・世界観・相手国の認識の相違と、それが生じた背景などを述べ、二人が外交にどのような理想・目的を抱いていたかを論じ、『善隣国宝記』と『海東諸国紀』の撰述態度の差異を考察し、両者の外交に対する姿勢を検討しよう。

相違点としてまず挙げられるのは、当然のことだが、瑞渓が日本人であり、叔舟が朝鮮人であったということである。ともに、京都あるいはソウルという一国の首都で生活していたが、二人はそれぞれに両国の歴史を担い、歴史的風土のなかに生きていたのである。

二人の社会的な立場の相違点をみよう。瑞渓は五山叢林における傑出した詩文僧であり、僧録に昇り、その立場で外交文書の作成にあった。彼を取りまく交友の範囲は、僧侶のほかに清原業忠などの公家の学者もあり、『元亨釈書』や『神皇正統記』を読習し、仏典や律令官人に課せられていた古典的な儒教の教養のほかに宋学や神道にも通じていた。これに対する叔舟は、朝鮮儒教の高い教養を習得し、礼曹判書という外交の責任者を経て、再度議政府領議政という最高位に昇った行政官僚であり、通交に関する規定の制定に参画し、外交事務を管理し、外交政策を決定する経世家であった。それに、瑞渓が文献・文字の世界を通じて漢文学の教養を体得しながらも、外交の場面では直接経験をもたない観念的な国際人であったのに対し、叔舟は日本や中国の土地を実地に踏み、その風土の空気を肌で感じて実務に当ったことのある体験者としての国際人であった。日本の政治家にとって知識人であることは必須の条件ではなかったが、朝鮮では知識人であることが政治家の欠くべからざる資格だった。日朝両知識人の立場の相違は、その世界観の相違、相手国に対する認識の相違を生みだすことになった。すなわち、瑞渓が仏教にもとづく観念的な三国世界観のなかに踞蹐し続けていたのに対し、叔舟は実際の地球的認識にもとづく世界観をもち、「海東諸国」地域圏の存在を認識・自覚していたのである。瑞渓が日本人に共通した島嶼孤立型で独断的な考え方から、朝鮮を三国のなかの震旦文化圏の一国としてしか認識できなかったのに対し、叔舟はより柔軟な中国周辺型の国際認識をもち、日本を朝鮮とともに海東諸国の一つに位置づけるとともに、日本へ渡航した者や朝鮮に渡来した日本人などからも積極的に知識を導入し、対外関係の実態を具体的に観察して把握することに成功したのである。(26)

両者が外交に求めた課題にも相違があった。瑞渓の外交参加の目的が、聖徳太子の理想とした仏国の実現といういささか観念的ではあるが、仏教徒の立場を強く意識したものだったのに対し、叔舟のそれは、政治学としての儒教の立場から礼にもとづいて構成される交隣体制の確保というきわめて現実的で明白なものであった。

このことは、『善隣国宝記』と『海東諸国紀』撰述方法の違いにも反映されている。前者が、仏教徒の往来を記し、外交文書を数多く載せたのは、撰者の瑞渓が僧であり、外交文書の作成者であったからに他ならない。後者の叙述がきわめて客観的であり、記事の内容は日本の政局・生活・風俗・経済事情・地方事情などの国情万般にわたり、航路や里数の記載法に見られるように原史料を忠実に祖述する態度を堅持しているのは、撰者の叔舟がいかに交隣の基礎知識として実情をそのまま把握することを重視していたかを明瞭に物語っている。

最後に、両者の外交姿勢の相違について考えてみよう。朝鮮の政治家にとっては知識人であることが欠くべからざる資格と考えられていたのであるが、日本の政治家は知識人であることは必須の条件とはされなかった。瑞渓は自ら「凡両国通好之義、非林下可得而議者、若国王通信則書当出於朝廷、代言之乎、近者大将軍為利国故竊通書信、大抵以僧為使、其書亦出於僧中爾」(『善隣国宝記』中)と書いているように、彼が意識していた外交の主宰者はあくまでも朝廷または征夷大将軍であり、僧侶は使者ないし外交文書の作成者でしかないことを知っていたのである。外交をドラマに譬えれば、責任ある立場の演出家や主役は将軍・守護大名・商人などであり、僧はシナリオ作者または演技者の一部にすぎず、参加の場面は局限されていたのである。瑞渓の外交姿勢が仏教徒・文人の域を超えられなかったのは当然のことといえよう。

これに対し叔舟は、責任のある立場の実践者として、大局的見地から総合的・現実的に事態を把握・処理することができ、平和的通交関係を維持推進する主導者だったのである。ドラマに譬えれば、まぎれもなく朝鮮中心の外交秩序形成を志向したシナリオの作者であり、演出家であるとともに立役者の一人でもあった。

両国を代表する知識人も、その環境によって異なる外交姿勢を取らざるをえなかったのである。

むすび

東アジアの諸国家や諸地域が交流の手段として漢字・漢文を共有したことによって、儒教・仏教・律令をはじめとする中国の諸文化は、漢字・漢文を媒体として周辺諸国にひろがった。それにともなって、諸国や諸地域には漢字・漢文の教養を習得した知識人が生みだされ、彼らはそれぞれの国家・地域で指導層を形成し、外交を担当し、その思想や行動は、国際社会の動向に大きな影響をおよぼすことになった。

本稿は、十五世紀という時代に生をうけ、海東という地域に共存し、ともに漢字文化圏のなかで教養を身につけ、最高の知識人とされた二人の人物が、日本・朝鮮という国家の歴史を担い、僧侶・学者・政治家・官僚という自己の立場の制約を受けながら、外交という舞台に立ったとき、どのような国際感覚を持ち、どのように行動したか、そこにどのような差異が生まれたかを考察した。その結果、両国の知識人にはそれぞれの国家の歴史を背負った意識の相違があり、それが世界観・歴史観となり、それぞれに相違した理想・目的を形成し、外交政策に反映した事情を明らかにした。すなわち、瑞渓にとっての外交は仏国を顕現すべき場であったのに対し、叔舟の外交は儒教にもとづく礼の外交秩序を実現すべき場だったのである。

叙述の比重が申叔舟関係の事柄に重く、いささか均衡を失した観がなくもないが、このことは、そのまま日朝両国知識人の対外認識の反映と考えられるのではあるまいか。たまたま取りあげた二人の比較のみによって知識人の相互認識の典型的な特質を抽出することができたとは思わないが、国際社会における相互認識の実態を解明するために行った一つの基礎作業の試みとして、ご批判・ご意見をいただければ幸いである。

注

（1）玉村竹二『五山文学』（至文堂、一九五五年）五〇頁。

（2）今枝愛真『中世禅宗史の研究』（東京大学出版会、一九七〇年）二七九―三三七頁。

（3）この項は、辻善之助『日本仏教史』中世篇之三（岩波書店、一九四九年）四二六―四二九頁、東京大学史料編纂所『大日本古記録　臥雲日件録抜尤』（岩波書店、一九六一年）の解題、玉村竹二「瑞渓周鳳集解題」（『五山文学新集』五、東京大学出版会、一九七一年、一二八三―一二九九頁）、同『五山禅僧伝記集成』（講談社、一九八三年）の「瑞渓周鳳」の項（三四一―三四四頁）にもとづいて執筆した。

（4）三宅英利『近世日朝関係史の研究』（文献出版、一九八六年）九五―一〇一頁、同『近世アジアの日本と朝鮮半島』（朝日新聞社、一九九三年）四九―五三頁、参照。

（5）足利衍述『鎌倉室町時代之儒教』（日本古典全集刊行会、一九三二年）、和島芳男『日本宋学史の研究』（吉川弘文館、一九六二年）、同『中世の儒学』（吉川弘文館、一九六五年）など参照。

（6）高得宗の伝記については、高橋公明「済州島出身の官僚高得宗について」（『名古屋大学文学部研究論集』107、史学36、一九九〇年）参照。

（7）尹仁甫は一四四六年（世宗二十八）六月、日本猿輸入の可否について意見を述べている。また同年九月には、上書して日本・琉球の形勢を論じ、遣使報聘の必要を献策している（『朝鮮世宗実録』一一三、二十八年九月甲戌条）。日本通として認められていた証拠である。田中健夫「猿の輸出」（『日本歴史』四五二、一九八六年）、同『東アジア通交圏と国際認識』吉川弘文館、一九九七年刊行予定、に収録）参照。

（8）座談会「西洋人のみた初期日本像」田中健夫・荒野泰典・ロナルド・トビ・加藤榮一（『季刊　悠久』五一、桜楓社、一九九二年）。

（9）石上英一「古代東アジア地域と日本」（『日本の社会史』1　列島内外の交通と国家、岩波書店、一九八七年、八三―八五頁）、応地利明「絵地図に現われた世界像」（『日本の社会史』7　社会観と世界像、岩波書店、一九八七年、三〇三―三一四頁）、鬼頭清明「仏教公伝の歴史的背景」（中塚明編『古都論――日本史上の奈良――』柏書房、一九九四年、八三―八六頁）、など参照。

（10）板沢武雄『日蘭文化交渉史の研究』（吉川弘文館、一九五九年）二三九―三四〇頁。なお、白山芳太郎「真言内証義と神皇正統

記」（『皇学館大学紀要』三一、一九九三年）も『神皇正統記』巻一の文を引き、北畠親房の仏典に対する理解を述べ、その真言宗研究におよんでいる。
(11)　芳賀幸四郎『東山文化の研究』（河出書房、一九四五年、八九―九〇頁、のち『芳賀幸四郎歴史論集』Ⅰ・Ⅱ、思文閣出版、一九八一年、に収録）。
(12)　『善隣国宝記』の成立事情や外交文書集としての意義については、田中健夫「善隣国宝記の成立事情とその背景――室町外交における五山僧侶の立場――」（同『中世海外交渉史の研究』東京大学出版会、一九五九年、一四八―一七六頁）、同「漢字文化圏のなかの武家政権――外交文書作成者の系譜――」（『思想』九七六、一九九〇年、本書第一論文）参照。
(13)　田中健夫、前掲注(12)「善隣国宝記の成立事情とその背景――室町外交における五山僧侶の立場――」一五六―一六四頁、参照。
(14)　村山修一『本地垂迹』（吉川弘文館、一九七四年）三六七頁。
(15)　白山芳太郎『北畠親房の研究』（ぺりかん社、一九九一年）二二五―二二六頁。
(16)　村井章介『アジアのなかの中世日本』（校倉書房、一九八八年）五二頁。黒田俊雄『日本中世の国家と宗教』（岩波書店、一九七五年）四一三頁以下。
(17)　田中健夫「相互認識と情報」（荒野泰典・石井正敏・村井章介編『アジアのなかの日本史』Ｖ、東京大学出版会、一九九三年、二二九―二三〇頁、田中健夫、前掲注(7)書に収録）。
(18)　高木昭作「秀吉・家康の神国観とその系譜――慶長十八年「伴天連追放之文」を手がかりとして――」（『史学雑誌』一〇一―一〇、一九九二年）。
(19)　中村栄孝「『海東諸国紀』の撰修と印刷」（同『日鮮関係史の研究』上、吉川弘文館、一九六五年、三三九―三八〇頁）、田中健夫訳注『海東諸国紀――朝鮮人の見た中世の日本と琉球――』〈岩波文庫〉（一九九一年）の「解説」参照。
(20)　田中健夫「『海東諸国記』の日本・琉球図――その東アジア史的意義と南波本の紹介――」（『海事史研究』四五、一九八八年、同、前掲注(7)書に収録）。
(21)　秋岡武次郎『日本地図史』（河出書房、一九五五年）。中村栄孝、前掲注(19)論文。田中健夫、前掲注(20)論文。
(22)　田中健夫、前掲注(17)論文。
(23)　田中健夫「倭寇と東アジア通交圏」（前掲注(9)『日本の社会史』1、一六八―一七八頁、同、前掲注(7)書に収録）。

(24) 中村栄孝、前掲注(19)論文、三五八頁、田中健夫『中世対外関係史』(東京大学出版会、一九七五年)一六九―一七二頁。

(25) 田中健夫「籌海図編の成立」(前掲注(12)書、二一五―二二六頁)。京都大学文学部国語国文学研究室編『日本寄語の研究』(京都大学国文学会、一九六五年)は、静嘉堂文庫所蔵本の『日本図纂』(重鐫本)の影印を収録している。

(26) 島嶼孤立型国際認識と中国周辺型国際認識については、田中健夫「中世東アジアにおける国際認識の形成」(同『対外関係と文化交流』思文閣出版、一九八二年、一七三―一九〇頁)、参照。

〔補記〕

本章の旧稿は、一九九三年十月二日の第四十四回朝鮮学会大会公開講演「『海東諸国記』の日本認識」および一九九四年一月二十九日の東洋大学最終講義「日朝知識人の相互認識」の草稿に加筆したものである。旧稿を載せた田中健夫編『前近代の日本と東アジア』(吉川弘文館、一九九五年)について、橋本雄の書評が『史学雑誌』一〇五―二(一九九六年)に発表され、収載二五論文とあわせて、本章の紹介と批判がある。

第四　朝鮮の通信使

一　通信使の沿革

通信使は、朝鮮国王が日本の足利・豊臣・徳川の武家政権の首領に対して派遣した公式の外交使節である。

一三九二年（明徳三）太祖李成桂が建国した朝鮮王朝では、三代太宗が一四〇三年（応永十）に明の成祖永楽帝から朝鮮国王に封ぜられた。その翌年の一四〇四年には、日本でも足利義満が永楽帝から日本国王に封ぜられた。日本も朝鮮もともに中国を宗主国と仰ぐ藩属国になったのである。朝鮮は新羅・高麗以降の伝統をついで事大交隣を対外政策の根幹にした。すなわち、大国である中国に臣下として仕えるとともに、隣国とは対等の外交関係を保持しようとするもので、日本国王は隣国の君長と位置づけられたのである。この際、律令制の頂点にあった天皇は交隣の対象ではなかった。

朝鮮国王が日本に派遣した使節の名称には「報聘使」「回礼使」「通信使」「通信官」「敬差官」等があったが、室町時代に「通信使」の名称による使節は七回計画された。

最初の通信使は、一四一三年（応永二十、太宗十三）に編成された朴賁を正使とした使節団であるが、計画だけで実行にはいたらなかった。第二回は一四二八年（正長元、世宗十）足利義持の死と足利義教の襲職の慶弔を目的とした朴瑞生を正使とする通信使、第三回は一四三九年（永享十一、世宗二十一）修好を目的とし高得宗を正使とした通信使、

第四回は一四四三年（嘉吉三、世宗二十五）に義教の死と足利義勝の襲職の慶弔を目的とした卞孝文を正使とした通信使、第五回は一四五九年（長禄三、世祖五）仏典の贈呈を目的とした宋処倹を正使とする通信使である。第五回の一行は海上で遭難して正使は行方不明になった。第六回は一四七五年（文明七、成宗六）に裴孟厚を正使とした一行だが、出発にいたらないまま中止された。第七回は一四七九年（文明十一、成宗十）李亨元を正使とした通信使で、対馬まで来て中止となり、正使は巨済島で病没した。以上、十五世紀における七回の通信使のうち、京都まで達して使命を果たしたのは世宗朝の三回だけであった。

通信使が復活したのは十六世紀も終りに近い一五九〇年（天正十八、宣祖二十三）である。豊臣秀吉から朝鮮国王の入朝を勧告するように命じられた対馬の宗氏が、入朝要求を通信使派遣要求にすり替えて折衝した結果、通信使派遣が実現したのである。黄允吉を正使とする一行で、京都の聚楽第で秀吉と会見した。その後、文禄の役の講和交渉のとき一五九六年（慶長元、宣祖二十九）に、通信使黄慎らが明の冊封使楊方亨らとともに来日した。これは小西行長や明人沈惟敬の工作によるものであった。秀吉は冊封を拒否して慶長の役に突入した。

二　徳川政権初期の通信使

豊臣政権が命運を賭けた朝鮮出兵は一五九八年（慶長三、宣祖三十一）に終り、対馬の宗氏は遠征軍撤退の直後から修好回復の折衝を始めた。一六〇四年（慶長九、宣祖三十七）になって、ようやく朝鮮では僧惟政と孫文彧とを対馬に派遣した。これを受けた宗義智《そうよしとし》は両使をともなって上京し、翌年三月に伏見で徳川家康・秀忠父子と会見させた。幕府では本多正信と西笑承兌《せいしょうじょうたい》とを折衝に当らせ、秀吉の朝鮮出兵のとき徳川氏の兵は一人も参加していなかったことを告げ、すみやかな修好回復を希望している趣旨を伝えさせた。

一六〇六年（慶長十一、宣祖三十九）、朝鮮では二つの条件がみたされれば「相報の道」が開かれると回答してきた。二つの条件とは、第一は、家康からさきに国書を朝鮮に送ること、第二は、戦争のときに朝鮮の先王の陵を荒らした犯人を捕えて送ることであった。朝鮮側では宗氏の言い分が真実徳川氏の意向に出たものであったかどうかに疑問を持っており、その真偽をただす意味もふくめた要求であった。ところが、対馬では修好の回復を熱望するあまり、この年の十一月に家康の国書を偽作し、対馬島内の罪人を犯陵の者に仕立てて朝鮮に送った。朝鮮側ではこのような対馬の工作を熟知しながらも、当時の国際間の動向にかんがみて使節派遣を決し、一六〇七年（慶長十二、宣祖四十）正月に正使呂祐吉、副使慶暹、書状官丁好寛を中心とする四六七人の大使節団を日本に送りこんだ。使節の名称は回答使兼刷還使で、日本からの国書に対する朝鮮国王の回答と、戦争のときに日本軍に掠奪された朝鮮被虜人の送還が主目的にうたわれた。一行が対馬に着くと宗義智・景轍玄蘇《けいてつげんそ》らが護行の責任者として同行し、閏四月江戸に到着し、五月六日に将軍秀忠に謁見、人参二〇〇斤、虎皮五〇枚他の進物を献じた。帰途は駿府（静岡）で家康と会見し、七月には朝鮮に帰着した。

事態は、表面では平穏に進行していたが、このとき回答使が持参した朝鮮国王の文書は、前年対馬で偽作した家康の国書に対する返書の体裁がとられており、宗氏ではこれをそのまま幕府に提出させるわけにはゆかず、こんどは朝鮮国王の文書を改作して表面を糊塗したのである。

一六〇九年（慶長十四、光海君元）五月、宗氏は宿願の修好回復を達成した。この年が己酉に当るので己酉約条という。近代の条約のようなものではなく、朝鮮側が一方的に定めた通交規制である。内容は、第一に、日本からの使者は国王使（将軍の使）、対馬島主（宗氏）の特送、対馬島の受職人の三者に限る、第二は、対馬島主の歳遣船は二〇隻に滅ずる（宗氏が毎年朝鮮に送った貿易船で、戦前は二五隻であった）、第三は、受職人は戦前のものは一切みとめない（受職人とは朝鮮から官職を受けて通交貿易を許される者で、戦中被虜人送還などの功があった者だけが授職された）、の三条を主としたものであった。往来の港は釜山一港だけが許され、ソウルへの往来は拒否された。釜山には前例によって倭館が設置され、対馬から役人が出張し、日本からの渡航者はすべてここで応接された。倭館は明治維新にいたるまで、唯一の日本人海外居留地であり、朝鮮との通交貿易の基地であった。

一六一四年（慶長十九、光海君六）以後、宗義智は家康の意を受けて朝鮮に対して通信使派遣を要求した。大坂の陣後の一六一六年（元和二、光海君八）の折衝では、家康の豊臣氏討滅は朝鮮にかわって豊臣氏を討ったものであるという論理を用いて、朝鮮から大坂平定を慶賀するようにもとめた。これに対し、朝鮮では家康の方からさきに国書を朝鮮に送るならば、これを宗主国の明に報告したうえで回答使を派遣しようということになった。

この年四月に家康が死んだが、翌一六一七年（元和三、光海君九）の正月に対馬の使者が朝鮮に至って関白秀忠の国書をもたらした。しかし、この文書も対馬で偽作したものであった。朝鮮では、徳川政権に対する二回目の回答使兼刷還使の派遣を決定した。呉允謙・朴梓・李景稷を三使とする、四二八人からなる大使節団であった。

三　イギリス人の眼に映った通信使

一六一七年（元和三、光海君九）の通信使渡来の目的は、一般の日本人には十分に理解されてはいなかった。この間の事情を物語る史料に、平戸の初代イギリス商館長リチャード・コックスの日記（"Diary of Richard Cocks"）がある。この時期に、コックスはイギリス国王の書翰を将軍に捧呈する目的で平戸から京都への旅をたどっており、途中で通信使の一行と前後することになったのである。

八月三十一日（日本暦では十一日）。当地（下関）でわれわれは、昨日の朝、朝鮮使節たちが朝鮮人四五〇人の供を連れて当地を出発したが、彼らのうち三人が主要人物で、いずれも一様に威儀を整えていたことを知った。皇帝は彼らの通過するすべての場所で彼らを鄭重に遇するようにとの命令を下してあり、すでに対馬でも壱岐でも博多でも、そして下関でもその通りだったが、いずれの地でも彼らの迎接のため新しい館が建てられ、海上では彼らを運ぶための舟艇を備え、また陸上では馬と轎輿を備えたが、すべては皇帝の費用によるものだった。ある人びと（それは庶民だが）は、使節が来たのは臣従の礼を表わして貢物を献上するためで、もしそうしないなら皇帝はふたたび彼らの国に戦争をしかけたろうと噂している。しかし他の人は逆に、使節が来ているのは、皇帝に、対馬の住民が今後は朝鮮国内へ貿易に行くことを許されず、むしろ朝鮮人が対馬や日本の他の地方に行くことを許されるように歎願するためである、との意見をいだいている。

九月七日（八月十八日）。例の朝鮮使節たちが壮麗な姿でこの町（大坂）を通過したが、彼らは皇帝の命で到るところで王者のように待遇され、しかも二、三の箇所では彼らの前方でトランペットやオーボエの吹奏が行われた。これを見ると、皇帝すなわち将軍秀忠が沿道の諸大名に命じて盛んな歓迎陣を張らせた様子が目に見えるようである。また、一般の人びとの使節団の来日目的についての憶測にも興味深いものがある。

回答使の一行は、八月二十六日に伏見城で秀忠に謁見し、九月五日に秀忠の返書を受けた。この返書は、以心崇伝が執筆したものであるが、あらかじめ対馬の柳川調興《やながわしげおき》らより、秀忠の称号を「日本国王」と書くように要請してあったのにもかかわらず、「日本国源秀忠」と書かれていた。対馬ではこれに「王」の字を加える作業を行って、朝鮮に送った。

四　徳川家光と通信使

一六二四年（寛永元、仁祖二）徳川家光の嗣立を賀する使節が来た。名称は前回と同様に回答使兼刷還使であり、文書の改作も同様に行われた。こんどは、以心崇伝が「日本国主」と書いていた文書を、対馬以酊庵の規伯玄方が「日本国王」に改めたのである。

このように積み重ねられた外交文書作成上の無理は、柳川一件という対馬藩のお家騒動の形をとって爆発した。主として文書の改作を行ったのは藩の老臣柳川調興である。柳川氏は調信《しげのぶ》・智永《としなが》・調興の三代にわたって朝鮮との交渉を担当し、その対馬島内での権勢は島主宗氏に比肩されるまでになった。一六二六年（寛永三）以後は、調興と宗義《よし》成《なり》の間に所領をめぐって険悪な空気がただよい、ついに義成は、調興の「不臣」を閣老土井利勝に訴え、調興もまた義成の「私曲」を利勝に訴えた。一六三三年（寛永十）義成は閣老によばれて事件の調査が始まり、翌年には土井利勝・松平信綱から現地調査のために使者が対馬に送られた。この調査の過程で、国書改竄をはじめ、宗氏と柳川氏とにより秘密に仕組まれてきた外交上の工作がつぎつぎに明るみに出た。

一六三五年（寛永十二）三月、将軍家光はみずから江戸城において、諸大名・老臣列座のなかで義成と調興を対決させ、義成の勝訴を認めた。国書改竄は義成が幼少の時のことで知らなかったことであり、一六二一年（元和七）に御所丸（日本国王使船）を詐称した船を朝鮮に送ったのは調興が勝手に計画したものであった、というのがその理由である。お家騒動は、普通は喧嘩両成敗の形で落着するのであるが、この場合は義成の一方的勝利に終った。幕府には、今後も朝鮮との通交は宗氏を通じて行う意図があり、宗氏の地位の存続が希ましいと考えたためであろう。幕府では、国書改竄事件の轍をふまないために、あらたに以酊庵輪番制を定めた。以酊庵は対馬府中（厳原）の禅院であるが、京都五山の僧を一年から三年の輪番でここに滞在させて外交文書を管理させることにしたのである。のちには、通信使の接待・護行も輪番僧の職務に加えられた。

問題になった国書における将軍の称号は「日本国王」をやめ、朝鮮からは「日本国大君殿下」と書くこととし、日本側ではただ「日本国源某」とだけ書くことにした。幕末に欧米の諸国が将軍のことを「タイクーン」の称号でよんだのは、ここに由来している。年号は、朝鮮では宗主国である中国の年号を用い、日本では日本年号を用いることにした。

柳川一件が落着した翌年の一六三六年（寛永十三、仁祖十四）、朝鮮では初めて通信使の名称による使節を日本に派遣し、泰平の祝賀を幕府に告げた。このときの国書から「大君」号が用いられた。義成は通信使一行を護行して対馬から江戸に向い、さらに一行をともなって日光東照宮に参拝した。

五　友好外交の象徴

徳川政権の外交政策のなかで、朝鮮は琉球とともに「通信の国」と位置づけられていた（『通航一覧』）。しかし、琉球では国王が中国皇帝の冊封を受けて表面上は独立国の体面を保っているけれども、実際には薩摩藩の支配を受けるという変則的な地位に置かれていた。中国（明・清）・南蛮（ポルトガル）・紅毛（オランダ・イギリス）等は「貿商の国」であり、幕末にいたるまで正式の外交関係はなく、ただ貿易関係だけが存在していた。徳川政権にとって朝鮮は正式の外交関係のあった唯一の国家だったといえる。それゆえ、朝鮮通信使に対する応接は、徳川政権が国際社会において自己の立場を明確に表現することのできる貴重な舞台であり、政権の威信を内外に印象づける重要な機会であった。琉球の慶賀使・恩謝使の江戸上り、オランダ商館長の江戸参府以上に通信使の迎接は徳川政権にとってはもっとも心をくだいた国際的な行事だったのである。

朝鮮側が通信使派遣の目的としてうたったものは泰平の祝賀だったり、将軍襲職の祝賀だったりした。名目に掲げられたのは、将軍襲職が多く、一六五五年(明暦元)以後、日本では「御代替り信使」の表現が定着した。一方、通信使にとっては、日本国内事情の探索や日本の各層との親善交流もその任務の一つであった。通信使は、日・朝両国にとって友好外交の象徴であったということができる。

次頁に、十七世紀以降の朝鮮使節の一覧表を掲げる。一六〇七年・一六一七年・一六二四年の三回は回答使兼刷還使であり、一六三六年以後が通信使の名称による使節団であった。

六　使節団の構成

通信使の使節団が結成されるのは、対馬島主から朝鮮国王に対して徳川将軍家の動静について報告があったときである。対馬では、大事があると差倭《さわ》(参判使)という特使を朝鮮に送った。将軍の死を告げるのが関白告訃差倭、新将軍の襲職を告げるのが関白承襲告慶差倭(大慶参判使)である。関白の称はもともと豊臣秀吉のものであったが、徳川氏が豊臣氏の後継者なので、朝鮮では将軍を関白と通称した。対馬では、つぎに通信使請来差倭(修聘参判使)を送る。朝鮮では、対馬に対して司訳院の訳官を使者としてしばしば派遣したが、一六八一年以後はこれに通信使渡航についての実務上の協議、すなわち通信使節目講定を行わせた。

朝鮮使節一覧

年代 西暦	年代 朝鮮・日本	年代 干支	正使	副使	従事官	製述官	総人員（大坂留）	使命	使節の使行記録および編纂書	備考
一六〇七	宣祖四十 慶長十二	丁未	呂祐吉	慶暹	丁好寛		四六七	修好 回答兼刷還	海槎録（慶暹）	国交回復
一六一七	光海君九 元和三	丁巳	呉允謙	朴梓	李景稷		四二八（七八）	大坂平定祝賀 回答兼刷還	扶桑録（李景稷） 東槎上日録（呉允謙）	伏見行礼
一六二四	仁祖二 寛永元	甲子	鄭岦	姜弘重	辛啓栄		三〇〇	家光襲職祝賀 回答兼刷還	東槎録（姜弘重）	
一六三六	仁祖十四 寛永十三	丙子	任絖	金世濂	黄戾	権侙	四七五	泰平祝賀	丙子日本日記（任絖） 海槎録（金世濂） 東槎録（黄戾）	以降「通信使」と称す 日本国大君号制定、日光山遊覧
一六四三	仁祖二十一 寛永二十	癸未	尹順之	趙絅	申濡	朴安期	四六二	家綱誕生祝賀 日光山致祭	海槎録（申濡） 東槎録（趙絅） 癸未東槎日記	日光山致祭
一六五五	孝宗六 明暦元	乙未	趙珩	兪瑒	南竜翼		四八八（一〇三）	家綱襲職祝賀 日光山致祭	扶桑録（南竜翼）	日光山拝礼および大猷院廟致祭
一六八二	粛宗八 天和二	壬戌	尹趾完	李彦綱	朴慶俊	成琬	四七五（一一二）	綱吉襲職祝賀	東槎日録（金指南） 東槎録（洪禹載）	
一七一一	粛宗三十七 正徳元	辛卯	趙泰億	任守幹	李邦彦	李礥	五〇〇（一二九）	家宣襲職祝賀	東槎録（金顕門）	新井白石の改革
一七一九	粛宗四十五 享保四	己亥	洪致中	黄璿	李明彦	申維翰	四七五（一〇九）	吉宗襲職祝賀	海槎日録（洪致中） 海游録（申維翰） 扶桑紀行（鄭后僑）	
一七四八	英祖二十四 寛延元	戊辰	洪啓禧	南泰耆	曹命采	朴敬行	四七五（八三）	家重襲職祝賀	日本日記 奉使日本時聞見録 （曹蘭谷）	
一七六四	英祖四十 明和元	甲申	趙曮	李仁培	金相翊	南玉	四七二（一〇六）	家治襲職祝賀	海槎日記（趙曮）	崔天宗殺害事件
一八一一	純祖十一 文化八	辛未	金履喬	李勉求		李顕相	三三六	家斉襲職祝賀		対馬行聘

（注） 中村栄孝・李元植両氏の表を一部訂正した。

使節団の構成は、毎回人数に多少の増減があるが、『増正交隣志』巻五にみえるのはおよそつぎのようなものである。

三　使

上使一員（文官のうち正三品上階以上の堂上官に吏曹参議を授けて任命）　副使一員（文官のうち正三品堂下官に弘文館典翰を授ける）　従事官一員（文官の五・六品に弘文館校理を授ける）

上上官

堂上三員（はじめは二員。一六八二年以後、日本人の要請により三員。倭学官より任命。通訳が職務）

上判事

上通事三員（倭学の教官から任命。のち漢学の教官一名をふくめる）

学　士

製述官一員（文才のある者を選び、門地にかかわらず、実力により任命。文書の起草に当る）

上　官

良医一員（日本人の要請があれば、これに応じるため、医術に精通した者を選ぶ）　次上通事二員（教官）　押物官《おうもつ》四員（輸送担当通訳。一員は漢学、二員は倭学。一六八二年以後四員）　写字官二員（書写をよくする者）　医員二員（典医監・恵民署各一員）　画員一員（画をよくする者）　子弟軍官五員（三使の縁故者）　軍官十二員（弓術にすぐれた者）　書記三員（三使に一人づつ付ける）　別破陣二人（造兵の特技者。軍官を兼ねる）

次　官

馬上才二人（曲馬上覧の騎手）　典楽二人（奏楽師）　理馬一人（馬の世話掛）　熟手一人（料理人。日光参拝時のみ）　伴《ばん》

倘《とう》三人（三使の従僕）　船将三人（乗船の船長）

中官

卜船将《ぼくせん》三人（荷物船の船長）　陪小童十九名（三使・堂上・製述官に従う。沿道で踊りを披露したことがある）　奴子五十二名（はじめ四十九名。三使より馬上才までに従う）　小通事十名（三使につく）　都訓導三人（三使に一人づつつく）　礼単直《ちょく》一名（進物掛）　廳直・盤纏直各三名（旅行用物品掛）　使令十八名（はじめ十六名、三使に四名づつ、堂上に二名づつ）　吹手十八名（角笛《つのぶえ》吹き、三使に六名づつ）　節鉞《せつえつ》奉持四名（儀仗を奉持する者）　砲手六名　刀尺《とうしゃく》七名（裁縫人）　沙工二十四名（船頭）　形名手二名（旌旗と金鼓を持つ者）　纛《とう》手二名（鬼かしらの旗を持つ者）　月刀手四名（偃《えん》月刀を持つ者）　巡視旗手・令旗手・清道旗手・三枝槍手・長槍手・馬上鼓手・銅鼓手各六名　大鼓手・三穴銃手・細楽手・錚《そう》手各三名

下官

風楽手十八名　屠牛匠一名　格軍二百七十名（船夫）

三使・上上官・上判事・学士・上官・次官・中官・下官の区分は、日本で接待するときに類別した。三使はみな貂帽・錦袍を用い、副使は堂上服色、従事官は堂下服色を着け、随員は堂上官以下、画員・書記までみな道袍・唐冠を着け、軍官は戎服、別破陣・馬上才および諸差備官（旗手以下特別に起用された者）には彩服を官給した。

通信使が所持した物のなかでもっとも重要なものは朝鮮国王の国書である。これは国王から将軍に充てたもので、付属文書として進物を列記した別幅があった。国王・将軍の署名や年号については前述したが、印章は「為政以徳」の印文の方形朱印を用いた。ほかに、前将軍（前関白）・老中（執政）、京都所司代（京尹）・寺社奉行・大学頭・図書頭をはじめ、各地の接待者や宗氏、さらには旅館充ての書状までも用意した。

国王から将軍・前将軍・若君（世子）・老中・対馬島主・以酊庵僧・同加番僧等への進物は、人参・大繻子・大緞子・大綾子・白苧布・生苧布・白綿紬・黒麻布・白木綿・虎皮・豹皮・青黍皮・魚皮・色紙・彩花席・各色筆・黄毛筆・真墨・黄蜜・清蜜・駿馬鞍具・鷹子・花硯・花席・油芚である。

ほかに、三使は私の進物として右とほぼ同様の品目のものを、将軍はもとより宗氏以下通詞に対してまで用意した。

七 使節団の行程

通信使の一行は、ソウルを発してから二ヵ月くらいの時間をかけて釜山に到着する。初期には忠州・安東・慶州・釜山の四ヵ所で賜宴があったが、後期には民弊になるという理由で、賜宴は釜山一ヵ所に限られた。釜山には対馬から通信使護行差倭（迎聘参判使）が出向して迎えた。

渡海船は、騎船三隻・卜船三隻、計六隻である。騎船の第一船には正使一行が国書を奉じて乗り、第二船には副使、第三船には従事官の一行がそれぞれ分乗した。卜船は荷物船で、堂下訳官以下が分乗した。各船には日本人が護衛の目的で乗りこんだ。

船は釜山永嘉台下より出発して、対馬の左須奈浦あるいは鰐浦に着き、東海岸の豊《とよ》・泉《いずみ》・西泊《にしどまり》・琴《きん》・芳浦《よしがうら》・鴨居《かもい》瀬《ぜ》を南下して、府中（厳原）に入る。ここでは、国分寺や西山寺が宿所にあてられた。府中滞在は二〇日間をこえたこともある。宗氏は一行を接待し、以酊庵輪番僧も同行して、ここから江戸に向った。参向道中である。

海路は、毎回同一ではないが、おおむね壱岐の勝本、筑前の藍島《あいのしま》を経て、長門の赤間関（下関）から瀬戸内海に入り、周防の室積《むろづみ》・上関《かみのせき》、安藝の蒲刈・忠海、備後の鞆・下津井、備前の日比・牛窓、播磨の室津・明石・兵庫を経て大坂に到着した。対馬から大坂までは一ヵ月以上かかり、通過地・碇泊地の松浦・黒田・小笠原・毛利・阿部・榊原・松平等の諸大名は関船を出して護送に当ったり、旅館で迎接したりした。ちなみに長州藩毛利氏の場合、その財政負担は、客館の修築や改造、老中や宗氏への音物、使節団の饗応、往復の音物、下行物資の調達、延べ九七〇〇名に達する藩士民の徴集や補給、一四〇〇隻におよぶ船舶徴収等で莫大な量になった。

大坂では、淀川の河口が浅くて大船の航行ができなかったので、通信使の一行は釜山から乗って来た六隻の船を伝法沖で乗りすて、出迎えの日本船に乗りかえて難波橋から上陸し、東・西本願寺を宿所とした。六隻の船に船将を留め、船夫とともに看守させ、一行が江戸から帰着するを待たせた。

出迎えの日本船は船底の浅い川御座船で、各大名家の紋章の入った幔幕を張り、黄金で船上を飾って華美を競った。一七六四年（明和元）来日の趙曮は、日本の楼船が一船の建造に万金を費すと聞き、無益だと批判している。船は通信使や護行の宗氏が乗るものばかりではなく、出迎えの大名たちが華麗な川御座船を数多く浮かべ、両岸の観衆は歓呼の声をあげた。

一行は大坂から川舟を利用して、河内枚方《ひらかた》を経て山城淀浦に到り、ここで上陸、投宿した。以後、一行は陸路をたどって江戸へ向う。三使は肩輿、三堂上・三上通事・製述官・良医は乗物（駕籠）、上中下官は騎馬で行列を作った。ここから江戸までの順路はつぎの通りである。

山城京都（宿）　近江大津（昼）　近江守山（宿）　近江八幡（昼）　近江彦根（宿）　美濃今須（昼）　美濃大垣（宿）
美濃洲股（昼）　尾張名古屋（宿）　尾張鳴海（昼）　三河岡崎（宿）　三河赤坂（昼）　三河吉田（宿）　三河新居（昼）
遠江浜松（宿）　遠江見附（昼）　遠江掛川（宿）　遠江金谷（昼）　遠江藤枝（宿）　駿河府中（昼）　駿河江尻（宿）
駿河吉原（昼）　伊豆三島（宿）　相模箱根（昼）　相模小田原（宿）　相模大磯（昼）　相模藤沢（宿）　武蔵神奈川

（昼）　武蔵品川（昼または宿）

京都から江戸までの所要日数は一五、六日である。江戸の宿所は、一六八二年までは馬喰町の本誓寺、一七一一年以後は浅草の東本願寺である。途中も、京都（本願寺か本能寺）、守山（東門院）、彦根（宗安寺）、大垣（花林院または専昌寺）、名古屋（性高院）、吉田（悟真寺）、藤枝（洞雲寺）、江尻（清見寺）、品川（東海寺）等では寺院が宿所とされた。宿所は、他に大名や富豪の別邸や急造の旅館が当てられた。

行路のうち、守山から八幡・安土・彦根を通って鳥居本に出る脇街道は、並木を植えて砂を敷いた琵琶湖岸の風光明媚の道で、朝鮮人街道の名で親しまれた。岡崎には将軍の使者が迎えに出た。朝鮮人はこれを中路問安とよんだ。長良・木曾・天竜・富士・酒匂・馬入の河川には船橋を特設し、大井川では水切り人夫が出て上下をたち切って水勢をゆるめ、一四〇〇人をこえる人夫で徒渉した。一行の輸送のためには馬二六〇〇頭、人夫二六〇〇〇人以上が動員された。休息地や宿泊地の接待饗応には沿道の大名ばかりでなく、四国や奥州の諸大名にも負担が課せられた。京都や江戸の饗応では、珍品の「あるへいとう」や「かすていら」も食膳にのせられていた。

八　江戸における通信使

参向道中が終って通信使の一行が江戸に着くと、市中の道筋で武家屋敷は大門をひらき、金屏風を立て、緞子・紫絹の幕を張り、弓や鉄砲を飾りたて、番人は麻上下を着け、町々も華やかな幕で飾って見物させた。

品川には幕府からさしむけた警固の武士が出迎え、先導して宿所に向った。行列は、清道旗手六人が馬上で先行し、纛手・月刀手・三枝槍手・巡視旗手とつづき、楽隊がこれに従い、三使の輿はそれぞれ十二人で舁いた。

翌日には、幕府の上使が宿所をおとずれ、宗氏はそのことを三使に伝える。一行は楽を奏して上使を迎える。上使は将軍の意向をまず宗氏に伝え、通事が上上官に伝え、上上官がこれを三使に達した。三使は上使に会釈したうえで、返答を通事・宗氏を介して上使に達した。ついで、小童が人参湯を上使にすすめた。上使の退出には三使が階下まで出て見送るが、この間朝鮮の音楽が吹奏された。

つぎが通信使行のハイライト、伝命の儀である。事前に宗氏や幕府当局との打合わせがあり、当日、通信使の一行は威儀を整えて江戸城に向う。清道旗手以下の行列は江戸入りの時と同じで、楽隊が奏楽し、軍官は戎服に威儀を正して従った。幕府からは、弓・鉄砲の頭、与力・足軽を出して警固した。江戸城には大手門から入り、第五門で鼓吹をやめて下馬、第六門で上上官以下が乗物から下り、第七門では三使も輿を下りて歩行した。ここで、先行していた宗氏をはじめ、幕府の高官が出迎える。第八門から内門に入り、殿中で朝鮮国王の国書を卓上に奉安する。将軍は黒書院で装束を着けて大広間に出る。松の間には、親藩の諸大名・近習・外様の諸大名が衣冠を正して列座する。朝鮮国王の進物は大広間の板縁にならべ、献上の馬は庭上にひく。大広間では老中が侍して朝鮮国王の国書が将軍に渡される。これが終ると、将軍から三使に酒盃が下される。さらに、三使からの進物を将軍や老臣に献上する儀があり、饗宴があって一行は退出する。なお、退出前に西の丸にまわって将軍の世子に謁見したこともある。

また、江戸城内で能や狂言が興行されることもあり、式三番・高砂・紅葉狩・養老・ゑびす・びしゃもん・うつぼ猿等が演じられた。

将軍からの回答書や朝鮮国王への礼物、三使への私の礼物等はすべて宿所に帰ってから渡された。

朝鮮国王の進物は前述したが、将軍から朝鮮国王に贈ったのは鎧・大刀・長刀・厨子・屏風（絵画）等である。刀剣にせよ、絵画にせよ、当代の名匠の手になる傑作を選んで贈った。屏風は「朝鮮御用御屏風」として、狩野家や住吉家に特別に注文して画かせたものであった。

聘礼にともなう諸行事がすむと、通信使の一行は江戸を離れて帰途につく。往路と同様に宗氏が先導・警固し、沿道の諸大名が接待・饗応・警備に当った。対馬からさきは通信使護行差倭（送聘参判使）に送られて釜山に上陸し、ソウルに帰着して朝鮮国王に復命、慰労を受けて任務を終えるである。

往復には五ヵ月から八ヵ月ほどの日数がかかり、幕府が一回の応接に投じた費用は五万両に達したといわれる。

九　日光山詣拝

国書捧呈後、帰途につく前に通信使が日光山に参拝したことが三回ある。

第一回は一六三六年（寛永十三）である。この年は徳川家光による東照宮社殿の全面的造営の完成した年で、同年四月に日光社参を果した家光は、その絢爛豪華な建築群に満足し、その壮麗を通信使に見せるために一行を招いたのである。任絖らは国命がないことを理由に一応これを断わったけれども、宗義成の懇請で社参が実現した。一行は粕壁・小山・宇都宮・今市に泊り、社参を果して九日目に江戸に帰った。

第二回は一六四三年（寛永二十）である。この年の通信使は徳川家綱の誕生を慶賀するのが主目的だったが、日光山致祭もまた目的の一つに加えられていた。あらかじめ幕府から、朝鮮国王の日光山への献物として大蔵経・梵鐘・国王親筆額字・香炉・燭台・花瓶を要求していたのである。現在、陽明門下右側にある朝鮮鐘はこのときにもたらされたものである。なお、このとき三具足（香炉・燭台・花瓶）も献じられたが、これは一八一二年（文化九）に焼失し、現在はその模造品が東照宮奥社に置かれている。三使は神前で焼香・礼拝し、製述官朴安期が朝鮮国王の祭文を誦した。

第三回は一六五五年（明暦元）で、東照宮に拝礼し、新たにできた大猷院廟（家光墓所）に致祭した。現在、大猷院廟前におかれている朝鮮灯籠はこのときに献じられたものである。

東照宮には、朝鮮からの種々の献上品のほかに、外国からの献上品として回転式のオランダ灯籠や琉球国王が献じた中国製の花瓶などがある。徳川政権の祖廟を外国からの献上品で飾ることは、政権の威信を内外に誇示する有力な一手段であり、幕府はこのことを重要視したのである。

一〇　曲馬上覧

朝鮮人の馬術がすぐれていることは早くから日本に知られていた。一六三四年（寛永十一）対馬の宗義成は将軍家光の馬技観覧の希望を朝鮮に伝えて、馬上才（曲馬騎手）の派遣を要請した。朝鮮では、この時期に柳川一件の審議が進行中であることを知っており、幕府が馬上才派遣を要請させた意図を、㈠朝鮮の日本に対する交隣の誠偽の確認、㈡宗氏の朝鮮通交における能力の確認、と推察した。そこで、朝鮮ではもっとも優秀な演技者二名を選び、駿馬三頭とともに日本に送った。江戸では八代洲河岸に馬場を構えて桟敷を設け、葵紋の紫幕を張り、将軍・御三家をはじめ諸大名が見物した。こののち、通信使一行はかならず馬上才をともなって曲馬を将軍に披露し、演目もしだいに増加した。

一七一九年（享保四）には、曲馬のほかに、上野山内で遠的・騎射等の射芸の披露も行われた。

一一　新井白石と雨森芳洲

一七一一年（正徳元）の通信使の時、新井白石が応接に当った。このとき白石は内外の故実を検討し、一〇項目の改革案を作った。

第一は、従来通信使の「来朝」といっていたのを「来聘」に改める。第二は、将軍を、朝鮮の国書で「日本国大君殿下」、幕府では「日本国源某」としていたのを、双方ともに「日本国王」の号に復すように改める。第三は、使節の世子への拝謁、老中との書状や進物の交換を廃止する。第四は、路次の饗応を改めて経費を節減する。第五は、使節が江戸の客館に入るときは輿から下り、幕府の上使が客館に至ったときは階下で送迎し、上使の席は正使と対座の宗氏の上とする。第六は、江戸の客館におもむく上使は従来老中だったのを高家に改める。第七は、進献の日と賜饗の日を別にする。第八は、国書は従来上上官が捧呈していたのを、正使が上上官から受けとり、ひざまずいて高家に渡すことにする。第九は、通信使の将軍への拝位が御三家と同位だったのを高家と同位に改める。第一〇は、賜饗の宴における使節の席を東から西に移し、相伴役を改める。以上であった。

右の改革論で、朝野の論争をまきおこしたのは第二項の復号の件である。白石によれば、「大君」は中国では古来天子の意味で用いられており、日本国大君といえば日本国天子となり、これは天皇に対しておそれ多い。また、朝鮮では諸王子のうち王の正妃の子に大君の号をあたえ、他は君とよんでいる。これによれば、将軍が朝鮮の臣子の称号を用いることになり納得しがたい、というのが復号の理由だった。

この白石の論に対して、従来、外交文書をあつかっていた林家や対馬の松浦霞沼が激しく批判したが、もっとも痛烈に批判したのは、木下順庵門下で白石とともに木門十哲の一人といわれていた雨森芳洲《あめのもりほうしゅう》（誠清、東五郎）だった。

芳洲は和漢の長文の手紙で、白石の復号意見に反対した。芳洲は、天皇と将軍の関係について、天皇は王者、将軍は覇者という立場にたち、実際上は将軍が国主であっても皇位は絶対的なものだから、将軍が国王を称するのは僭称であり、臣子恭順の節を失うものである、とした。白石の立場は、王権も覇権もともに将軍にあるとし、将軍を日本の完全な統治者と認めようとしたもので、芳洲を対馬のなま学匠ときめつけて反論した。

芳洲は一六八九年（元禄二）、師木下順庵の推薦で宗義真《よしざね》に仕え、対馬の文教と外交を担当した。朝鮮の風俗・習慣・生活には強烈な関心をもち、三六歳のときには、朝鮮語学習の目的で釜山に渡っている。『隣交始末物語』『鶏林聘事録』『朝鮮風俗考』『交隣須知』などの著述とともに、ハングルを日本文に訳した『全一道人』という特殊な語学書も書いている。

芳洲は見識のある外交官であると同時に練達の実務者でもあり、一七一一年（正徳元）と一七一九年（享保四）には真文役（記室）、すなわち秘書官として活躍した。その著『交隣提醒』（一七二八年成立）のなかでは、通詞の重要性を強調し、言語の能力だけでなく、人格のすぐれた人を選び、十分な扶持を与えるべきだと述べている。

一二　通信使の対馬行聘

一七八六年（天明六）将軍徳川家治が死に、翌年の春家斉が将軍になり、同年松平定信が老中にあげられて幕政をみることになった。定信は対馬藩主宗義功《よしかつ》に指令し、江戸の大火と凶年が続いたことを理由に、通信使派遣を延期するよう朝鮮に通告させた。その三年後、定信は通信使を江戸に迎える行事をとりやめて対馬で応接することにし、交渉を宗氏に委ねた。折衝は難航したが、一七九八年（寛政十）に宗氏と朝鮮とのあいだに戊午易地行聘約条が成立した。

易地行聘の実現によって、対馬では、通信使旅館の新築、宗氏居館の増築、諸役所の改築、市区の整備、佐須奈や鰐浦など乗船寄港地の改修工事などが着手され、幕府はその費用として、一八〇五年（文化二）に金一万両、一八〇七年には八万両を下付した。巨額の資金が短期間に狭い離島に投入され、一挙に巨富をたくわえる島民も現われた。

一八一一年（文化八）に通信使が対馬府中に来ると、幕府からは上使小笠原忠固《ただかた》・副使脇坂安董《やすまさ》が派遣され、国書・進物の交換が行われた。通信使の易地聘礼とよばれる。

そののち、一八三七年（天保八）徳川家慶襲職のときは、行礼の場所を大坂に改めるように日本から通告し、いちおう朝鮮側からも承諾されたけれども行礼は実現しなかった。これに続く家定・家茂・慶喜の襲職のときも、通信使の招請はあったけれども、幕末多事のため結局実現をみなかった。

一三　筆談唱和

通信使の派遣とその応接は、日本と朝鮮を結ぶ最大の政治行事であったが、一面では文化交流の重要な行事でもあった。

一六〇七年（慶長十二）の使節と対応した林羅山から、一八一一年（文化八）の使節と対応した古賀精里に至るまで、毎回有数の学者・文人が使節団と接触して経史の論議に熱中した。詩客・文人は、遠く奥州・北陸・西国から江戸に集まり、また、一行通過の沿道の人びとも機会をねらって詩文の唱酬をこころみた。『通航一覧』は「使者来聘のたびにかならず筆談唱和があり、天和（一六八二年）・正徳（一七一一年）のころから特に盛んになり、その書類は百数十巻もある」と記している。筆談の内容は、彼此の国体や朝典に関することから、無用の雑談や清風明月を吟ずる詩文の贈答まであった。『韓客筆語』は林羅山と製述官朴安期との筆談を収めたものである。

新井白石は、一六八二年、製述官成琬に自著『陶情集』の序をもとめ、唱酬を共にした。一七一一年に趙泰億が朝鮮に持ち帰った『白石詩草』は彼地の文人の注目を集めたという。

三都では、一般市民も伝手をさがして使節団の旅館に殺到して、詩文の贈答をもとめ、さながら市のような雑沓が出現したという。一七一九年（享保四）の製述官申維翰は『海游録』のなかで、日本人との詩文贈答に費やされた紙は一夜で数百幅になった、と記している。このような日本人の熱狂的な要求に対応するため、朝鮮では使節団の一行には文才のすぐれたものを多く選んだ。彼らは帰国後、貴重な日本紀行をものした。その一部分は洪啓禧の『海行摠載』に収められている。

なお、使節団には、毎回かならず一名か二名の画員がふくまれている。彼らは任務として、対馬から江戸までの道中や港湾の様相を描写し、日本人の要請に応じて絵画を画きあたえた。画員や一行の者の絵画は日本ではきわめて珍重された。

一四　一般民衆の反応

通信使に対して、政治の担当者だけでなく、一般の武士をはじめ、文人・墨客・庶民まで大きな関心をもっていたことはすでに見たとおりである。華麗な行列図は、屏風・絵巻・浮世絵・版画などの形で作成され、将軍・朝鮮国王・公家・大名家などの進物に用いられただけでなく、庶民の間にも流行した。『朝鮮人来朝記』とか『朝鮮人大行列記』といった類の通俗絵入り木版の出版物は、来聘のたびごとに刊行され、往来物のような日常の学習書にまでも題材としてとられた。

岡山県牛窓の唐子踊り、岐阜県大垣の朝鮮軸《やま》、三重県津の唐人行列などは、民衆レベルの通信使との交渉の影響が地方芸能のなかに伝存されたものであるといわれている。

歌舞伎にも通信使の影響があった。一七六四年（明和元）の通信使の時、帰途大坂で、都訓導崔天宗が対馬藩通詞鈴木伝蔵に殺害される事件がおきた。この事件はただちに、並木正三《しょうぞう》の「世話料理鱸《すずき》包丁」にとりいれられて、大坂で上演された。これは二日間で興行停止になったが、この作品の影響をうけ、並木五瓶《ごへい》が「韓人漢文手管始《かんじんかんもんてくだのはじまり》」「五《ご》大力恋縅《だいりきこいのふうじめ》」を書きあげ、さらに同一の主題で「世話仕立唐縫針《せわじたてからのぬいばり》」「けいせい花大湊《はなのおおみなと》」「唐土織日本手利《もろこしおりにほんのてきき》」「拳褌《けんまわし》廓大通《さとのだいつう》」が発表され、江戸時代末期の劇壇をにぎわした。この事件は、ほかに小説や講談・浄瑠璃の題材にもなった。

通信使の歓迎に幕府は巨費を投じたが、それは諸大名の負担であり、結局は一般庶民の負担にほかならなかった。尾張藩の乙川村（現、愛知県半田市）では、一八〇八年（文化五）から一八一一年まで四年間、朝鮮通信使来聘御国役として、毎年金四両一分・銀十匁六分を鳴海役所に納め、その文書が現在も残っている。一八一一年の通信使対馬行聘の費用は、その四年前から尾張藩の一村にまで賦課されていたのである。

以上、通信使一行の行動を中心に、日本・朝鮮両国民の交流の軌跡をたどってきた。通信使の問題は、当時の両国の国内事情や両国がおかれていた国際環境の考慮なしには正確な理解は期待できないが、いまそれを述べる余裕はない。また、通信使を媒介として両国民が相互認識をどのように深め展開させていったかは今後の重要な検討課題である。

〔補記〕

本章は、一九八五年（昭和六十）十月、東京国立博物館で開催された展示会「特別展観　朝鮮通信使――近世200年の日韓文化交流」の図録に掲載したもので、朝鮮の通信使に関する一般的な理解を目的に執筆した。独創的な見解を盛ったものではないが、手ごろな概説として評価され、梅原猛・尾崎秀樹・奈良本辰也監修『史話日本の歴史　別巻1　日本見聞譚――外国人が観た日本――』（作品社、一九九一年）に再録された。本書では、第五・第六論文の理解に資する利便を考え、あえて収載した。

なお右の図録には、図版・解説のほかに、吉田宏志「朝鮮通信使の絵画」、荒野泰典「通信使来訪経路略図」、同「朝鮮通信使関係年表」、石井正敏「朝鮮通信使関係研究文献目録（日本文）」があった。本章は、もと図録の一部として執筆したものであるため、根拠として挙ぐべき先学の業績はすべて省略し、この「研究文献目録」に譲った。

この展示会開催と同時期に、『朝鮮通信使絵図集成』（姜在彦・小林忠・辛基秀・武田恒夫・吉田宏志執筆、講談社、一九八五年）が刊行され、ひき続き通信使関係の数多くの論著の出版があり、枚挙にいとまないほどの展示会・講演会・シンポジウム・イベントなどが開催され、一種、ブームの状況が出現した。すべてを網羅するのは困難だが、管見に入ったいくつかを記しておこう。

展示会の図録では、前掲『特別展観　朝鮮通信使――近世200年の日韓文化交流』（東京国立博物館編集、国際交流基金発行、一九八五年十月）のほか、これをうけて韓国で開催された『朝鮮時代通信使』（韓国国立中央博物館編、三和出版社、一九八六年八月）、通信使参府の沿道の各地で行われた展示に、『特別展観　朝鮮通信使と福山藩港・鞆の津』（福山市鞆ノ浦歴史民俗資料館、一九九〇年七月―八月）、『特別展　朝鮮通信使　江戸時代の親善外交』（岐阜市歴史博物館、一九九二年二月―四月）があり、一九九一年五月には、ソウルで韓国史学会・国立中央博物館の共催で韓国国史編纂委員会所蔵の宗家史料を初めて公開した『朝鮮後期通信使と韓・日交流史料展――対馬宗家資料――』（韓国史学会、一九九一年五月）があり、翌年、その日本里帰りの行事として『宗家記録と朝鮮通信使展――江戸時代の日朝交流――』（田中健夫・田代和生監修、朝日新聞社、一九九二年）が国立国会図書館（一月―二月）および大津市歴史博物館（三月）で開催された。

単行の著書では、三宅英利『近世日朝関係史の研究』（文献出版、一九八六年）、荒野泰典『近世日本と東アジア』（東京大学出版会、一九八八年）、歴史学研究会『日朝関係史を考える』（青木書店、一九八九年）、仲尾宏『朝鮮通信使の軌跡――前近代の日本と朝鮮』（明石書店、一九八九年）、李元植・大畑篤四郎・辛基秀・田代和生・田中健夫・仲尾宏・吉田宏志・李進熙『朝鮮通信使と日本人――江戸時代の日本と朝鮮』（学生社、一九九二年）、三宅英利『近世アジアの日本と朝鮮半島』（朝日新聞社、一九九三年）、仲尾宏『朝鮮通信使と江戸時代の三都』（明石書店、一九九三年）、辛基秀『朝鮮通信使往来――260年の平和と友好』（労働経済社、一九九三年）、閔徳基『前近代 東アジアのなかの韓日関係』（早稲田大学出版部、一九九四年）、孫承喆『朝鮮時代　韓日関係史研究』（ソウル、一九九四年）、山本博文『対馬藩江戸家老――近世日朝外交をささえた人びと』（講談社、一九九五年）、片野次雄『徳川吉宗と朝鮮通信使　善隣友好の軌跡』（誠文堂新光社、一九九六年）が刊行された。なかでも、辛基秀・仲尾宏編『善隣と友好の記録 大系朝鮮通信使』（全八巻、明石書店）は最大の規模で、豊富な原色図版や墨跡、それぞれの巻に関係のある解説的な諸論文、影印の使行録に、行路地図、旅程表、関連著書・論文一覧等を付録した通信使の基礎史料の集大成である。

内容は、第一巻丁未・慶長度、丁巳・天和度、甲子・寛永度（一九九六年刊）、第二巻丙子・寛永度、癸未・寛永度（一九九六年刊）、第三巻乙未・明暦度、壬戌・天和度（一九九五年刊）、第四巻辛卯・正徳度（一九九三年刊）、第五巻己亥・享保度（一九九五年刊）、第六巻戊辰・延享度（一九九四年刊）、第七巻甲申・宝暦度（一九九四年刊）、第八巻辛未・文化度（一九九三年刊）である。第二巻には私も「外交史としての朝鮮通信使」を執筆した。

雨森芳洲については、本書第一論文の注(42)のほか、竹内弘行・上野日出刀『木下順庵・雨森芳洲』（『叢書・日本の思想家』7、明徳出版社、一九九一年）、米谷均「対馬藩の朝鮮通詞と雨森芳洲」（『海事史研究』四八、一九九一年）、田代和生「対馬藩の朝鮮語通詞」（『史学』六〇―四、一九九一年）、米谷均「雨森芳洲の対朝鮮外交――「誠信之交」の理念と実態――」（『朝鮮学報』一四八、一九九三年）、滋賀県教育委員会『雨森芳洲関係資料調査報告書』（高月町立観音の里歴史民俗資料館、一九九四年）、田代和生「渡海訳官使の密貿易――対馬藩「潜商議論」の背景――」（『朝鮮学報』一五〇、一九九四年）、泉澄一「雨森芳洲の虚像と実像」（『関西大学東西学術研究所々報』五八、一九九四年）、同「元禄十六～宝永四年、朝鮮留学前後の雨森芳洲とその周辺」（関西大学『東西学術研究所紀要』二七、一九九四年）、同「対馬藩士の朝鮮使行と「扶助」について」（『史泉』八一、一九九五年）、同「享保六～十四年　対馬藩の御用人勤仕前後の雨森芳洲とその周辺」・「享保十五～元文四年　「裁判」より帰任後の雨森芳洲とその周辺」（関西大学『東西学術研究所紀要』二八・二九、一九九五・九六年）、同「対馬藩の朝鮮方」（『対馬風土記』三二、一九九六年）がある。ほかに、通信使船の特性を論じた金在瑾『朝鮮通信使船　調査報告』（一九九六年）もある。

『韓』一一〇号（東京韓国研究院、一九八八年）は、朝鮮通信使を特集した。第六論文〔補記〕参照。

なお、第一論文の〔補記〕に列挙した論著には通信使の問題と関係するものが少なくない。あわせて参照していただきたい。

第五　対馬以酊庵の研究

——近世対朝鮮外交機関の一考察——

はじめに——研究史の概略——

以酊庵は対馬府中（現、長崎県下県郡厳原町）に存在した禅院で、江戸時代にはここに京都五山の僧が輪番で滞在し、朝鮮との外交上の文書を管掌した。近世対外関係史上注目すべき一機関である。

以酊庵関係の史料と研究について概観しておこう。嘉永六年（一八五三）に編纂された『通航一覧』三〇、朝鮮国部六、には「対馬国以酊庵輪番」があり、ひととおりの関係史料を収めている。明治三十六年（一九〇三）発行の『古事類苑』では、外交部一一、朝鮮国四、のなかで七六八頁から七七九頁まで関係史料を掲げている。以酊庵を研究の対象として正面からとりあげたのは上村観光で、その著『禅林文芸史譚』（一九一九年、大鐙閣、のち上村観光編・玉村竹二附説『五山文学全集』別巻、思文閣出版、一九七三年、に収録）には「対州以酊庵の沿革」があり、また歴代住持のうちの景轍玄蘇・規伯玄方・虎林中虔等に関する個別の論稿もふくまれている。以酊庵の開創者景轍玄蘇については、長正統「景轍玄蘇について——一外交僧の出自と法系——」（『朝鮮学報』二九、一九六三年、のち三鬼清一郎編『豊臣政権の研究』吉川弘文館、一九八四年、に再録）がある。泉澄一の研究は天龍寺関係の輪番僧につき、対馬所在の史料によってその行実を考察したもので、「天龍寺第二〇九世・中山玄中和尚について——対馬以酊庵輪番時代を中心にして——」

(『ヒストリア』六三、一九七三年)、「天龍寺第二〇四世・蘭室玄森和尚について——延宝三〜五年、対馬以酊庵輪番時代の行実——」(『対馬風土記』一一、一九七四年)、「天龍寺第二百九世・中山玄中和尚について」(『史泉』五〇)「天龍寺第二一六世・瑞源等禎和尚について——対馬以酊庵輪番時代の行実——」(『対馬風土記』一二、一九七五年)、「天龍寺第二百二十二世・堪堂令椿和尚について——対馬以酊庵輪番時代の行実——」(『日本歴史』三三九、一九七六年)、「対馬以酊庵輪番僧　江岳元策について」(横田健一先生還暦記念『日本史論叢』一九七六年、所収)、「天龍寺二百十一世月心性湛和尚について——享保三〜五年、対馬以酊庵輪番時代の行実——」(柴田実先生古稀記念会編『日本文化史論叢』一九七六年、所収)等がある。また、同『釜山窯の史的研究』(関西大学東西学術研究所研究叢刊五、一九八六年)も以酊庵関係の記述が少なくない。なお、本章の「以酊庵歴代住持一覧」および〔補記〕参照。

輪番制の成立過程やその意義は、柳川一件とともに近世日朝関係史上の重要研究課題であり、多くの研究者によってとりあげられてきた。戦前では、川本達『日鮮通交史』(釜山甲寅会、一九一六年)があった。戦後ではまず、桜井景雄「〈禅宗秘話〉対州修文職について」(『禅文化』三九、一九六五年、のち同『禅宗文化史の研究』思文閣出版、一九八六年、に収録)があり、幻住派の僧と朝鮮外交と密接な関係があったことを指摘し、その法流の廃絶後に五山碩学による以酊庵輪番が行われた過程を明らかにした。ついで、中村栄孝『日本と朝鮮』(至文堂、一九六六年)、同『日鮮関係史の研究』下(吉川弘文館、一九六九年)、田中健夫『中世対外関係史』(東京大学出版会、一九七五年)、田代和生『近世日朝通交貿易史の研究』(創文社、一九八一年)、同『書き替えられた国書——徳川・朝鮮外交の舞台裏』〈中公新書〉(一九八三年)、荒野泰典「大君外交体制の確立」(『講座日本近世史』2、有斐閣、一九八一年、のち同『近世日本と東アジア』東京大学出版会、一九八八年、に収録)、三宅英利『近世日朝関係史の研究』(文献出版、一九八六年)等が発表された。韓国では金鍾旭「以酊庵輪番(交代)について——朝鮮後期日本徳川幕府との交渉資料——(上)(下)」(『韓国国立図書館報』五・六、一九七三年)

があり、国史編纂委員会所蔵の宗家史料等にもとづいて歴代輪番僧の出身寺院や在任期間を明らかにし、歴住図書（私印）の印影九九種や以酊庵居室配置図等を紹介していて貴重である。

本稿は、右にあげた先行の諸研究を参考にしながら、以酊庵の開創、所在、輪番僧の職務の内容、住僧の性格、その出自、歴代の在番期間等を検討し、以酊庵ならびに以酊庵輪番制が、近世対外関係史ないし近世史全体の上に果した役割を検討するための基礎事実を明らかにすることを目的とするものである。

一　開創と所在

以酊庵の開山は景轍玄蘇（一五三七―一六一一）である。臨済宗幻住派の僧で、仙巣と号した。筑前宗像郡に生まれ、幼にして博多聖福寺の新篁院に入り、湖心碩鼎に就いて得度した。永禄年中には聖福寺の住持となり、天正八年（一五八〇）宗義調の招きで対馬に赴き、日本国王使を称して朝鮮に渡った。以後、対馬に滞留して朝鮮との外交に当り、天正十七年には再度日本国王使として渡海、文禄慶長の役にも小西行長・宗義智の軍に属して朝鮮に渡り、外交僧として活躍した。[1]

以酊は景轍の号、以酊庵は景轍の対馬における住院である。景轍の詩文集『仙巣稿』巻下に、慶長十四年（一六〇九）景轍が四月十五日付で朝鮮の宣慰使李志完に送った書状があり、そのなかに「余生于陋邦天文丁酉、乃是皇明嘉靖年中也、如今暮年、縮于七十又三、合丁酉両字、自号酊庵」とあって、以酊の号は景轍の生年天文丁酉（六年、一五三七）に由来することが知れる。慶長丁酉（二年、一五九七）を以酊庵創立の年代とする説があるが、[2]対馬の藤定房が享保八年（一七二三）に撰述した『対州編年略』（『本州編年略』）巻三では「丁酉年始結庵、故号以酊庵之説、甚非也」

としてこれを退け、慶長十六年（一六一一）の条に「今年、以酊庵建、今之国分寺之地也」としている。慶長十六年以酊庵開創説をとっている。

文化六年（一八〇九）に平山東山（棐、一七六三―一八一六）が撰述した『津島紀事』巻二も、

慶長十六年辛亥、割国分寺領地、給玄蘇為叢林、是以構刹宇於扇原、今国分寺地、号瞎驢山、是拠盲狭谷在扇原、之名也、一説云、遠視后山、則馬臥腹如帖地、因以為名、按慶長十六年辛亥十月廿二日玄蘇遷化、収座于日吉之地、後移国分寺、則疑是玄蘇故居、而後営伽藍於扇原乎、

とある。扇原《おおぎばる》は、今の厳原町の市街部のほぼ中心に位置する天道茂《てんどうしげ》の国分寺の北の地にある。景轍の墓はいま日吉《ひよし》の上にあるが、この墓所の辺が景轍の旧居地で、以酊庵の堂宇はここと別に扇原に建てたのであろうというのである(3)。

景轍は文禄の役のときの講和交渉の功を賞されて、文禄四年（一五九五）に明の神宗万暦帝から「日本国本光禅師」の号を特賜され、蜀江錦の袈裟を与えられた。この袈裟は現在、厳原町国分《こくぶ》奥里の西山寺に伝えられている。さらに慶長十年（一六〇五）には紫衣を許されて、南禅寺の公帖を受けた（『方長老朝鮮物語付柳川始末』『南禅寺住持籍』）。

景轍の死後、朝鮮外交の職務は景轍の弟子の規伯玄方の手に移った。規伯は景轍の生前から朝鮮との交渉に参加していたが、景轍の死後は外交文書のことはもっぱら規伯が担当することになった。元和七年（一六二一）・同九年・寛永六年（一六二九）には日本国王使として朝鮮に渡った。この間、元和三年（一六一七）には通信使呉允謙らに、寛永元年（一六二四）には通信使鄭岦らに随って江戸に至った。また寛永六年の朝鮮行では、文禄慶長の役後としては初めてソウルにまで至って朝鮮国王に謁し、幕府の意向を伝えるとともに宗氏の立場を力説した。

寛永十二年（一六三五）に至って、対朝鮮外交は転機を迎える。柳川一件と称された事件の勃発である。対馬では

柳川氏が代々外交のことに当って権勢を張っていたが、柳川調興《しげおき》は対馬藩主宗義成《よしなり》と対立した。同年三月、将軍徳川家光は両者を江戸におよび、親裁のもとで是非の判決を下した。このとき、対馬における年来の外交文書の偽作・改竄の事実が暴露され、規伯も調興・流芳院玄昊とともに処罰され、調興は津軽に、規伯は南部に流された。(4)

江岳元策（以酊庵一八世）は、『以酊庵住持籍』の「驢山住籍序」で、景轍・規伯の事蹟をつぎのように要約している。

海西対州下県府城之東、瞎驢山以酊禅庵者、本朝賜紫、皇明特賜本光禅師景徹〔轍〕和尚挿草道場也、禅師乃筑州聖福法主、実天目国師（中峰明本）十一世的骨也、始応　対州府君義調公聘請、而寓居此州、後執役鶏林通講之文事、勤労　豊国　東照之両朝、而裨補其国家者不鮮矣、酊庵者蓋所其宴居之処、以当生際丁酉之故自扁也、慶長辛亥（十六年、一六一一）十月念二日、世寿七十五坐化当山矣、其大弟子規伯方禅師継領師席、該典文事、屢膺　鈞衡、登莅建長之名位、寛永癸酉之間、以丈室狭陋而不便弁道、再闢創之、宝房斎厨重垣回磴、向之蕞爾者、咸窮輪奐之美、而雄嶷殆冠府内、未幾偶府君与家従論愬鶏林機務於　東武、事及伯師、々不忍辨白、枉受譴責、終謫置北陲、時人譬諸果仏日之編衡陽、洪寂音之貶嶺外、

規伯はあえて自己弁解せずに、罰を受けたという書き方である。

江岳はまた、同書中の「当山第二世前住建長規伯方禅師小伝」を書いている。

師諱玄方、字規伯、筑州人、嗣法景轍蘇禅師、継住相山、元和己未（五年、一六一九）冬節在洛之南禅、秉払提唱、同庚申（元和六年、一六二〇）年五月領
禅興
鈞帖、至十月洊光膺建長一時栄之、寛永未酉（八年―十年、一六三一―三三）之間、鴻闢驢山之旧基壇、度雲委尤尽壮麗、同十二（一六三五）歳在乙亥、偶罹横事、編置北陸之南部府、謫居者廿四年、万治元年戊戌（一六五八）、執政明断師之無故而久遭譴責、放許従心而逸遊、僧禄〔録〕

竺隠師挽留使住南禅、語心雲州太守亦屢請師、雖然無意応世、萍遊四方遇縁而住、即晩年僑居摂之大坂、九昌之後園自架燕居曰自雲、寛文元年（一六六一）辛丑十月廿三日、世寿七十四歳示寂、叢社伝為之嘆惜、（下略）、

前者が「寛永癸酉之間」、後者が「寛永未酉之間」とあって、記述が一致せず、その年代が明らかでないが、寛永十年ころに、規伯によって以酊庵の整備事業が行われたのである。

以酊庵の所在地の変遷について述べよう。藤定房の『対州編年略』巻三、天和三年（一六八三）の条には、

今年四月、以以酊庵作国分寺、以国分寺作以酊庵、互換地、

とあり、以酊庵と国分寺とが寺地を交換したことを記している。当時、国分寺の寺地は日吉にあり、以酊庵の寺地は天道茂にあった。

平山東山の『津島紀事』巻二の天徳山国分寺の項には、

寛文五年（一六六五）乙巳、移于日吉、因毀址、特創号旧照庵、天和三年（一六八三）癸亥四月廿九日、与以酊庵易寺観、而徙于扇原、此時相国寺慈雲庵大虚顕霊長老例住于以酊、国分寺主僧北翁天海也、

とある。以酊庵は扇原（天道茂）から日吉に移ったのである。

宝永七年（一七一〇）の以酊庵の規模は、寛文五年に建てられた国分寺の堂宇を引継いだもので、「対藩政事問答」（『通航一覧』三〇）に「以酊庵境内之間敷」として、「西間口五拾弐間、東間口七拾六間、北裡行七拾三間、南裡行百間」とあり、「同建家之間数」は「南北弐拾弐間、東西八間半」で、「右坪数にして〆百八拾七坪」とある。前掲金鍾旭「以酊庵輪番（交代）について」所収の「瞎驢山以酊庵図」は文化十一年（一八一四）の写しだが、焼失前の建物配置を示している。

この堂宇は享保十七年（一七三二）に焼失した。『対州編年略』巻三、享保十七年条は三月二十六日に府中（厳原）に

大火があったことを記し、以酊庵もまた回禄したとしている。『津島紀事』巻二では「遭火災故仮居西山寺」とある。こののち、以酊庵の建物は再興されることがなく、輪番僧＝歴代住持は現厳原町国分の西山寺に仮居して明治に至り、以酊庵輪番制の終焉を迎えるのである。

西山寺は、享保十七年以後は末寺の瑞泉院（現廃寺）に移り、明治元年（一八六八）以酊庵廃止後国分に復帰した。[5]西山寺には現在、景轍・規伯の木像が安置されている。ちなみに、江戸時代に朝鮮の釜山にあった東向寺は西山寺の末寺で、対馬藩と朝鮮との交渉に当る出先機関として機能していた。

二　輪番制の成立と以酊庵送使

京都五山の僧を対馬に滞在させて朝鮮との外交業務を監督し、外交文書を作成させる以酊庵輪番の制は、柳川一件で規伯が南部に流されたあとで採用された。

江岳元策『以酊庵住持籍』の「驢山住籍序」をふたたび引用しよう。

粤　府居義成公請修文之人於　東武、
太君（徳川家光）可其奏、而命五岳択之、璘玉峰（玉峰光璘）・召棠蔭（棠蔭玄召）・仙洞叔始（洞叔寿仙）奉　鈞選、輪住此山、其後周南（円旦）・鈞天（永洪）・茂源（紹柏）相次祗役、
爾来二十余年、浮杯此州者幾十余員、余今春（寛文十一年、一六七一）承　上命来、適坐函丈、

対馬藩主宗義成は柳川一件では勝利をおさめたものの、柳川調興はじめ規伯玄方など多年朝鮮との折衝に当ってきた練達の外交事務経験者を一挙に失った。とくに、外交文書の解読・作成等のことは誰でも代行できるような簡単なものではない。景轍・規伯は漢文の教養の深い得難い人材だったのである。義成が柳川一件後に規伯に代って事務を

行い得る人物、すなわち「修文之人」の派遣を幕府に要請したのはけだし当然の行為であった。幕府もまたこの機会を利用して、幕府が任命した五山僧を対馬に送りこむことにより、その意向を外交文書や外交折衝に反映させることになった。

上村観光は「以酊庵住持の役目は何であるか、云ふ迄もなく対州の太守宗家と朝鮮国王との外交に関する往復文書并に彼我使節の対応を掌るもので、朝鮮から来る使者に面接もせねばならぬし、又宗家の代表となつて朝鮮への使節ともならねばならぬ、重大の任務を負ふて居た者である[6]」としながら、「五山僧の朝鮮書契御用と云ふのは一面には宗家の記室簡牘を司ると云ふものゝ、又一面には幕府から宗家に対する監視役となつて行つたものと見てよいのである[7]」と指摘している。輪番制は宗氏側と幕府側との希望の合致点に成立した制度ということができよう[8]。

新井白石の「以酊庵事議草[9]」は、

> そのゝち寛永の頃、対馬守(宗義成)の家人柳川(調興)と獄の事決して後、義成望みて、両国往来の書、私にしるさむ事しかるべからず、公より此事つかさどるべき人を差下さるべしと申しければ、申す所其理ありとて、かの五岳碩学の僧を撰ばれて、始て東福寺の郡(召カ、棠蔭玄召)長老を差下され、これ今度の棟長老(松隠玄棟)の祖なり其国以酊庵に寄住して、両国往来の事をしらしめらる、これ五岳碩学の僧、対州に輪番する事の始也、これよりしてのち、およそ朝鮮聘使の度ごとに、館伴の事もつかさどれり、但し当番の外、別に一人を撰びつかはされて、二人対馬守とともに館伴たり、これを両長老など申すなり、これ古来我国の使として外国の事聘に従ひしが故なり、

とし、輪番制成立の事情、ならびの輪番僧の職務内容に及んでいる。館伴は御馳走の役であり、朝鮮の通信使が渡来したときの旅宿における接待と同行をいう。なお、白石は五山碩学の制度が成立した事情について同書に、

> 神祖(徳川家康)不学の僧の寺領多くして、碩学の僧の貧窮ならむ事しかるべからず、さらば其不学の僧の寺領をけづりて、

其領を以て碩学の僧にあたふべしと仰ありしより、はじめて五岳の碩学領といふ事は出来て、今も学才の聞へあるものども撰びて、かの碩学領を賜ふ事にはなりたり、此時南禅の一寺のみ不学の僧一人もなかりしかば、此寺の僧のみ寺領をけづらるゝに及ばず、永く此寺の規模とは申す也、神祖南禅寺を以て僧録司となされしもかゝる故と承はる、

として、徳川家康が京都五山のうち南禅寺以外の四寺に碩学領（料）を設けて、特定の個人の僧に学術奨励の意をこめて給したことを記している。碩学領の制度は五山の学識の豊かな人材を確保するための一つの手段であり、学問奨励を標榜した徳川家康の寺院法度制定の精神の一つにもとづくものであった(10)。

『通航一覧』三〇では、「対馬国以酊庵輪番」として、次のように説明している。

寛永十二乙亥年三月、宗対馬守義成の老臣柳川豊前守（調興）逆訴の事落着あり、（割注略）、時に義成請ひ奉りしにより、命ありて永く五山碩学の僧、対馬国以酊庵に輪番とし、東福寺璘長老（玉峰光璘）その最初たり、朝鮮国往復の書翰を掌とり、かつ信使来聘にはその館伴たらしむ、同年義成より返却せし玄方（規伯）送使船これ慶長十四年玄方の師たりし玄蘇長老（景轍）、かの国にをいて歳船約条等の勤労ありしにより、かれ附与せし処の送使船なり、詳に貿易授職人送使船等の条にあり、また約してこれを以酊庵に附し、是より以酊庵送使船と称す、

慶長十四年（一六〇九）の歳船約条とは己酉約条のことである。朝鮮では万暦辛亥年（三十九年、慶長十六年、一六一一）に、景轍の死後、規伯に図書（銅製私印）を給して毎年一回送使船を朝鮮に渡航させて貿易を行う権利を認めた。

『対州編年略』巻三の寛永十二年（一六三五）の条には、

○同年、宝勝院東福寺璘（玉峰光璘）西堂受厳命、来対州居以酊庵、主幹文書之事、（宗）義成君依願也、是以酊庵為輪住之始也、
○同年朝鮮付調興（柳川）送使于義成君、付玄方送使于以酊庵了、

とある。

柳川一件で規伯が没落すると、朝鮮では崇禎丙子年（九年、仁祖十四年、寛永十三年、一六三六）に規伯の図書を取りあ

げたが、戊寅年（仁祖十六、寛永十五、一六三八）に至って、以酊庵送使の名で復給した。渡航は翌己卯年（一六三九）より再開された（『接待事目録抄』）。以後、以酊庵歴代の住持は名目上朝鮮から図書を受けることになった。ただし、送使船は対馬藩の直轄で、収益は藩のものであり、輪番僧のものではなかった。

以酊庵送使については、朝鮮で粛宗四十六年（享保五、一七二〇）に金慶門が編述した『通文館志』巻五に記事がある。「以酊庵送使」の割注につぎのように記されている。

万暦辛亥（三十九年、慶長十六、一六一一）、玄蘇於府東瞎驢山結庵、名以酊、玄蘇死後受図書送使、其後玄昉〔方〕偽托関白濫図公貿、与調興同罪、而至崇禎丙子（九年、寛永十三、一六三六）、収其図書、戊寅（十一年、寛永十五、一六三八）復給之、皆因島主之請、正官一人、伴従三名、格倭四十名、留館元限及支供与第一船同、○下船茶礼宴享路次宴、上船宴礼単茶礼各一次、○進上胡椒二百斤、蘇木三百斤、彩画七寸鏡一面、公貿銅鉄八百斤、鑞鉄三百八十五斤、蘇木四十斤、○該曹回賜与万松院同、凡送使只賚礼曹書契、而唯以酊庵有抵東莱書無別幅、自此無回答、○求請筆墨各五、鷹一連、花席一張、白紙二巻、火熨刀子・硯硯滴・篩子・馬省〔箵〕各一箇、扇子・真梳各二箇、清蜜・薏苡・蓁末・法油各三升、榛子・胡桃・栢子・黄栗・大棗各一斗、虎肉一貼、虎胆一部、犬一口、雨傘紙十張、四油芚一番〔部〕、○進上価、公木六同二疋、公貿価、公木二十五同十三疋十一尺六寸、

純祖二年（享和二、一八〇二）司訳院堂上訳官金健瑞らが、『通文館志』の交隣に関する部分を修訂した『増正交隣志』巻一の記事は少しちがいがあり、詳細でもあるので、これも左に掲出する。

まず「以酊庵送使」とあり、その割注に、

光海三年辛亥（一六一一）、玄蘇結庵於馬島瞎驢山、名以酊庵、玄蘇死後受図書送使、其後玄昉〔方〕偽托関白濫図公貿、与調興同罪、而至　仁祖十四年丙子（一六三六）収其図書、十六年戊寅復給之、皆因島主之請、賚抵礼曹佐郎書契而来、○正官一人、伴従三名、格倭四十名、貿館元限日供料餅米太並与第一船送使同、而正官乾魚減一尾、○日供酒米合五石六斗六

升、醋米十三斗六升、粘米一石五斗七升五合、醬太十斗九升七合、木米二石三斗二升、真曲五同九円一升五合、真油三斗八升一合八夕、清蜜一斗一升六合二夕、塩七斗四升七合、藿四十二斤八両、芥子一斗三升二合八夕、大棗二斗四升九合、黄栗二斗四升九合、乾柿十六貼六串、榛子七斗四升七合、自蛤醢二斗四合、生鮮八十三尾、全鰒四貼一串五箇、海蔘一石一斗六升、文魚十尾三条・広魚四十一尾半、沙魚一百六十六尾、大口魚二百七尾半、青魚六十六級八尾、乾魚一百七束九尾、

と、細かい規定がある。つぎに「料餅米合五十五石十二斗二升五合、太十石三斗、酒饌價米合六十二石十斗八升一合八夕五里」とあり、左の割注が書いてある。

下船茶礼、下船宴、路次宴、礼単茶礼、上船宴各一次、○宴享酒米合三斗六升三夕四里二分、餅米九斗三升、湯米八升二合五夕、醋米五升三夕、粘米五斗五升四合八夕八里、小豆七升九合八夕八里、菉豆三升九合八夕八里、木米三斗四升、真末一石三斗四升八合、太末一石七斗六升五合、真曲四円・牟曲九升、真油三斗四合二夕四里、清蜜一斗三升七合九夕八里、甘醬一斗一升九合九夕四里、良醬六升四合五夕八里、塩五升三合九夕二里、芥子一升五合、生薑二合九夕八里八分、大棗三升五合四夕四里、生栗一斗七升五合、黄栗三升五合四夕四里、生梨九十六箇、紅柿一百二十三箇、乾柿六貼二串四箇、栢子九升四合、胡桃一斗二合、榛子一斗二合、五味子四合、芝草二升五夕、蕈古二合九夕八里八分、生猪五口、脯肉三貼四条半、乾雉八首、三快活鶏四首、鶏卵一百四十箇、生鮮十一尾、生鰒一百三十八箇、全鰒九串五箇、海蔘二斗一升五合、紅蛤二斗一升五合、文魚四尾二条半、広魚十五尾、沙魚三十尾、大口魚六十八尾、青魚十四級四尾、乾魚十五束、

「陸物」（船の修理資材）については、

空石二十立、篁竹二十一箇、藁草十七同、草芚七番、草席四立、熟麻乼一張、山麻乼葛乼一張、帆竹一箇、長板

一立、鉄釘十五箇、蛭釘十五箇、○渡海精米二石十四斗、

「抵佐郎書契」には、

見同文彙考進献編、

「別幅」には、

胡椒二百斤、丹木三百斤、彩画七寸、匳鏡一面、

「公貿易」には、

銅鉄八百斤、鑞鉄三百八十五斤、丹木四十斤、

「佐郎答書」には、

見同文彙考進献編、

「回賜別幅」には、

人蔘二斤、虎豹皮各一張、白綿紬・白苧布・黒麻布各三疋、白木綿五疋、黄毛筆二十柄、真墨二十笏、花席三張、四張付油芚二部、

「抵東莱書契」には、

見同文彙考進献編、○此則島主書契謂之、副書無答書、

「求請」には、

黄毛筆五柄、真墨五笏、鷹子一連、花席一張、白紙二巻、火熨刀子・硯硯滴・篩子・馬箸各一箇、扇子・真梳各二箇、清蜜・薏苡・蓁末・法油各三升、榛子・胡桃・栢子・黄栗・大棗各一斗、虎肉一貼、虎胆一部、犬一口、雨傘紙十張、四張付油芚一部、

「進上価」には、

公木六同二疋、

「公貿易価」には、

公木二十五同十三疋十一尺六寸、

の割注がそれぞれ付けられている。以酊庵送使の構成や、朝鮮の東莱府で受ける待遇、文書や貿易の内容に関する諸規定は、右のように精細に定められていたのであるが厳格に実行されたわけではなかった。

三　碩学料と朝鮮修文職

京都五山のうち、天龍・相国・建仁・東福の四寺に碩学領（料）が設けられて、徳川家康から認められたのは慶長十九年（一六一四）である。同年三月晦日付の俊甫光勝（周南円旦）らの「東福寺諸塔頭知行之目録」（『大日本古文書　東福寺文書之三』九〇―九五頁）を見ると、東福寺の総知行高は一八五〇石四斗三升七合八夕で、「碩学領」分は三一五石となっている。碩学領（料）は豊臣秀吉の朱印寺領目録には見えなかった記載項目である。碩学領決定の背後関係について、桜井景雄は『本光国師日記』慶長十九年三月二十九日の記載をあげている。すなわち、同日付で僧録司以心崇伝から京都所司代板倉伊賀守勝重に充てた書状のなかで、

五山衆于今滞留候、諸塔頭知行大小之穿鑿候而、学文者と無学者と入替可申由被　仰出候、併諸塔頭何も血脈相承之筋目ニ候間、知行之増減候而、学文者ニハ学文領を其寺々内ニ而被下候様ニと各被申事ニ候、

と願った意見が採用された結果が、さきの三月晦日付の文書に反映したのであろうという。(11)

つぎに、同年の徳川家康黒印状写と板倉勝重・以心崇仏連署副状写とを示そう（前掲『東福寺文書之三』九五－九八頁）。

当寺領千八百五拾石四斗余、山城国散在、目録在別紙、常住領、碩学料、諸塔頭支配等、如指出全可有寺納、并門前境内・山林竹木、如先規令免除訖者、守此旨、仏事勤行、修造等無怠慢、弥可抽天下安全之懇祈之状如件、

慶長拾九年十二月廿八日　御黒印

東福寺

如右之指出、全可有寺納旨、被成下

御黒印訖、碩学料衆中納置、撰器用可被仰付旨、依　上意加奥書者也、

慶長拾九年

十二月廿八日

板倉伊賀守（勝重）在判

金地院崇伝在判

寺領の一八五〇石四斗余は、天正十三年（一五八五）に豊臣秀吉から寄進をうけた一五八四石に、境内畠并屋地子と正統院新知行ならびに南昌院旧領とを加えたものである。

以心崇伝は慶長二十年（元和元、一六一五）正月三日付で「五岳御役者中」に充てた書状で、寺領安堵の黒印状の出された経緯を、

大御所様（徳川家康）、今日駿府へ被成還　御候、昨日者御仕合能御礼被仰上、各可為満足候、仍寺領対続目之　御黒印、今日相済候、去夏於駿府指出之奥書之儀、上意之趣、板伊州（板倉勝重）令相談、御黒印同時ニ可相渡候、来六日早々板伊州へ可有御出候、先代之　御朱印も返進可申候、拙老預り状可有御持参候、伊州・拙老互障入義も可有之候条、五日

之晩尋ニ使者可被差越候、

と報じている。また、以心が正月五日に高野山の宝性院と無量寿院とに充てた書状で、「各碩学衆駿府・江戸御参上之刻」の路用について中﨟衆より難渋の申分があったことにつき、「惣別無学之衆被結徒党、不謂儀興行候者、如寺法可被仰付候」と指示している（『本光国師日記』一四、慶長二十年正月四日条）。碩学衆が無学の衆から羨望・嫉視されていた事情が読みとれるのである。

『東福寺文書之三』の、元和三年（一六一七）の徳川秀忠朱印状、寛永十年（一六三三）の徳川家光朱印状、寛文五年（一六六五）の徳川家綱朱印状、貞享二年（一六八五）の徳川綱吉朱印状には、前掲慶長十九年の黒印状と同様に、常住領・諸塔頭支配とともに碩学領が明記されている。

『東福寺文書之三』にはほかに、碩学料田検注帳（自延宝年間至貞享年間）、碩学料田山城西岡千代原村切帳写（元禄五年八月五日）、碩学料田山城西岡千代原村納支帳（文化六年十二月・文化十年十二月・文化十一年十二月）、碩学料田不二庵分山城稲荷縄之内村検注帳、碩学料貸銭利息簿（自宝暦四年至明和三年）、碩学料貸銭納支帳（自宝暦六年至同十年）碩学料対馬以酊庵勤番入目算用帳（安永九年八月）があり、『東福寺文書之四』には横大路村諸給人指出切帳（正保四年六月十三日）、『東福寺文書之五』には東福寺碩学料田畠屋敷検注帳（元和元年九月吉辰）、東福寺碩学料横大路稲荷千代原縄内帳（正保二年四月吉日）、東福寺領横大路村指出切帳写（慶安五年五月十七日）、東福寺諸塔頭散在所領高帳（万治二年四月十七日）がある。

これらの史料を検討すると、碩学料田の山城国内における所在地、その検注、給人関係等がわかるほか、はじめは個人を対象に支給されていた碩学料が、やがてその個人の所属する塔頭の知行所として記載されてゆく過程や、直接に碩学（修文職）を出していない本寺や塔頭も碩学料を受けることがあった事情を知ることができる。また、碩学料の一部を他に貸して得た利息の一部を、天龍寺等他寺の輪番僧が以酊庵に赴任する際の渡海助資（餞別）として支出したことを示す史料や、以酊庵勤番につき支出した費用の明細もある。東福寺以外の諸寺の史料と比較検討するならば、碩学料の近世寺院経済史上の意義をより明確に描きだすことができるのではなかろうか。

碩学料の規定は、元和元年（一六一五）七月に至って「五山十刹諸山法度」のなかに明確に位置づけられた。この法度は、徳川家康が武家諸法度・禁中並公家諸法度とともに制定した諸宗諸山法度の一部として発せられたものである。

一、庄園方今度指出之上、碩学料相定訖、撰其器用、一代宛可省事、

とある。規定が一代限りであった点に注目しておきたい。

五山碩学と以酊庵輪番との関係を記録している史料に『五山碩学並朝鮮修文職次目』（東福寺蔵）がある。天龍寺・相国寺・建仁寺・東福寺分の四冊からなる。五山のうち南禅寺には碩学料の支給はなかったから、当然南禅寺の分はない。碩学料は学禄ともよばれた。まず、各寺の碩学任命と碩学料の支給の記事から見よう。

京五山第一霊亀山天龍寺

御朱印寺領千七百弐拾斛

内参百斛　碩学料

但碩学参員江拝領

元和元年乙卯七月

東照神君　御条目ニ碩学料御定被遊之上、菊齢（元彭）・玄英（玄洪）・舜岳（玄光）参員学禄拝領、

京五山第二万年山相国寺
御朱印寺領千七百六拾弐斛壱斗
内二百五拾石　碩学料
但碩学三員
高八拾三斛三斗三升三合　碩学一員拝領
元和元年乙卯七月
東照神君　御条目ニ碩学料御定被遊之上、有節(周保)・昕叔(中暐)二員学禄拝領、

京五山第三東山建仁寺
御朱印寺領八百弐拾壱石
内百九拾五石五斗七升余碩学料
但碩学参員江拝領

京五山第四恵日山東福寺
御朱印寺領千八百五拾斛四斗余
内参百斛碩学領
但碩学四員江拝領
元和元年乙卯七月

東照神君　御条目ニ碩学料御定被遊之上、集霊（守藤）・剛外（令柔）・棠陰（玄召）・周南（円旦）四員学禄拝領、

これによれば、碩学制が創設され実際に各寺の碩学が選出されたのは元和元年（一六一五）である。初めて碩学料の支給を受けたのは、天龍寺三人・相国寺三人・建仁寺三人・東福寺四人となっているが、相国寺のように定員未満のこともあったらしい。支給額も、一人おおむね八〇石前後だが、各寺によって相違があった。

この史料の年代は「五山十刹諸山法度」の年代と同じで、さきの『東福寺文書』の家康黒印状の発給からは一年おくれている。碩学料をふくめた五山の知行を家康が認めたのが慶長十九年で、実際に個人が選抜されて碩学料の配分が行われたのが翌元和元年と解すべきであろう。

碩学料授与の発令は、同一寺内の僧と同時に行われたり、また他寺の僧と同時に行われることがあった。寛永六年（一六二九）七月には天龍寺洞叔寿仙と同寺の補仲等修が、寛文十年（一六七〇）十一月十一日には天龍寺江岳元策・相国寺愚渓等厚・東福寺南宗祖辰が、延宝六年（一六七八）には相国寺太虚顕霊・同寺汝舟妙恕・建仁寺松堂宗植が、天和二年（一六八二）には天龍寺古霊道充・建仁寺黄巌慈璋・東福寺丹陽光鶴が、元禄元年（一六八八）十月十日には相国寺天敬集仗・東福寺松隠玄棟が、元禄十年（一六九七）三月十九日には天龍寺中山玄中・相国寺別宗祖縁・東福寺雪堂令研が、宝永二年（一七〇五）六月九日には天龍寺関中智悦・同寺月心性湛・建仁寺雲叡永集が、享保三年（一七一八）三月十七日には天龍寺古渓性琴・東福寺天衣守倫が、享保八年（一七二三）九月には天龍寺雲崖道岱・建仁寺全室彦勲が、享保十四年（一七二九）六月には建仁寺雪巌中筠・東福寺藍渓光瑄が、享保十七年（一七三二）九月十四日は相国寺藍坡中珣・建仁寺東明覚沅が、元文五年（一七四〇）十月二十四日には天龍寺瑞源等禎・相国寺維天承瞻が、延享元年（一七四四）十一月八日には天龍寺翠巌承堅・東福寺玉嶺守瑛が、宝暦四年（一七五四）十一月十六日には建仁寺北礀道爾・相国寺天叔顕台が、宝暦六年（一七五六）十二月十六日には天龍寺拙山周寅・東福寺桂巌龍芳が、

それぞれ碩学料（学禄）を受けた。東福寺石霜龍菖・相国寺蘭谷祖芳・建仁寺天岸覚葩のように、一人だけ単独に碩学領を受けたものもある。

最初に朝鮮修文職になったのは、天龍寺の洞叔寿仙と東福寺の棠蔭玄召・玉峰光璘であり、初めての当番が玉峰光璘であった。

『五山碩学並朝鮮修文職次目』の洞叔寿仙の項には、

寛永六年己巳七月、与同山補仲（等修）西堂同時学禄拝領、
同十二年乙亥五月廿二日、初降
台命、与東福棠蔭東堂・玉峰西堂同司朝鮮修文職、
同十五年戊寅、赴対州、同十六年己卯交代、

と見え、玉峰光璘の項には、

寛永十二年乙亥五月廿二日、初降
台命、選五山領学禄者而兼司朝鮮修文職、
同年十一月、赴于対州、至于翌年八月在番、
但五山碩学渡海以酊庵勤番之最初、

とある。

朝鮮修文職を対馬では書簡役とか書役之僧とよんだ。朝鮮書契の役とよんだこともある。

『両足院朝鮮記録』二の「宗家手扣之写」には、

書簡役僧之事、寛永十二乙亥年、高祖父対馬守義成　公儀江度々願上候付而、五山より璘西堂・召長老・仙長老

三人書簡役被仰付候、則其年璘西堂初而被罷下、其後相続至于今代々被罷下候、朝鮮江遣候書翰和文、私方より相調遣シ、真案者右之書役之僧方ニ而相認、清書相済、私銅印押之、上封者書役之僧之印を突申候、右朝鮮江遣候書翰之跡留、書役之僧被罷居候以酊庵与申寺に有之候、手前ニ茂跡留仕置候、

とある。まず、宗氏側で朝鮮に送る文書の和文草案を作成し、書簡役僧がこれを漢文に改め、文書には宗氏の私銅印（図書）を捺し、封には書簡役僧の印（図書）を捺したというのである。跡留は『本邦朝鮮往復書』のことであるが、これについては後述する。

当然のことながら、寛永十二年以前に碩学料（学禄）を受けた五山僧は、朝鮮修文職（書簡役）とは無関係である。元和元年（一六一五）に初めて碩学料を受けた僧のなかで、天龍寺の菊齢元彭・玄英玄洪・舜岳玄光、相国寺の有節周保、建仁寺の古澗慈稽・三江紹益・利峰東鋭、東福寺の集雲守藤・剛外令柔らと、寛永十年（一六三三）碩学料を受けた東福寺の越渓礼格は朝鮮修文職を兼ねることはなかった。

朝鮮修文職は、はじめは碩学料を受けたもののなかから命ぜられたが、のちには碩学料の支給と朝鮮修文職の任命とが同時に行われるようになった。天龍寺妙智院の補仲等修の場合では、寛永六年（一六二九）に碩学料を受け、同十二年になって朝鮮修文職を命ぜられているが、天龍寺江岳元策・相国寺愚渓等厚・東福寺南宗祖辰三名の場合は、寛文十年（一六七〇）に碩学料を受けると同時に朝鮮修文職を命ぜられている。寛永十二年（一六三五）以酊庵輪番制成立後の碩学料は対馬に在番して朝鮮修文職をつとめることを予想して支給されたものであり、寛文十年ころには碩学料受領者は原則として朝鮮修文職を兼ねることになっていた。

ただ、碩学料を受け朝鮮修文職を命ぜられた者でも、特別の理由があれば対馬渡航を免除された。補仲等修は「多病之故」で対州渡海御免となり、寛文七年（一六六七）四月六日に示寂。天龍寺永明院の惟堅玄径も万治元年（一六五

八）碩学料を受け朝鮮修文職を命ぜられながら対州渡航を果さず、翌年十月に示寂した。相国寺梅岑軒の昕叔中晫は寛永十二年（一六三五）朝鮮修文職を命ぜられたが、「当此時、後水尾帝以万機之暇召対親聴法要」の故を以て対州渡海を免ぜられ、万治元年に示寂した。同寺雲興軒の雪岑梵崟も正保三年（一六四六）に碩学料を受け朝鮮修文職を命ぜられながら、同様の理由で対州渡海御免となり、寛文三年（一六六三）に示寂した。天和二年（一六八二）に朝鮮修文職を命ぜられた東福寺如意庵の丹陽光鶴も対州渡海はなく、元禄元年（一六八八）八月十五日に五九歳で示寂した。相国寺林光院の乾崖梵竺は、宝永六年（一七〇九）九月二十四日に碩学料を受け朝鮮修文職を命ぜられ、翌年三月には江戸に赴いて御礼登城したが、対馬には行かず、同年十二月に五八歳で示寂した。建仁寺清住院の全室彦勲も、享保八年（一七二三）九月に天龍寺の雲崖道岱と同時に碩学料を受け朝鮮修文職を命ぜられ、同年十月には江戸に参府したが、旅宿で四六歳の生涯を閉じている。もちろん対馬渡航のことはない。

なお、『五山碩学並朝鮮修文職次目』所収の宝暦十二年（一七六二）二月の建仁寺参暇西堂から金地院役者禅師に充てた書状には、

一、修文職之任、寿満七十則対州渡海　御免之事、

一、韓使接伴加番・代番之任、五山碩学中遂評議、選其人、御伺之上、蒙　公命候、古例也、

とある。対馬渡海は激務であるから満七〇歳で免除されたが、碩学料は終身支給されたと解してよいであろう。朝鮮修文職に任命された者は全員が同時に対馬に赴くのではなく、当番・加番・代番に区別された。当番が対馬に渡り以酊庵で実務に当る者、加番は当番の補佐で、韓使接伴（館伴）すなわち朝鮮の通信使が渡来する際の臨時の役であり、通信使の応接のほか、一行と同行して江戸に赴くこともその任務の一つであった。代番は当番・加番に病気等の事故があるとき、その職務を代行した。加番・代番は五山碩学中の評議によって選考し、僧録司を経て上申し、将軍から

任命されるのを古例としていたというのである。ちなみに棠蔭玄召の場合は、元和元年（一六一五）碩学料を受け、寛永十二年（一六三五）朝鮮修文職を命ぜられ、翌十三年八月対馬に赴き、同年冬朝鮮の通信使任絖らの来聘に以酊庵当番として接伴、江戸に至り、十五年まで在番した。同二十年の通信使尹順之らの来聘に当っても以酊庵加番を命ぜられ、江戸に向う途次、船中で発病、浪華で朝鮮修文職を免ぜられて帰山、同年四月示寂した。

碩学料受領・朝鮮修文職拝命の僧は、その謝礼のために、はじめは京都所司代に、のちには、わざわざ江戸まで赴いて将軍・老中に閲した。寛文十年（一六七〇）十一月には江岳元策・愚渓等厚・南宗祖辰の三人が受命したが、彼らはまず、京兆尹（京都所司代）永井伊賀守（尚庸）のところに礼参し、さらに三年後には江戸城まで出向いた。『五山碩学並朝鮮修文職次目』の東福寺本成寺南宗祖辰の項に、

寛文十年庚戌十一月、学禄拝領、並朝鮮修文職蒙
台命、寛文十三年二月十五日、登　城学禄御礼、同十九日、御暇、時服拝領、

とある記事がこのことを明らかにしている。学禄（碩学料）の受領者は江戸に出て挨拶しなければならなかったのである。

建仁寺永源庵雲壑永集の項には、

宝永二年（一七〇五）乙酉六月九日、与天龍関中（智悦）東堂・月心（性堪）西堂同時学禄拝領、並朝鮮修文職蒙
公命、同年参府、十月朔日、登　城、十帖一巻献上、於　御白書院独礼、同月五日、於　柳之間　御老中御暇被
仰渡、時服四領拝領、

建仁寺清住院全室彦勲の項には、

享保八年（一七二三）癸卯九月朔日、与天龍雲崖（道岱）東堂同時学禄拝領、並朝鮮修文職蒙

公命、同年十月参　府、而病篤不能謝恩、同月十四日遂示寂于江府之旅館、寿四十六、
とある。「不能謝恩」とあることから、江戸参府の目的が謝恩であったことが知られる。
以酊庵の僧が通信使の接伴（館伴）として参府したときも、江戸城に登城して挨拶した。ふたたび南宗祖辰の項を引用しよう。

天和二年壬戌秋、韓使来聘、以酊庵加番接伴于東武、九月朔日登城、十帖一巻献上、於　御白書院独礼、同月十日、於　柳之間　御老中　御暇被　仰渡、時服五領・白銀五拾枚拝領、
但、先例時服十領・白銀百枚拝領也、此度旧格相違、雖然拝領後故、至　于寺社御奉行水野右衛門太夫殿、以後御改可被　成下旨御届有之、

とある。時服一〇領・白銀一〇〇枚というのが、寛永十三年（一六三六）以来の加番接伴に対する定まった手当だった。しかし、文化八年（一八一一）の対馬礼聘では半額に減ぜられた（『通航一覧』七二）。

京都に居住していた高齢の五山僧が、僻遠のしかも海を越えた対馬に渡り、煩雑な外交文書の処理に当るのは想像を絶する苦痛であったに相違ないが、彼らにとっては、その苦痛を相殺してなお余りある利益があったのである。

輪番僧の収入は、すでに見たように、㈠碩学料、㈡通信使館伴にともなう臨時給与、があったが、その他に、㈢対馬藩から毎年現米一〇〇石の支給があった。「宝永七年巡見使に書上し箇条書中、覚」（『通航一覧』三〇、「対馬藩政事問答」）には、

一、以酊庵輪番之長老江余力之義御尋、
一ケ年現米百石遣し申候、其外炭薪入用次第遣し申候、尤端午・七夕帷子、重陽・歳暮に小袖遣之、并同宿江も遣し申候、

とある。『津島紀事』巻二「瞎驢山以酊庵」の項にも「寺領百石」とある。輪番僧は最初から碩学として選ばれた僧であり、対馬在番はさらに彼らに大きな財産を贈ったことになる。再住・三住するものがあったり、帰山後本山住持となる者が多かったことは、もちろん彼らの学殖や経験を無視しては語れないが、彼らの経済的な収入にもまた大きな要因があったと思われる。在番は、彼らにとってむしろ歓迎すべき勤務であったことを示している。上村観光は「現今五山の塔頭でも比較的富裕な寺は、皆維新前に碩学の料米を貰つて居た人の住した所である」(12)と書いている。

碩学＝朝鮮修文職＝以酊庵輪番僧は種々の経済的特権を与えられたほかに、五山における僧位の面でも優遇を受けた。碩学には南禅寺の坐公文《いなりのくもん》を受帖したものが多い。坐公文は住持の辞令である公帖《こうじよう》の一種だが、実際には赴任しないで受ける名義のみの住持任命書である。京都五山では南禅寺は五山之上の位であり、深紫衣の地であり、南禅寺公帖を受けることは五山の最高位にのぼることを意味していた。一種の名誉職である。玉村竹二は碩学と南禅坐公文学帖の関係を次のように書いている。

金地院初代僧録以心崇伝は、自己の属する南禅寺の地位の向上を計り、従来他山の者が容易に南禅寺の坐公文をうけて、紫衣出世を遂げたのを制限し、南禅寺派下の者以外の南禅寺瑞世を原則として厳禁し、例外として学徳法臘相すぐれた者のみに、時として坐公文を与えて、前南禅住に列し、紫衣を着用することを許したが、その際にも、南禅派下の出世者と区別して、これらの人の列位を「南禅位」といはず、「準南禅位」と称した。そして実際の運用では、この例外者は、碩学料をうけて、対馬の以酊庵の輪番に赴任し、朝鮮修文職を司って、朝鮮書契の作成の任を果して帰洛した者についてのみ、これを許した。所謂「禄内」または「禄中」衆とはこれらの人のことで、準南禅位は禄中衆の独占であった。(中略)、

京都では禄内衆、即ち碩学料を受けて、対馬の以酊庵に輪次に赴任駐留して、朝鮮書契のことを司り、帰って

くれば、追って準南禅位に昇進されるのが例となってゐるのである。[13]

右の論述の根拠となるのは、天保二年（一八三一）四月金地院僧録司充鎌倉五山住持役者連署状に見える「当地於京都列岳禄中衆者、格別之儀も可有之候得共（下略）」の文言と、同年五月寺社奉行充金地院僧録天齢元珠の覚書に見える「京都五山之儀者、碩学之任、朝鮮書契　御用被仰付、　御条目之御旨ヲ以、碩学之任（仁カ）江南禅寺住持職之　公帖御直判被　成下、紫衣ニ被仰付候[14]」の文言等である。

『五山碩学並朝鮮修文職次目』によって知られる宝暦十二年（一七六二）以前に以酊庵住持で南禅寺公帖を受けた者は、五〇人中つぎの二三人である。歴代住持のうちの半数に近い僧が南禅寺の公帖を受けている。括弧内は公帖を受けた日付である。

四世棠蔭玄召（寛永十六年六月十二日）　八世茂源紹柏（寛文三年八月二十二日）　一〇世九岩中達（承応二年十月九日、これは対馬渡海以前である）　一二世天沢円育（寛文十年十月二十三日）　一三世顕令通憲（寛文十年九月十五日）　二〇世南宗祖辰（元禄八年十二月十七日）　二二世雲外東竺（元禄五年四月八日）　二四世太虚顕霊（貞享五年八月八日）　二六世松堂宗植（元禄九年正月二十四日）　二八世天啓集仗（元禄九年二月八日）　三〇世松隠玄棟（元禄十二年正月十八日）　三三世別宗祖縁（宝永七年十月二十九日）　三五世関中智悦（宝永七年十一月十四日）　三六世月心性湛（享保六年十二月十七日）　三八世石霜龍菖（享保十一年二月十七日）　三九世古渓性琴（享保十五年十一月晦日）　四〇世天衣守倫（享保十五年十二月十七日）　四二世雲崖道岱（元文四年正月二十日）　四三世雪巌中筠（享保二十年正月二十三日）　四四世藍渓光瑄（寛保元年九月十五日）　四五世藍坡中珣（元文四年二月十日）　四七世維天承瞻（延享三年三月十四日）　五〇世玉嶺守瑛（宝暦四年二月二十日）

右のほか、相国寺慈照院の有節周保は元和元年（一六一五）に碩学料を受けたが、それ以前の天正二十年（文禄元、一五九二）四月十五日に南禅寺の公帖を受けている。相国寺梅岑軒の昕叔中暭は寛永十二年（一六三五）碩学料を受け朝鮮修文職を命ぜられながら対馬に渡らず、寛永十七年十二月十七日に南禅寺公帖を受けた。東福寺不二庵の集雲守藤も渡海のことなしに南禅寺の公帖をうけている。これらの碩学僧の受帖は以酊庵輪番とは無関係である。

輪番僧はこのように五山内部で破格の優遇を受けたが、その人材確保はかならずしも容易ではなかった。十七世紀後半になると人員も常に一〇名前後が確保されるようになり、碩学補充・以酊庵輪番選定の方法も次第に一定の形式が整った。碩学の死亡や病気によって欠員ができると、碩学評席が開かれて後任候補者が選定され、対州書役吹嘘状が五山住持の連署を以て僧録に提出される。これと共に碩学衆も同様の連署状を僧録に送り、僧録は将軍の許可を得て五山に報ずるのである。また以酊庵輪番ならびに加番は、僧録が碩学中からさらに指名し、碩学衆に伝達され、碩学は碩学評席を経て受諾する方式がとられた(15)。

江戸中期以後、五山の学問も衰微し、人材難は慢性化した。寛政三年（一七九一）慈雲大忍は老中松平定信に五山の待遇改善を要求したが、その理由のなかに「碩学御用之人才」の仕立をあげたほどであった（『両足院朝鮮記録』「古道西庵東行略記」）。

以酊庵は、近世の対朝鮮関係においては重要な役割を果した機関であるが、その活動はすべて五山碩学の存在に負っている。幕府は、外交文書担当者・通信使接伴者として歴代住持を優遇し、対馬藩では外交・貿易の担当者としてこれを尊重した。輪番経験者は、本山に帰れば学識者であることに加えて経済的富裕者であり、五山の中心人物として期待を集めた。これら一連の事実は、碩学の有する学識が宗教活動とか文芸活動とかの面よりも、外交というきわめて世俗的な場面において発揮活用されていた事実を物語っている。

四　『日韓書契』と『本邦朝鮮往復書』

上村観光は、以酊庵輪番僧が在番中に起草した朝鮮との往復文書の草案を録した『日韓書契』に言及してつぎのように書いている。(16)

此の日韓書契は百二十一冊あるので、是れには寛永十二年以来維新前までの日韓往復文書が載せてあつたのであるが、以酊庵の閉鎖と共に四山に分配して仕舞つて、現存して居るのも少々はあるが多くは小僧の手習草紙や、渋紙に張られて仕舞つたらしい、実に惜いことである。向後若し此等の記録等が見付つたならば之を本山に保管して永久に伝へて貰ひたい。是れ独り本山のためのみならず、永き歳月の記録中には、徳川時代に於ける外交史の一端を補ふ上に、有力なる材料が見出されないに（と）も限らぬからである。

『国書総目録』（岩波書店）には八冊本の『日韓書契』があげてあるが、これは同名でも、上村のいう『日韓書契』のことではない。これについては後に説明する。上村が四散を嘆いた『日韓書契』の別本は『本邦朝鮮往復書』の名でもと対馬藩主の宗家に大正時代まで伝蔵されており、戦前朝鮮総督府朝鮮史編修会に移された。東京大学史料編纂所では、昭和十四年（一九三九）写本の作成を同会に委嘱し、全一二〇冊（上村のいう一二一冊には一冊足りない）中、一〇一冊を謄写、収蔵した。(17) 同会の本は、戦後は韓国国史編纂委員会が受けつぎ保管している。

以下、冊序と収録年月を掲げるが、原則として輪番僧一回の在番ごとに一冊づつ作成されている。

1寛永十一年十二月―十三年七月　　2寛永十三年九月―十五年三月

3寛永十五年四月—十六年四月
4寛永十六年四月—十七年三月
5寛永十七年四月—十八年正月
6寛永十八年四月—十九年三月
7寛永十九年三月—二十年三月
8寛永二十年三月—二十一年四月
9寛永二十一年（正保元）四月—正保二年三月
10正保二年四月—三年五月
11正保三年五月—四年五月
12正保四年五月—同年十一月
13正保四年十一月—慶安三年閏十月
14慶安三年十月（マヽ）—承応二年二月
15承応二年四月—三年五月
16承応三年五月—四年（明暦元）六月
17明暦元年六月—三年四月
18明暦三年四月—万治二年五月
19万治二年五月—四年（寛文元）五月
20寛文元年六月—三年三月
21寛文三年五月—五年四月
22寛文五年四月—七年四月
23寛文七年五月—九年三月
24寛文九年五月—十一年六月
25寛文十一年六月—十二年七月
26寛文十二年八月—十三年（延宝元）五月
27延宝元年六月—三年閏四月
28延宝三年閏四月—五年四月
29延宝五年五月—七年五月
30延宝七年五月—九年（天和元）六月
31延宝九年（天和元）六月—天和二年二月
32天和二年三月—四年（貞享元）四月
33貞享元年五月—三年三月
34貞享三年三月—五年（元禄元）四月
35元禄元年五月—三年四月
36元禄三年四月—五年三月
37元禄五年四月—七年四月
38元禄七年五月—九年三月

39元禄九年四月―十一年三月
40元禄十一年四月―十三年五月
41元禄十三年五月―十五年六月
42元禄十五年六月―十七年（宝永元）六月
43宝永元年六月―三年四月
44宝永三年四月―五年四月
45宝永五年四月―七年五月
46宝永七年五月―正徳二年五月
47正徳二年五月―四年三月
48正徳四年三月―六年（享保元）三月
49正徳六（享保元）三月―三年五月
50享保三年五月―五年五月
51享保五年五月―七年四月
52享保七年四月―九年閏四月
53享保九年閏四月―十一年五月
54享保十一年五月―十三年四月
55享保十三年四月―十五年四月
56享保十五年四月―十七年四月

57享保十七年四月―十九年四月
58享保十九年四月―二十一年（元文元）四月
59元文元年四月―三年四月
60元文三年四月―五年四月
61元文五年四月―寛保二年四月
62寛保二年四月―四年（延享元）五月
63延享元年五月―三年四月
64延享三年四月―五年（寛延元）四月
65寛延元年四月―三年五月
66寛延三年五月―宝暦二年六月
67宝暦二年六月―四年五月
68宝暦四年五月―同年十一月
69宝暦四年十一月―六年六月
70宝暦六年六月―八年五月
71宝暦八年五月―十年五月
72宝暦十年五月―十二年四月
73宝暦十二年四月―十四年（明和元）四月
74明和元年四月―三年六月

75明和三年六月―五年六月
76明和五年六月―七年五月
77明和七年五月―九年（安永元）六月
78安永元年六月―四年三月
79―91〔欠〕
92寛政十二年（享和元）四月―三年四月
93享和三年四月―文化二年四月
94文化二年四月―四年五月
95文化四年五月―六年四月
96文化六年四月―八年閏二月
97文化八年閏二月―十年二月
98文化十年二月―十月
99文化十年十月―十二年四月
100文化十二年四月―十四年三月
101文化十四年三月―文政二年閏四月
102文政二年閏四月―四年四月
103文政四年四月―六年四月
104文政六年四月―八年四月
105文政八年四月―十年四月
106文政十年四月―十二年四月
107―112〔欠〕
113天保十二年五月―十四年四月
114天保十四年四月―弘化二年四月
115弘化二年四月―四年四月
116弘化四年四月―嘉永二年四月
117嘉永二年四月―四年四月
118嘉永四年四月―六年四月
119嘉永六年四月―七年（安政元）四月
120嘉永七年（安政元）四月―安政三年四月

泉澄一は『本邦朝鮮往復書』について、対州書役といわれた輪番僧が離任に当って往復書簡の控えを対馬藩に提出したものという。文書の控えは三部作成され、以酊庵と対馬藩と京都五山とが保管した。ただ、輪番僧が対馬に残したのが『本邦朝鮮往復書』、京都に持ち帰ったのが『日韓書契』とも一概にいうことはできない。泉は、内容については年例送使に関する公式的な文書が大部分であることを述べ、たまに漂流民護送や釜山窯の開窯を求める書簡があったとし、また朝鮮からの返簡の到来が遅れ、つぎの輪番の「往復書」に収められる場合があったことなどを指摘している。(18)

『国書総目録』を見ると、『本邦朝鮮往復書』の書名を有するものを六種あげている。

(A)玉嶺守瑛編（自筆）　寛延元―三　積翠文庫　一冊
(B)石霜龍菖編（第四八、自筆）　正徳元（六カ）―享保三　積翠文庫　一冊
(C)雪岩中筠編　享保十五―十七　積翠文庫　一冊
(D)湛堂（令椿）編　天明四―六　内閣文庫　一冊
(E)霊巌龍根編（第一〇一、自筆）　文政二―四　積翠文庫　一冊
(F)（宋州師常編）　安政七―文久二　東京大学史料編纂所謄写本　一冊

このうちの、(A)は史料編纂所写本（もと宗家本）では第65冊に当る本の自筆本、(B)は第49冊の自筆本。ただし、『国書総目録』には「第四八、自筆、一冊」とある。輪番の順からいえば第四九冊に当るはずだが、第四八（巻）とあって、冊と巻の順序が一致していない。(C)は第56冊の別系統の写本、(D)は第84冊の別系統の写本（ただし史料編纂所のもと宗家本では欠本）、(E)は第102冊の自筆本と推定される。(F)は史料編纂所のもと宗家本の写本にはない本で、第一二三番宋州師常の編、慶応義塾大学図書館本の写しである。なおもとになった慶応義塾大学図書館本は東福寺霊源院本の写しである。

右のほか、史料編纂所には三冊の相国寺本の写本がある。内容はもと宗家本の第32・第58・第83の各冊に当る。

なお、この種の写本は五山の諸塔頭でも所蔵していたと思われるので、今後の調査で補充・確認されることが期待される。

つぎに、さきにふれた八冊本の『日韓書契』について一言しておこう。原本は建仁寺にあり、史料編纂所にその写本がある。(19)内容は、『本邦朝鮮往復書』(『日韓書契』)に見える史料をもとに、類聚あるいは編纂したもので、「類聚日韓書契」と改称したい内容の書物である。

㈠信使之部一　文書一〇四点を収む。
㈡信使之部二　文書一三七点を収む。
㈢賀弔集　文書四九点を収む。内題「日韓書契賀弔集」
㈣漂流之部　文書八二点を収む。内題「日韓書契目録漂流之部」
㈤雑之部一　文書一二二点を収む。
㈥雑之部二　記文・文書一三一点を収む。
㈦雑之部三　異字考　典籍・文書四四点を収む。
㈧編年考略　(明応元年―天保六年)(典籍一点)

『国書総目録』によると、この第八冊の「編年考略」部分の写本が、京都大学とお茶の水図書館成簣堂文庫とにそれぞれ一冊づつ所蔵されていることが知られる。

第八冊の「編年考略」は日朝関係史の一種の年表であり、それには享保十一年(一七二六)の以酊庵四二世雲崖道岱の序文がある。雲崖は『江雲随筆』(建仁寺蔵、原題「江岳和尚対馬随筆并雲崖和尚続集」)の編者の一人であり、江岳元策とともに以酊庵関係史料の整備に熱意をもやした人物である。序文には雲崖が天龍寺で「本山所蔵之日韓書契」五〇余巻を閲し、日朝通交の沿革を知ったことを記している。以酊庵五四番の雲崖が見ることができたのは、それ以前の五三冊の『日韓書契』（『本邦朝鮮往復書』）である。ただ、一番・一冊・一巻には例外があり、六番洞叔寿仙の冊が「巻之六」で、七番棠蔭玄召の冊が「巻六之二」とされている。棠蔭が加番の途中で死去したので、このような処置をとったのかもしれない。八番鈞天永洪の冊（第八冊目）が「巻之七」となり、以下、順次これにならっている。雲崖の見た「日韓書契」は番（冊）と巻との順序は一致していないのである。さきにあげた『国書総目録』所収『本邦朝鮮往復書』の(B)本と(E)本において輪番の順序と巻の順序との間に行き違いが存するのは、(B)・(E)本が雲崖の見た『日韓書契』と同一系統の書物に拠ったことを示している。序文の全文を左にあげよう。

日韓書契編年考略序
対馬州瞎驢山以酊禅庵者、前住南禅景轍(玄蘇)和尚所創建也、明朝万暦帝賜本光禅師号、乃今牌面所書大明特賜本光禅師景轍和尚是也、
国事専司
日韓往復修文之任、而戢化之後其神足規伯(玄方)続席補、寛永甲戌(十一年、一六三四)被連坐対牧家臣調興(柳川)事、左遷南部、自時厥後、五山
承
命輪次司之、余初以
享保十一年丙午(一七二六)、被
命本山(天龍寺)、首夏登岸之後、朝鮮賀立
儲之使尋至、晋接事多、越数月適得間暇、而閲本山所蔵之日韓書契、蓋此書、
寛永十二乙亥(一六三五)、輪次而以還、所紀載往復、一住一冊、殆迨五十余巻、嗚呼

両国通好之階梯、百世不易之縄準、除是何也、若其条外之書、必照旧例、或沿或革、与対牧一謀以決、而後而右敢自恣、豈与妍字麗句信口信手之比、同日語哉、且其編集也別以輪次、而不拠彙類、若夫事急則不能無累考索乎、但簡約則覧易徧、該博則事弗遺不能兼挙双全、是故余欲折其衷、偏加捜扶、以年編之、記幾世幾巻以分別、歳条之外異恒規者、繋諸年月之下、復以単辞冠其首、為便捷覧也、如其漂流書、累々不断、非死亡破船官員等類別置之不録、余亦準此、輪司已前、自
明応壬子、(元年、一四九二)至于
寛永甲戌者、(十一年、一六三四)攈摭残藁剰書及所膾炙人口者、略議之而已、敢望輪住之師、逐序続之、只是膚浅鱗雑、逃罪無補則
幸焉、
享保丙午(十一年、一七二六)秋九月初五日、四十二代住持前天龍雲崖道岱自序

「編年考略」のなかから、一、二の記事を引用しよう。

文禄元年（一五九二）の条では、

是歳、秀吉公在肥前名護屋城、徴五山碩匠、南禅玄甫霊三・相国西笑承兌・東福惟杏永哲及以酊景轍玄蘇、司朝鮮修文職、

とある。いまだ制度化されていなかった「朝鮮修文職」の起源を、道岱は文禄元年と想定したのではなかろうか。

寛永十二年（一六三五）の条には朝鮮修文職＝以酊庵輪番制度成立の事情を述べているが、雲崖ら以酊庵歴住の共通の理解としてみることができよう。

五月十八日(寛永十二年)、執政土井大炊頭(利勝)・酒井讃岐守(忠勝)与僧禄(録)(元良)最岳及道春(林)・人見永喜会議于東武殿中、而召対馬守(宗)義成而謂曰、
対馬遺朝鮮之書謂　公儀称殿下、殿下者関白之称也、只書東武則可也、又謂礼曹称相公者不可也、本朝指参議呼

宰相、恐謬乎、其礼曹与対馬守可対待者也、彼書指対馬守書平公、則対馬守之書亦指礼曹書金公可也、時礼曹金南重也、故云
尓、同二十二日義成就諸閣老請定朝鮮通用修文之任、
大君可其奏、令僧録司最岳・京兆尹板倉周防守(重宗)選五山長老西堂領学禄者而兼司其職任、于時天龍洞叔東堂(寿仙)・東福
棠蔭東堂(玄召)・同山玉峰西堂(光璘)膺選、又降　鈞命、曰両国通好其任至重矣、正対馬与朝鮮要令無内交宜、仔細勘検之勿
忽也、故不別置監察云云、

なお、「編年考略」には天保六年（一八三五）までの記事があり、第一〇九番の則堂通銓の「日韓書契巻百八」までが引用されている。おそらく道岱死後、歴代の輪番僧によって補充され書き継がれたものと推測される。『日韓書契』＝『本邦朝鮮往復書』は上村の指摘をまつまでもなく、近世日朝関係史の基本史料であり、本書の総合的な検討は今後不可欠の研究課題といえよう。

五　歴代住持と京都五山の関係　付、以酊庵歴代住持一覧

以酊庵住僧の在番順序、出身の寺院、在番の期間等を一覧にした住持籍は、江岳元策が寛文十一年（一六七一）に初めてこれを作成し、のち数人の手で増補された。『江雲随筆』所収のもの以下数種類のものが遺っているが、管見に入ったもののうちで最も完備しているのは、鎌倉市山之内東慶寺内松ケ岡文庫所蔵の『以酊庵住持籍』で、開山景轍玄蘇から八九世玉潤守俊までの記述がある。玉潤は慶応三年（一八六七）まで在番した最後の住持である。この書は、ほかに寛文十一年七月の江岳元策の「驢山住持籍序」「当山第二世前住建長規伯方禅師小伝」と、天和三年（一六八三）四月の太虚顕霊の「慶移庵偈并引」とを収載している。

私の作成した「以酊庵歴代住持一覧」は、右の『以酊庵住持籍』の記述を骨格とし、『本邦朝鮮往復書』『五山碩学並朝鮮修文職次目』等の諸史料と先行の諸研究を参照してまとめたものである。史料も文献もなお多く補充しなければならないと思っている。

輪番は歴代の以酊庵の住持が朝鮮との通交事務を行うことであり、寛永十二年（一六三五）十一月から慶応三年（一八六七）正月まで二三二年間続いた。この間、再住者三一名・三住者四名をふくむ八九名が、一二六番まで在番した。対馬在番中に死亡した者は九名である。輪番僧には概して老齢者が多かった。

在番の期間は、最初はおおむね一年間であったが、のち二年間在番するのが通例となった。[20] 三年間在番した者も、一年未満の者もあり、一貫した規則はなかったようである。ただ『文化易地聘使録』（『古事類苑』外交部、七七八頁）に、勤番は二四ヵ月で、交代期は四月であると記しており、このころには在番期間、交代期に定例ができていたようである。通信使渡来など臨時の事があれば、加番・代番が行われた。『古事類苑』所引の「続三十幅」、『通航一覧』所収の「譚海」「文会雑記」は三年交代としているが、これは訛伝とすべきであろう。交代の時期も四月から四月までが最も多いが、三月、五月、六月、十月、十一月に行われたこともある。

一覧表に示した在番期間はおもに『以酊庵住持籍』に拠ったが、着任・離島の時期については、他の『本邦朝鮮往復書』等の諸史料との間にかなりの異同があり、正確な年月の推定にはさらにキメ細かな検討が要求されよう。

以酊庵住持は五山碩学から選ばれたが、のちには碩学料の支給と朝鮮修文職任命の発令が同時になった。いずれも南禅寺をのぞく、天龍・相国・建仁・東福四山の僧である。

つぎに、出身の塔頭・子院別に以酊庵住持となった者の数を示そう。

天龍寺　合計27

慈済院2　鹿王院1　寿寧院6　南芳院2　妙智院6　延慶庵2　真乗院2　宝寿院1　三秀院2　招慶院2
弘源寺1

相国寺　合計20

慈照院5　富春軒1　玉龍庵1　光源院2　慈雲庵2　瑞春院1　松鷗庵1　長得院1　巣松軒1　養源軒1
勝定院1　晴雲院2　養春軒1

建仁寺　合計19

十如院1　清住院2　大統院2　永源庵3　両足院3　普光庵2　堆雲軒2　常照院1　常光院1　一華院1
霊洞院1

東福寺　合計21

宝勝院2　南昌院3　艮岳院2　龍眠庵2　本成寺1　即宗院4　不二庵（霊雲院）3　未雲軒《マヽ》1　大機軒1
霊源庵1　聖寿庵1

（玉嶺守瑛は、初住のときは不二庵、再住のときは栗棘庵より赴任。）

碩学＝朝鮮修文職＝以酊庵住持が五山におけるエリートであることはすでに述べたが、彼らは本山帰山後はおおむねその住持になった。総計八七人中七九人がなっているから、九〇・八％の高率である。寺別にみると、天龍寺は以酊庵住持二七人中二四人が本山住持、その率は八八・八％、相国寺は二〇人中一九人で九五％、建仁寺は一九人中一九人で一〇〇％、東福寺は二一人中一七人で八一％である。以酊庵住持は五山における栄達の道を約束されていたといえよう。

慶応二年（一八六六）十二月、幕府は対州書役の廃止を宗対馬守に伝え、宗氏からその旨が金地院僧録に「以酊庵輪番御廃止ニ相成、別段御役人可被差遣候旨、可被得其意候」と伝えられ、翌年二百数十年におよんだ輪番の制は廃止された。[21] 対馬教育会（日野清三郎執筆）『改定対馬島誌』（一九四〇年、名著出版複刻、一九七六年）は、慶応二年の条に「以酊庵輪番僧京都建仁寺両足院荆叟玟（東玟）長老輪番僧廃止に依り退去す」（四九八頁）としている。

以酊庵歴代住持一覧

（輪番）（歴代）　（住持名）　（備　考）

開　山　景轍玄蘇　本朝南禅大明特賜本光禅師。博多聖福寺一〇九世住持。慶長十六年（一六一一）十月二十二日化（七五歳）。

「慶長十二年、朝鮮正使呂祐吉・副使慶暹・従事官丁好寛来聘、対州太守義智同伴、景轍蘇長老相附、四月着京都、寄宿大徳寺」（『通航一覧』四八）

（参考文献）松田甲「僧玄蘇朝鮮の初旅」（『続日鮮史話』第一編）、上村観光「朝鮮僧松雲大師と日本僧景轍玄蘇」（同『禅林文芸史譚』）、長正統「景轍玄蘇について——一外交僧の出自と法系——」（『朝鮮学報』二九）、田中健夫「島井宗室と景轍玄蘇」（同『対外関係と文化文流』）。

二　世　規伯玄方　寛文元年（一六六一）十月二十三日、大坂にて化（七四歳）。

「寛永元年、朝鮮正使鄭岦・副使姜弘・従事官啓栄来聘、対州太守義成同伴、規伯方長老相附、十月四日着対府、十一月十八日着京都、寄宿大徳寺、同廿五日発京、十二月十二日到于江府」（『通航一覧』四八）。

（参考文献）上村観光「徳川初期の朝鮮通、規伯玄方」（同『禅林文芸史譚』）、田代和生『書き替えられた国書――徳川・朝鮮外交の舞台裏』〈中公新書〉、同「対馬使節の朝鮮国『御上京之時毎日記』とその背景」(『朝鮮学報』九五・九六・九八・一〇二)、泉澄一「以酊庵第二世・規伯玄方和尚の晩年――万治元～寛文元年、赦免後の京・大坂における日々――」(『封建社会と近代――津田秀夫先生古稀記念論集』一九八九年)、同「史料紹介「自雲記」」(昭和六十三年度科学研究費補助金研究成果報告書『対馬藩・宗家文書の研究』一九八九年)、同「対馬以酊庵第二世・規伯玄方の南禅寺をめぐる行実について」(有坂隆道先生古稀記念『日本文化史論集』一九九一年)。

1三　世　玉峰光璘　最初の輪番僧。寛永十二年(一六三五)十一月より同十三年八月まで。東福寺宝勝院より赴任。明暦四年(万治元年、一六五八)三月九日化。

2四　世　棠蔭玄召　寛永十三年(一六三六)八月より同十五年三月まで。東福寺南昌院より赴任。東福寺二二三五世住持。寛永二十年(一六四三)四月二十九日化。
「寛永十三年丙子十一月、朝鮮信使来聘、玉峰・棠陰両老送迎、赴関東」(『通航一覧』三〇)

3五　世　洞叔寿仙　寛永十五年(一六三八)四月より同十六年四月まで。天龍寺慈済院より赴任。天龍寺一九九世住持。承応元年(一六五二)六月二十日化(七八歳)。

4再　住　玉峰光璘　寛永十六年(一六三九)四月より同十七年三月まで。

5再　任　棠蔭玄召　寛永十七年(一六四〇)四月より同十八年四月まで。

6再　住　洞叔寿仙　寛永十八年(一六四一)四月より同十九年三月まで。

7三　住　棠蔭玄召　寛永十九年(一六四二)三月より同二十年三月まで。

「同廿年癸未夏、韓使来聘以酊庵加番、於船中発病、至浪華蒙御免帰山、同年四月廿九日示寂」（『五山碩学並朝鮮修文職次目』）

8 六　世　釣天永洪　寛永二十年（一六四三）三月より同二十一年四月まで。建仁寺十如院より赴任。建仁寺三〇二世住持。承応二年（一六五二）二月十日、以酊庵にて化。

9 七　世　周南円旦（俊甫光勝）　正保元年（一六四四）四月より同二年三月まで。東福寺良岳院より赴任。東福寺二三八世住持。正保四年（一六四七）九月二十三日、以酊庵にて化。

「寛永二十年癸未六月、信使来聘、釣天・周南両老送迎、赴東武」（『通航一覧』三〇）

10 八　世　茂源紹柏　正保二年（一六四五）四月より同三年五月まで。建仁寺清住院より赴任。建仁寺三〇三世住持。寛文七年（一六六七）十二月二十日化（六九歳）。

（参考文献）上村観光「那波活所と茂源紹柏」（同『禅林文芸史譚』）

11 再　住　釣天永洪　正保三年（一六四六）五月より同四年五月まで。

12 再　住　周南円旦　正保四年（一六四七）五月より同年九月まで。

13 再　住　茂源紹柏　正保四年（一六四七）十一月より慶安三年（一六五〇）十月まで。

14 三　住　釣天永洪　慶安三年（一六五〇）十月より承応二年（一六五三）二月まで。

15 九　世　賢渓玄（昌）倫　承応二年（一六五三）四月より同三年五月まで。天龍寺鹿王院より赴任。天龍寺二〇一世住持。寛文元年（一六六一）閏八月四日化。

16 一〇世　九岩中達　承応三年（一六五四）五月より明暦元年（一六五五）六月まで。建仁寺大統院より赴任。

17 三　住　茂源紹柏　建仁寺三〇〇世住持。万治四年（寛文元、一六六一）三月二十日化。
明暦元年（一六五五）六月より同三年四月まで。

「明暦元年乙未九月、信使来聘、九岩・茂源両老赴関東、此時輪番二年之議、於江戸相定」（『通航一覧』三〇）

18 一一世　覚雲顕吉　明暦三年（一六五七）四月より万治二年（一六五九）五月まで。相国寺慈照院より赴任。
相国寺九七世住持。寛文七年（一六六七）五月二十九日化（六七歳）。

19 一二世　天沢円育　万治二年（一六五九）五月より寛文元年（一六六一）五月まで。東福寺艮岳院より赴任。
東福寺二二三九世住持。寛文二年（一六六二）十一月十一日化。

20 一三世　顕令通憲　寛文元年（一六六一）六月より同三年五月まで。建仁寺永源庵より赴任。建仁寺三〇六世住持。天和元年（一六八一）十二月二十三日化（七二歳）。
「戊申年（寛文八、一六六八）偶有偽船一件、蒙　鈞命再渡、居者一年、副典翰事」（『以酊庵住持籍』『江雲随筆』）

21 一四世　太華令瞻　寛文三年（一六六三）五月より同五年四月まで。東福寺龍眠庵より赴任。東福寺二一四一世住持。元禄四年（一六九一）十二月十五日化。

22 一五世　虎林中虔　寛文五年（一六六五）四月より同七年四月まで。天龍寺慈済院より赴任。天龍寺二〇二世住持。延宝六年（一六七八）九月二十七日化（九二歳）。
丁酉年（明暦三、一六五七）『善隣国宝記』版本に跋を書く。寛文五年江戸の林春斎と交渉（『国史館日録』寛文五年十月二十六日・二十九日条）。

（参考文献）上村観光「虎林中虔と水戸義公」「天龍寺の虎林と向井元升」（同『禅林文芸史譚』）。石井正敏「以酊庵輪番僧虎林中虔」（田中健夫編『前近代の日本と東アジア』吉川弘文館、一九九五年）。

23一六世　春葩宗全　寛文七年（一六六七）五月より同九年五月まで。相国寺富春軒より赴任。相国寺九九世住持。元禄七年（一六八六）五月八日化（七七歳）。

24一七世　泉叔梵亨　寛文九年（一六六九）五月より同十一年六月まで。天龍寺寿寧院より赴任。天龍寺二〇二世住持。貞享四年（一六八七）十一月十一日化。

25一八世　江岳元策　寛文十一年（一六七一）六月より同十二年六月まで。天龍寺南芳院より赴任。寛文十二年（一六七二）六月二十五日、以酊庵にて化（三九歳）。

（参考文献）泉澄一「対馬以酊庵輪番僧　江岳元策について」（横田健一先生還暦記念『日本史論叢』）、加藤正俊「三江紹益の法系とその周辺」（『禅学研究』五八）

26一九世　愚渓等厚　寛文十二年（一六七二）より延宝元年（一六七三）五月まで。相国寺玉龍庵より赴任。相国寺一〇〇世住持。延宝三年（一六七五）十二月二十二日化（五三歳）。

27二〇世　南宗祖辰　延宝元年（一六七三）六月より同三年閏四月まで。東福寺本成寺より赴任。東福寺二四二世住持。正徳五年（一七一五）十月八日化（八五歳）。

28二一世　蘭室玄森　延宝三年（一六七五）閏四月より同五年四月まで。天龍寺妙智院より赴任。天龍寺二〇四世住持。天和二年（一六八二）八月十五日化（六七歳）。

（参考文献）泉澄一「天龍寺第二〇四世・蘭室玄森和尚について――対馬以酊庵輪番時代の行実――」（『対馬風土記』一一）

29二二世　雲外東竺　延宝五年（一六七七）五月より同七年五月まで。建仁寺両足院より赴任。建仁寺三一〇世住持。享保十五年（一七三〇）四月十一日化（一〇一歳）。
30再　住　南宗祖辰　延宝七年（一六七九）五月より天和元年（一六八一）六月まで。
31二三世　汝舟妙恕　天和元年（一六八一）六月より同年十一月まで。相国寺光源院より赴任。相国寺一〇一世住持。天和元年十一月二十六日、以酊庵にて化（四六歳）。
32二四世　太虚顕霊　天和二年（一六八二）二月十七日より貞享元年（一六八四）六月まで。相国寺慈雲庵より赴任。相国寺一〇二世住持。宝永二年（一七〇五）五月二十日化（六九歳）。
「天和二年壬戌七月、信使来聘、太虚・南宗送迎、赴東武」（『通航一覧』三〇）
33二五世　古霊道充　貞享元年（一六八四）五月より同三年三月まで。天龍寺延慶庵より赴任。天龍寺二〇六世住持。宝永元年（一七〇四）八月五日化（七六歳）。
34二六世　松堂宗植　貞享三年（一六八六）三月より元禄元年（一六八八）四月まで。建仁寺清住院より赴任。建仁寺三一一世住持。正徳四年（一七一四）九月十日化（七四歳）。
35二七世　黄巌慈璋　元禄元年（一六八八）四月より同三年四月まで。建仁寺大統院より赴任。建仁寺三一二世住持。元禄七年（一六九四）閏五月二十三日化。
36二八世　天啓集仗　元禄三年（一六九〇）四月より同五年四月まで。相国寺瑞春庵より赴任。享保元年（一七一六）十一月十一日化（七五歳）。
37二九世　東谷守洵　元禄五年（一六九二）四月より同七年五月まで。天龍寺南芳院より赴任。元禄九年（一六九六）十二月十九日化。

38三〇世　松隠玄棟　元禄七年（一六九四）五月より同九年三月まで。東福寺南昌院より赴任。東福寺二四五世住持。正徳元年（一七一一）六月二十七日、対馬西山寺にて化（六九歳）。「正徳元年辛卯五月、憑于信使来聘渡海」（『以酊庵住持籍』）『続善隣国宝記』（『続群書類従拾遺部』には「善隣国宝後記」の書名で収録している）を宝永辛卯孟陬（正徳元年正月）に編集。

39三一世　文礼周郁　元禄九年（一六九六）四月より同十一年四月まで。天龍寺真乗院より赴任。天龍寺二〇七世住持。元禄十五年（一七〇二）十月十九日化。

40三二世　中山玄中　元禄十一年（一六九八）四月より同十三年五月まで。天龍寺妙智院より赴任。天龍寺二〇九世住持。享保二年（一七一七）十二月三日、以酊庵にて化（五八歳）。

（参考文献）泉澄一「天龍寺第二〇九世・中山玄中和尚について――対馬以酊庵輪番時代を中心にして――」（『ヒストリア』六三）、同「天龍寺第二百九世・中山玄中和尚について」（『史泉』五〇）

41三三世　別宗祖縁　元禄十三年（一七〇〇）五月より同十五年六月まで。相国寺慈照院より赴任。相国寺一〇四世住持。正徳四年（一七一四）五月朔化（五七歳）。

42三四世　雪堂令研　元禄十五年（一七〇二）五月二十一日より宝永元年（一七〇四）六月まで。東福寺龍眠庵より赴任。宝永四年（一七〇七）三月二十六日化（四八歳）。

43再　住　松堂宗植　宝永元年（一七〇四）六月より同三年四月まで。

44三五世　関中智悦　宝永三年（一七〇六）四月より同五年四月まで。天龍寺寿寧院より赴任。天龍寺二一〇八世住持。正徳六年（一七一六）二月十日、以酊庵にて化（五八歳）。

45三六世　月心性湛　宝永五年（一七〇八）四月より同七年五月まで。天龍寺真乗院より赴任。天龍寺二一一世住持。享保十九年（一七三四）十一月二十八日化（七三歳）。

（参考文献）泉澄一「天龍寺第二百十一世月心性湛和尚について――享保三～五年、対馬以酊庵輪番時代の行実――」（柴田実先生古稀記念会編『日本文化史論叢』）

46三七世　雲壑永集　宝永七年（一七一〇）四月二十四日より正徳二年（一七一二）五月十八日まで。建仁寺永源庵より赴任。建仁寺三一五世住持。享保二年（一七一七）五月八日化（六八歳）。

「正徳元年辛卯十月、信使来聘、別宗・雲壑両老送迎、赴于関東」（『通航一覧』三〇）

47再　住　中山玄中　正徳二年（一七一二）五月より同四年三月まで。

48再　住　関仲智悦　正徳四年（一七一四）三月より享保元年（一七一六）二月まで。

49三八世　石霜龍菖　享保元年（一七一六）三月より同三年五月まで。東福寺即宗院より赴任。東福寺二五四世住持。享保十三年（一七二八）六月十七日化（五一歳）。

50再　住　月心性湛　享保三年（一七一八）五月より同五年五月まで。

「享保四年己亥九月、信使渡海、月心・石霜接伴、赴于関東」（『通航一覧』三〇）

51三九世　古渓性琴　享保五年（一七二〇）五月二日より同七年四月まで。天龍寺宝寿院より赴任。天龍寺二一四世住持。元文二年（一七三七）十一月十三日化（七一歳）。

52四〇世　天衣守倫　享保七年（一七二二）四月より同九年閏四月まで。東福寺不二庵より赴任。東福寺二五五世住持。元文四年（一七三九）八月二十四日化（六二歳）。

53四一世　蘭谷祖芳　享保九年（一七二四）閏四月二日より同十一年四月まで。相国寺松鷗軒より赴任。相

国寺一〇七世住持。享保十三年（一七二八）二月十八日化（五九歳）。
54四二世　雲崖道岱　享保十一年（一七二六）五月一日より同十三年四月まで。天龍寺延慶庵より赴任。天龍寺二一三世住持。寛保三年（一七四三）十二月四日化（六六歳）。
55再　住　天衣守倫　享保十三年（一七二八）四月より同十五年四月まで。
56四三世　雪巌中筠　享保十五年（一七三〇）四月より同十七年四月まで。建仁寺普光庵より赴任。建仁寺三二四世住持。延享四年（一七四七）十月四日化。
57四四世　藍渓光瑄　享保十七年（一七三二）四月より同十九年四月まで。東福寺宝勝院より赴任。東福寺二五八世住持。宝暦元年（一七五一）十一月十三日化（五九歳）。
58四五世　藍坡中珦　享保十九年（一七三四）四月より元文元年（一七三六）四月まで。相国寺長得院より赴任。相国寺一〇九世住持。延享五年（寛延元、一七四八）七月二十一日化（六六歳）。
59四六世　東明覚沅　元文元年（一七三六）四月より同三年四月まで。建仁寺堆雲軒より赴任。建仁寺三二六世住持。宝暦八年九月十六日化（七〇歳）。
60再　住　雲崖道岱　元文三年（一七三八）四月より元文五年四月まで。
61再　住　雪巌中筠　元文五年（一七四〇）四月より寛保二年（一七四二）四月まで。
62四七世　維天承瞻　寛保二年（一七四二）四月より延享元年（一七四四）四月まで。相国寺巣松軒より赴任。相国寺一一〇世住持。
63四八世　瑞源等禎　延享元年（一七四四）五月より同三年四月まで。天龍寺妙智院より赴任。天龍寺二一六世住持。宝暦四年（一七五四）六月十八日、以酊庵にて化（五四歳）。

（参考文献）泉澄一「天龍寺第二一六世・瑞源等禎和尚について――対馬以酊庵輪番時代の行実――」（『対馬風土記』一二）

64四九世　翠巌承堅　延享三年（一七四六）四月より寛延元年（一七四八）四月まで。天龍寺三秀院より赴任。天龍寺二一七世住持。

65五〇世　玉嶺守瑛　寛延元年（一七四八）四月より同三年五月まで。東福寺不二庵より赴任。東福寺二六二世住持。寛延元年。朝鮮通信使洪啓禧来聘。翠巌承堅・玉嶺守瑛送迎し、江戸に赴く。

66五一世　天岸覚葩　寛延三年（一七五〇）五月より宝暦二年（一七五二）六月まで。建仁寺堆雲軒より赴任。建仁寺三二九世住持。宝暦五年（一七五五）五月十日化（五六歳）。

67再　住　維天承瞻　宝暦二年（一七五二）六月より同四年五月まで。明和元年（一七六四）通信使来聘接伴使。同七年化（七七歳）。

68再　住　瑞源等禎　宝暦四年（一七五四）五月より同年六月十八日まで。

69再　住　翠巌承堅　宝暦四年（一七五四）十一月十一日より同六年六月九日まで。

70五二世　北礀道爾　宝暦六年（一七五六）六月九日より同八年五月二十三日まで。建仁寺普光庵より赴任。建仁寺三二七世住持。明和三年（一七六六）九月四日化。

71五三世　天叔顕台　宝暦八年（一七五八）五月二十三日より同十年五月まで。相国寺慈照院より赴任。相国寺一一二世住持。天明六年（一七八六）化（七三歳）。

72五四世　拙山周寅　宝暦十年（一七六〇）五月より同十二年四月まで。天龍寺寿寧院より赴任。天龍寺二

一八世住持。宝暦十一年八月十八日化（六一歳）。

73五五世　桂巌龍芳　宝暦十二年（一七六二）四月七日より明和元年（一七六四）四月七日まで。東福寺即宗院より赴任。東福寺二六四世住持。

明和元年、朝鮮通信使趙来聘。維天承瞻・桂巌竜芳館伴。

74再　住　玉嶺守瑛　明和元年（一七六四）四月より同三年六月まで。東福寺栗棘庵より赴任。

75五六世　昊巌元穹　明和三年（一七六六）六月より同五年六月まで。天龍寺招慶院より赴任。天龍寺二一九世住持。

76再　住　桂巌龍芳　明和五年（一七六八）六月より同七年六月まで。

77五七世　海山覚暹　明和七年（一七七〇）五月より安永元年（一七七二）六月まで。建仁寺常照院より赴任。建仁寺三三六世住持。安永六年（一七七七）二月七日、以酊庵にて化。

78五八世　岱宗承嶽　安永元年（一七七二）六月より同四年三月まで。相国寺養源軒より赴任。相国寺一一三世住持。天明四年（一七八四）化（六八歳）。

79再　住　海山覚暹　安永四年（一七七五）三月より同六年二月まで。

80五九世　湛堂令椿　安永六年（一七七七）八月より同八年六月まで。天龍寺妙智院より赴任。天龍寺二二二世住持。

（参考文献）泉澄一「天龍寺第二百二十二世・湛堂令椿和尚について——対馬以酊庵輪番時代の行実——」（『日本歴史』三三九）

81六〇世　高峰東晙　安永八年（一七七九）六月より天明元年（一七八一）五月まで。建仁寺両足院より赴任。

82 六一世　梅荘顕常　建仁寺三三五世住持。天明元年（一七八一）五月より同三年五月まで。相国寺一一四世住持。寛政十三年（享和元、一八〇一）化（八三歳）。

83 再　住　岱宗承嶽　天明三年（一七八三）五月より同四年五月まで。同年八月化（六八歳）。

84 再　住　湛堂令椿　天明四年（一七八四）五月より同六年五月まで。

85 六二世　熙陽龍育　天明六年（一七八六）五月より同八年五月まで。東福寺南昌院より赴任。東福寺二六五世住持。

86 六三世　環中玄諦　天明八年（一七八八）五月より寛政二年（一七九〇）四月まで。建仁寺常光院より赴任。建仁寺三四一世住持。

87 六四世　象田周耕　寛政二年（一七九〇）四月より同四年三月まで。天龍寺寿寧院より赴任。天龍寺二二三世住持。

88 再　住　環中玄諦　寛政四年（一七九二）より同七年四月まで。

89 六五世　天瑞守選　寛政七年（一七九五）より同九年五月まで。東福寺霊雲院（旧号不二庵）より赴任。東福寺二六九世住持。

90 六六世　松源中奨　寛政九年（一七九七）五月より同十一年四月まで。相国寺慈照院より赴任。相国寺一一五世住持。寛政十三年（一八〇一）化（六三歳）。

91 再　住　熙陽龍育　寛政十一年（一七九九）四月より享和元年（一八〇一）四月まで。

92 再　住　象田周耕　享和元年（一八〇一）四月より同三年四月まで。

93 再　住　天瑞守選　享和三年（一八〇三）四月より文化二年（一八〇五）四月まで。

94 六七世　汶川恵汶　文化二年（一八〇五）四月より同四年五月まで。相国寺勝定院より赴任。帰任の途中化（六五歳）。

95 六八世　嗣堂東緝　文化四年（一八〇七）五月より同六年四月まで。建仁寺一華院より赴任。建仁寺三四四世住持。天保七年（一八三六）十二月二十六日化。

96 六九世　龍潭周楨　文化六年（一八〇九）四月より同八年閏二月まで。天龍寺寿寧院より赴任。

97 七〇世　月耕玄宜　文化八年（一八一一）閏二月より同十年二月まで。東福寺未（マヽ）雲軒より赴任。文化九年（一八一二）五月化。

文化八年、朝鮮通信使金履喬対馬聘礼。竜潭周楨・月耕玄宜館伴。

98 七一世　大中周愚　文化十年（一八一三）二月より同年十月まで。相国寺光源院より赴任。相国寺一一八世住持。赴任の途中船中で化（五五歳）。

99 七二世　別源周汪　文化十年（一八一三）十月より同十二年四月まで。天龍寺妙智院より赴任。天龍寺二二六世住持。

100 再　住　嗣堂東緝　文化十二年（一八一五）四月より同十四年三月まで。

101 七三世　月江承宣　文化十四年（一八一七）三月より文政二年（一八一九）閏四月まで。天龍寺三秀院より赴任。天龍寺二二七世住持。

102 七四世　霊巌龍根　文政二年（一八一九）閏四月より同四年四月まで。東福寺即宗院より赴任。東福寺二七〇世住持。

103七五世　以中玄保　文政四年（一八二一）四月より同六年四月まで。相国寺晴雲院より赴任。相国寺一二〇世住持。

104七六世　則堂通銓　文政六年（一八二三）四月より同八年四月まで。建仁寺永源庵より赴任。建仁寺三四七世住持。天保七年（一八三六）十二月十九日化。

105七七世　盈沖周整　文政八年（一八二五）四月より同十年四月まで。相国寺慈照院より赴任。相国寺一二一世住持。文久元年（一八六一）化（八八歳）。

106七八世　願海守航　文政十年（一八二七）四月より同十二年四月まで。東福寺大機軒より赴任。東福寺二七三世住持。

107再　住　以中玄保　文政十二年（一八二九）四月より天保二年（一八三一）四月まで。天保六年化（六三歳）。

108七九世　剛中周侃　天保二年（一八三一）四月より同四年四月まで。天龍寺寿寧院より赴任。天龍寺二二九世住持。

109再　住　則堂通銓　天保四年（一八三三）四月より同六年四月まで。

110再　住　盈沖周整　天保六年（一八三五）四月より同八年四月まで。

111再　住　願海守航　天保八年（一八三七）四月より同十年四月まで。

112八〇世　南海英歆　天保十年（一八三九）四月より同十二年五月まで。天龍寺弘源寺より赴任。天龍寺二三一世住持。

113八一世　全室慈保　天保十二年（一八四一）五月より同十四年四月まで。建仁寺霊洞院より赴任。建仁寺三四八世住持。文久三年（一八六三）三月四日化。

114 八二世　荊叟東玟　天保十四年（一八四三）四月より弘化二年（一八四五）四月まで。建仁寺両足院より赴任。建仁寺三五二世住持。明治十九年（一八八六）正月二十一日化。

115 八三世　北澗承学　弘化二年（一八四五）四月より同四年四月まで。相国寺晴雲院より赴任。相国寺一二二世住持。嘉永三年（一八五〇）化（五一歳）。

116 再　住　南海英歆　弘化四年（一八四七）四月より嘉永二年（一八四九）四月まで。

117 再　住　全室慈保〔常〕　嘉永二年（一八四九）四月より同四年四月まで。

118 八四世　宋州師定　嘉永四年（一八五一）四月より同六年四月まで。東福寺霊源庵より赴任。東福寺二八〇世住持。

119 八五世　龍巌周績　嘉永六年（一八五三）四月より安政元年（一八五四）四月まで。天龍寺妙智院より赴任。天龍寺二三〇世住持。

120 再　住　荊叟東玟　安政元年（一八五四）四月より同三年四月まで。

121 八六世　春局光宣　安政三年（一八五六）四月より同五年四月まで。東福寺則宗院より赴任。

122 八七世　橘州周偆　安政五年（一八五八）四月より万延元年（一八六〇）四月まで。相国寺養春軒より赴任。相国寺一二三世住持。元治元年（一八六四）化（七二歳）。

123 再　住　宋州師常〔定〕　万延元年（一八六〇）四月より文久二年（一八六二）四月まで。

124 八八世　清陰周邑　文久二年（一八六二）四月より元治元年（一八六四）四月まで。天龍寺招慶院より赴任。天龍寺二三三世住持。

125三　住　荊叟東玟　元治元年（一八六四）四月より慶応二年（一八六六）四月まで。

126八九世　玉潤守俊　慶応二年（一八六六）四月より同三年正月まで。東福寺聖寿庵より赴任。東福寺二八七世住持。明治十九年（一八八六）二月九日化。

むすび——研究の展望——

本稿では、以酊庵の起源・沿革・輪番制とその実態、歴代住持と五山との関係等の考察をこころみたが、いずれも輪郭の概観にとどまり、主要な研究課題は将来に遺すことになった。政治外交史のみならず、宗教史・文芸史・社会史等の各分野にまたがる以酊庵研究の重要さは、素描の程度にすぎない本稿の記述によっても、いくらかは明らかにすることができたと思うが、人物・機構両面から研究はさらに深められねばならない。思いつくままに課題を列記して、今後の研究を展望しよう。

第一の課題は、歴代以酊庵輪番僧の行実の確認である。この問題にはすでに泉澄一が取り組み、対馬宗家文庫の『毎日記』の記事を中心とする丹念な研究を発表している。しかし、泉の研究は天龍寺関係の数人の僧の行実解明にとどまっている。全輪番僧の対馬在番中の行実確認の作業は急がれねばならない基本的問題である。

第二は、以酊庵輪番僧が担当した職務の実態の解明である。「朝鮮修文職」「書簡役」「朝鮮書契の役」「対州書役」等とよばれた輪番僧の主要任務が、外交文書の解読・作成・管理であったことはいうまでもないが、彼らは朝鮮通信使の応接をはじめ、送使船（貿易船）や漂流人護送船等の吹嘘作成事務等も行った。また、朝鮮人・対馬藩の人びと・幕府要路者などとの交渉があるが、彼らの職務上の行動の全貌はかならずしも明らかにされてはいない。鄭昌順の『同文彙考』等の朝鮮側の史料の検索が必要になるかもしれない。

第三は、以酊庵輪番僧の五山僧としての活動の検討である。彼らは碩学兼朝鮮修文職であると同時に、京都五山僧中のエリートであった。五山僧としての宗教活動、政治的な動き、また経済生活の解明なしには彼らの実態は把握できない。彼ら全員の五山僧としての履歴書作成もまた欠くことのできない作業の一つである。五山各塔頭に遺された史料の広範な検討がもとめられるであろう。

第四は、以酊庵輪番僧の近世文化史上に果した役割の考察である。彼らは五山を代表する文化人であり、外交折衝の事務官であると同時に文化交流の尖兵であった。通信使渡来のときは、幕府派遣の外交官であり、朝鮮の三使臣に対応する地位を認められていた(22)。輪番僧は通信使一行の者が著わした『海游録』（申維翰）などの諸使行録や日本側の信使記録にもしばしば登場する。これら諸記録を整理すれば、近世日朝文化交流の貴重な側面を掘りあてることができるに相違ない。輪番僧は、国内では林家を代表とする諸儒者とも頻繁な交流があった。虎林中虔と林鵞峰（春斎）との交流はその一例である（『国史館日録』『鵞峰文集』）。近世の学芸・文芸史から以酊庵僧侶の動向を除外していたこれまでの研究は片手落ちの非難を免れることはできまい。

第五は、以酊庵の幕藩制政治機構の一つとしての位置づけである。以酊庵は、江戸幕府にとっては唯一の外交の相手国（通信の国）である朝鮮との外交事務を担当した。以酊庵は対馬藩の対朝鮮外交貿易に資したけれども、一面では幕府の意を体して対馬藩を監理牽制する立場でもあった。幕・藩・朝鮮間のおける輪番僧は、あるときはそれぞれの代弁者であり、あるときは三者を結合融和させる存在だったのである。江戸幕府の対外政策全般のなかで以酊庵の機構の具体相が解明され、その存在意義が位置づけられねばならない。一方、輪番僧がいわゆる組織の人間としてではなく、個人的な立場から対馬藩の内政上の問題と関係した事例もあり、見逃すことはできない。

第六は、碩学料の政治史的・経済史的・文化史的意義の解明である。京都五山にのみ設けられた碩学料の制は、幕府の対寺院政策の一環であったが、碩学と朝鮮修文職が兼帯されるようになってからは、碩学料の制度は外交事務僧確保に欠くことのできないものとなった。五山の学識保有者→碩学→経済的利益の受領者→外交担当者→本寺帰山後の住持→五山の準最高位者（準南禅位）のパターンが成立したとき、五山は宗教活動の場としてのみでなく、外交僧養成提供所としての性格を濃くしたのである。碩学料の多方面への影響は甚大であったといわねばならない。こうした面での寺院文書の研究を期待したい。

第七は、外交文書起草者としての以酊庵輪番僧の系譜の解明である。室町武家政権はその外交を推進するに当って五山教養集団を掌握して外交文書の起草に当らせた。公家政権とは別の独自の教養集団の確保が必要だったのである。五山禅僧の外交文書起草は豊臣政権期を経過して徳川政権にも継承されたが、徳川政権では新たに林家を登用して外交文書の作成に当らせた。ここにおいて、五山僧の担当範囲は対朝鮮文書に局限されることになった。しかし、朝鮮は徳川政権にとっては唯一の正式外交の相手国であり、外交文書のことはきわめて重視された。歴代輪番の住持は『本邦朝鮮往復書』を編纂するほか、各種の著述を行って、外交文書の規式を後世に伝えようと努力した。『異国日記』『江雲随筆』の編纂、『善隣国宝記』の校刊、『続善隣国宝記』『善隣国宝別記』『続善隣国宝外記』の編纂等はみなこの目的から実行されたものである。(23) 現在、京都五山の諸塔頭には、輪番僧が外交文書作成の参考とするために撰述した多くの書物が所蔵されている模様である。それらが調査・公開されて研究が進められるならば、武家外交と禅宗寺院との関係を明らかにする多くの新事実を知ることができるのではあるまいか。

第八は、蝦夷地国泰寺の開創など以酊庵輪番制と直接・間接に関係のある歴史事象や影響をうけた歴史事象などの研究である。享和三年（一八〇三）北辺急を告げ、幕府は蝦夷地対策の一つとして新寺の建立を計画し住持の人選を鎌倉五山に命じた。これが厚岸《あっけし》の景運山国泰寺で、住持は鎌倉五山から輪番で赴任することになった。経緯は玉村竹二が明らかにしているが、(24)このとき、種々の面で以酊庵輪番の制が参考にされた。この問題はさらに鎌倉五山僧の南禅寺坐公文の受帖問題へと波及したが、(25)これも以酊庵前住者の南禅寺坐公文受帖との関連で問題にされたことであった。このように以酊庵自体の問題ではないが、以酊庵の存在、その輪番制の存在が各方面におよぼした影響は少なくなかったようである。江戸時代の仏教界の動向のなかで考察される必要があろう。

右のほか、以酊庵に関連してなお追究されねばならない政治・外交・経済・文化にまたがる多くの研究課題が存在すると思うが、総合的かつ多面的な視野から広範に史料を調査蒐集し、諸事実の解明を積み重ねてゆかねばなるまい。最後に、本稿の執筆に当って教示を与えられた玉村竹二・石井正敏・田中博美の諸氏に深謝する。

注

（1）『以酊庵住持籍』。長正統「景轍玄蘇について――一外交僧の出自と法系――」（『朝鮮学報』二九、一九六三年）。

（2）『景轍玄蘇和尚俗系』『以酊庵開山由来書』。長正統、前掲注(1)論文参照。泉澄一「天龍寺第二百十一世月心性湛和尚について――享保三～五年、対馬以酊庵輪番時代の行実――」（柴田実先生古稀記念会『日本文化史論叢』一九七六年）も丁酉慶長二年説をとっている。『通航一覧』三〇、も「慶長二年草創、請景轍蘇東堂為開山」としている。

（3）対馬教育会編・日野清三郎執筆『対馬島誌』（一九二八年）四三三・五四三・五四五頁、参照。

（4）『以酊庵雑記』『外蕃通書』『方長老朝鮮物語付柳川始末』。田代和生『書き替えられた国書――徳川・朝鮮外交の舞台裏』〈中公新書〉（一九八三年）参照。なお、規伯の南部藩領中の事績は、盛岡市中央公民館所蔵「御預人」に詳しい。

（5）『角川日本地名大辞典　42長崎県』（瀬野精一郎・外山幹夫編、一九八七年）五四六―五四七頁。

（6）上村観光『禅林文芸史譚』（大鐙閣、一九一九年）四九七頁。のち、『五山文学全集』別巻（思文閣出版、一九七三年）に収録。

（7）上村観光、前掲注(6)書、五〇一頁。

（8）田中健夫「鎖国成立期における朝鮮との関係」（同『中世対外関係史』東京大学出版会、一九七五年、所収）参照。

(9) 今泉定介・市島謙吉編『新井白石全集』四(吉川半七、一九〇六年)七一七―七一九頁。
(10) 辻善之助『日本仏教史之研究 続編』(金港堂書籍株式会社、一九三一年)四二九―四三五頁。
(11) 桜井景雄「〈禅宗秘話〉対州修文職について」(禅文化研究所『禅文化』三九、一九六五年、のち同『禅宗文化史の研究』思文閣出版、一九八六年、に収録)。
(12) 上村観光、前掲注(6)書、五〇六頁。
(13) 玉村竹二・井上禅定『円覚寺史』(春秋社、一九六四年)五三五・五四四頁。
(14) 同右書、五四一・五四四頁。
(15) 桜井景雄、前掲注(11)論文。
(16) 上村観光、前掲注(6)書、五〇七頁。
(17) 『東京大学史料編纂所図書目録』第二部和漢書写本編10(一九七八年)二二二―二二三頁。
(18) 泉澄一『釜山窯の史的研究』(関西大学東西学術研究所研究叢刊五、一九八六年)四三頁。
(19) 『東京大学史料編纂所図書目録』第二部和漢書写本編1(一九六一年)一〇〇頁参照。
(20) 『通航一覧』三〇に「明暦元年乙未九月、信使来聘、九岩・茂源両老赴関東、此時輪番二年之議、於江戸相定」とある。対馬教育会(日野清三郎執筆)『改訂対馬島誌』(一九四〇年、名著出版復刻、一九七六年)は、明暦元年(一六五五)の十月条に「従来毎年交代の以酊庵輪番毎二年交代となる」(三七六頁)とあり、桜井景雄、前掲注(11)論文もこの年に当番の任期が二年に延長され、碩学禄を受けることと朝鮮修文職に任ぜられるのが同義語として用いられるようになったとしている。
(21) 桜井景雄、前掲注(11)論文。荒野泰典は『続通信全覧』の「朝鮮通信事務一件」巻四により、慶応三年(一八六七)廃止としている(『近世日本と東アジア』東京大学出版会、一九八八年、二一一頁)。
(22) 泉澄一、前掲注(2)論文。
(23) 本書第七論文、参照。
(24) 玉村竹二・井上禅定、前掲注(13)書、五一二―五二九頁。
(25) 同右書、五三〇―五五八頁。

〔補記〕

本章の旧稿執筆後に発表された諸論文で、管見に入ったものを紹介する。

泉澄一「対馬島・宗家文書の分析研究――大韓民国国史編纂委員会所蔵の記録類（六五九二点）を中心にして――」（『国史館論叢』第7輯、国史編纂委員会、一九九〇年、韓国）には韓国国史編纂委員会所蔵「本邦朝鮮往復書」「歳条来書」についての解説がある。

一九九〇年十月、韓国国史編纂委員会の『対馬島宗家文書記録類目録集』（B5判、五一一頁）が刊行され、同会所蔵の旧宗家文書記録類の全容が明らかになった。『本邦朝鮮往復書』は、同目録の二九〇一～三〇四〇番の一三九冊である。書名は、『本邦朝鮮往復書』のほか、『朝鮮往復書』『朝鮮来書』『対馬朝鮮往来書稿』『享保信使国書并従礼曹往復之書』『朝鮮往来書』等があり、表題のないものも多く、重複したものもある。史料編纂所謄写本の欠けた部分および冊序が重複したり相違している部分をつぎに示す。

71宝暦十年五月―十二年四月
72宝暦十二年四月―十四年四月
73宝暦十四年四月―明和三年六月
74明和三年六月―五年
75明和五年六月―七年五月
76明和七年五月―九年六月
77明和九年六月―安永四年正月
78安永四年二月―六年二月
79（欠）
80安永六年八月―八年六月
81安永八年六月―十年五月
82安永十年五月―天明三年五月
83天明三年五月―四年五月
84天明四年五月―六年五月
85天明六年五月―八年五月
86天明八年五月―寛政二年四月

87寛政二年四月―四年三月
88寛政四年三月―七年四月
89寛政七年四月―九年五年
90寛政九年五月―十一年四月
91寛政十一年四月―享和元年四月

107文政十二年四月―天保二年四月
108天保二年四月―四年四月
109天保四年四月―六年四月
110天保六年四月―八年四月
111天保八年四月―十年四月
112天保十年四月―十二年五月

121安政三年四月―五年四月
122安政五年四月―七年四月
123〔欠〕
124文久二年四月―元治元年四月
125〔欠〕
126慶応二年四月―三年正月

鶴田啓は「本邦朝鮮往復書」（『国史大辞典』一二、吉川弘文館、一九九一年、八五五―八五六頁）に「『本邦朝鮮往復書』と以酊庵輪番僧」の表を載せ、東京大学史料編纂所・慶応義塾大学図書館・相国寺・松ケ岡文庫・三井文庫・対馬歴史民俗博物館・内閣文庫等における各冊の所蔵状態を表示している。韓国国史編纂委員会所蔵本についての言及はない。これによれば、国史編纂委員会の本で欠本になっている123・125は慶応義塾大学図書館本で見ることができる。そのうち123は既述のように史料編纂所に謄写本がある。

秋宗康子「対馬以酊庵に赴いた相国寺派輪番僧について」（『立命館文学』五二一、一九九一年）には相国寺派輪番僧三〇名について、各僧の住院、俗姓、碩学僧に加えられた時期、相国寺住持および南禅寺住持の公帖を受領した時期、以酊庵に赴任した時期、示寂の年、没年齢について等の記載がある。赴任の月などには本章の記述と多少の相異が見られる。以酊庵と五山の個別関係を解明した貴重な報告である。

玉村竹二『臨済宗史』（春秋社、一九九一年）は、以酊庵にもふれ、北海道の国泰寺と対比し、「どちらにも似たような性格がある」とし、「それは、わずかに江戸時代に残された五山禅僧の政治的な活躍の舞台になっているということである。つまり、室町時代の名残りがこのようなところにいくらか留まっており、江戸時代を通じて、その教養が時の政府によって起用されたわけである」（四〇一頁）とし、以酊庵が存在した意義を指摘している。

石井正敏「以酊庵輪番僧虎林中虔」（田中健夫編『前近代の日本と東アジア』吉川弘文館、一九九五年）は虎林と林春斎との交流などを論じている。歴代住持に関してはほかに、辛基秀「規伯玄方の配流と南部盛岡」（辛基秀・仲尾宏編『善隣と友好の記録 大系朝鮮通信使』二、明石書店、一九九六年）がある。田中節孝『以酊庵――江戸時代の日朝交流の要――』（鶴翼山西山禅寺）は以酊庵図録とでもいうべきものである。

本書、第四論文の〔補記〕参照。

第六　朝鮮修文職と通信使館伴

一　外交と漢文

言語の異なる二つの国家の間で相互に意思を通じあおうとするときに取るべき方法が二つある。一つは相手国の言語に習熟することであり、一つは共通の言語をもつことである。言語といっても、耳できく話し言葉（会話）と眼で見る書き言葉（文字）とがある。双方ですべてに通じていれば問題はおこらないが、そのことはかならずしも相互の意思を通じあうための絶対必要の条件ではない。

日本は千数百年にわたって中国大陸や朝鮮半島の諸国家と交際を続けてきたが、意思疎通の手段として最も重視してきたのは漢字・漢文である。外交文書はすべて漢字・漢文で書かれ、外交使節につねに漢字・漢文の高い教養がもとめられた。漢字が真名（まな）であり、日本文字が仮名（かな）であったことは漢字尊重の風習が根強かったことを物語っている。かくて、漢字・漢文は中国周辺諸国の漢字・漢文尊重の風ともあいまって、(1) 東アジアの国際社会における共通語・公用語となり、話し言葉に優先するものとなった。十一世紀のはじめに入宋した寂昭は日中仏教文化交流史上に大きな足跡をのこした人物だが、中国の話し言葉は理解できず、文字によって意思を中国に伝えた。(2) 漢文学の全盛期といわれた平安時代でも、五山文学の栄えた室町時代でも、中国語の会話を自在に操った人物の数はかならずしも多くはなかった。

外交における漢文文書尊重は、江戸時代になっても変らなかった。朝鮮は、江戸時代に日本の中央政権が外交関係をもった唯一の相手国（通信の国）であるが、(3)両国間では話し言葉も書き言葉もともに行われた。朝鮮側には『伊路波』『捷解新語』『隣語大方』『倭語類解』等の日本語学習書があり、日本側にも『全一道人』『朝鮮物語』『交隣須知』等のハングル学習書があり、相互に相手国の言語には深い関心を持っていた。

朝鮮側で日本の話し言葉を担当したのが倭学訳官、日本側でハングルを担当したのは釜山倭館に駐在した朝鮮通詞（通事）である。倭学訳官については李元植の総括的かつ詳細な研究があり、通信使節団の一員として渡来した訳官すべてを検討し、その日本語習熟の程度などを明らかにしている。(4)また、長正統は対馬厳原町宗家文庫所蔵のハングル文書を研究し、文化年間の易地行聘交渉に当って、倭学訳官と朝鮮通詞との間に頻繁なハングル文書の往来のあった事実を明らかにしている。なお、日本語による倭学訳官と朝鮮通詞との間の文書往復についても、その存在の可能性を否定してはいない。(5)

実務の折衝に訳官・通詞は欠くことのできない存在であり、日本語とハングルがともに用いられても、外交の建前はあくまでも漢文文書が主流であった。

日朝間の共通語であり、かつ公用語である漢字・漢文を担当し、外交文書の解読・作成に当ったのが朝鮮修文職である。本稿は、朝鮮修文職に任ぜられた人物と通信使との関係を考察しようとするものである。

二　禅僧の教養

新井白石は日朝関係史上に特記さるべき事績を遺した人物であるが、武家時代における外交文書作成書の沿革をつ

ぎのように述べている。(6)

むかし大元の世祖我国に使をつかはし朝貢をめさるる事度々に及べり、鎌倉の執権等相議して返牒に及ばず、其使どもみな〱きつてすつ、(中略)、世祖我国にして禅法を尊信すときこしめして、やがて禅僧を以て我国に渡さる、(中略)、これ我国よりも又禅僧を以て外国の使とする事の由とも申すべし、そのゝち元弘・建武のみだれのゝち、大明の太祖即位の初、我国に使せられしにも二人の僧に勅せらる、これ大元の例によられし故にや、(中略)、此時南朝征西将軍の宮懐良親王筑紫にて其使に応接ありて、やがて禅僧を御使となされて其礼に答らる、これ我国の禅僧外国に使する事の始なり、其後鹿苑院殿(足利義満)よりこのかた大明・朝鮮に聘せられし代々皆々禅僧を以て其使となされき、さすれば当時の管領をはじめて諸国の守護幷に対馬の私聘等皆々禅僧を以て其使とせずといふものなし、

この文章では、禅僧の外交参加は元・明等中国側の政策に対応したためのように書かれているが、武家政権は国家外交を担当するには公家政権に依存しない独自の教養集団をもつ必要があり、それが五山の禅僧であったと考うべきであろう。(7) 白石はついで、文禄慶長の役の豊臣秀吉の対外政策、とくに文字政策にふれて次のように書いている。

文禄の初、豊臣太閤大明を攻られんとてまず朝鮮を犯されし時、或人禅僧を撰びて書記の事しらしめらるべしと申せしに、われ我国のいろはを以て万国布行ふべし、異国の文字なにの益かあるべきとて用ひられず、されど文字の往来事ゆかずなりたれば、やがて五山の禅僧をえらびて名古耶(名護屋)の陣にめしぐせらる、

秀吉は、出征軍の諸隊に通詞を配属させたり、幕下に五山の西笑承兌・玄圃霊三・惟杏永哲をひきつれたりして、周倒な用意をしていたが、朝鮮被虜人に「いろは」すなわち国語・国字を教えて通訳をさせたこともあったのである。(8)

江戸時代になっても、外交文書のことは五山の管掌するところであり、徳川家康はその人材確保に努力した。白石

の文にもどろう。

> 我神祖（徳川家康）の天下をしろしめすに及びて、つねに五岳すなわち五山の事、の僧をめしあつめられて文字の事をつかさどらしめらる、この頃、林道春は文才ありとてめし出されしかど、いまだ年わかければ、たゞ経書など講ぜしめられしのみにてありしよしなり、駿府に御座を移されしのち、南禅の伝長老（以心崇伝）に仰下されて五岳の長老ことぐ\くにめされて、北辰居其所而衆星共之論を試らる、（中略）、しかるに当時名寺の僧一人も試に中らず、たゞ小院の僧のみ皆々試に中れり、神祖御気色殊によろしからず、伝長老をめして、其旨を尋ね仰下さる、長老答申けるは、此事あやしむにたり候はず、近代乱世以来五岳の僧も学の浅深によらずたゞ財宝の多少によりて出世も仕り候へば、当時よき寺院に住持し候ものは皆々学をつとめしものどもには候はず、たゞ其財宝のゆたかなるもの共なり、されば此度かたのごとくにも文字をつらね候ひしものどもは皆々かちはだしにて柿がみつゝみ肩にしてめしにしたがひ参りしものどもにて候、これらはたゞ学業をのみ精しく勤めて、その名をも世にのこさばやと存ずる輩也と申す、

家康の学問好き、学者好きは有名であるが、漢字・漢文に精通したものの確保は、彼の趣味とは別に政権維持に欠くべからざる必要事であった。かくて、五山碩学領（料）の制度が実施されることになった。

> 神祖不学の僧の寺領多くして、碩学の僧の貧窮ならむ事しかるべからず、さらば其不学の僧の寺領をけづりて、其領を以て碩学の僧にあたふべしと仰ありしより、はじめて五岳の碩学領といふ事は出来て、今も学才の聞へあるものども撰びて、かの碩学領を賜ふ事にはなりたり、此時南禅の一寺のみ不学の僧一人もなかりしかば、此寺の僧のみ寺領をけづらるゝに及ばす、永く此寺の規模とは申す也、神祖南禅寺を以て僧録司となされしもかゝる故と承はる、

寺領全体の増加は行わずに、学識者すなわち碩学を確保しようという巧妙な政策である。碩学の制が実施されたのは、京都五山のうち南禅寺をのぞく天龍・相国・建仁・東福の四ヵ寺である。

碩学領（料）は学禄ともいわれたが、寺領目録に記載されたのは慶長十九年（一六一四）以後である。東福寺の場合をみると、同年三月晦日付の諸塔頭知行之目録に初めて碩学領三一五石が記されている。それをもとに、十二月に知行安堵の家康黒印状が出された。元和元年（一六一五）の文書では、三〇〇石の碩学料を集雲守藤・剛外令柔・裳蔭玄召・周南円旦の四人が受けている。他の三寺の場合もほぼ同様であるが、天龍寺が三人で三〇〇石、相国寺は三人で二五〇石、建仁寺は三人で一九五石余となっていた。(9)

三　朝鮮修文職

五山碩学の僧が朝鮮外交の舞台に朝鮮修文職の役で登場するのは、碩学の制が設けられて二〇年を経過した寛永十二年（一六三五）である。ふたたび新井白石の言を聞こう。(10)

寛永の頃、対馬守（宗義成）の家人柳川（調興）と獄の事決して後、義成望みて、両国往来の書、私にしるさむ事しかるべからず、公より此事つかさどるべき人を差下さるべしと申しければ、申す所其理ありとて、かの五岳碩学の僧を撰ばれて、始て東福寺の郡長老（召カ、裳蔭玄召）を差下され、これ今度の棟長老（松隠玄棟）の祖なり、其国（対馬）以酊庵に寄住して、両国往来の事をしらしめらる、これ五岳碩学の僧、対州に輪番する事の始也、これよりしてのち、およそ朝鮮聘使の度ごとに、館伴の事もつかさどれり、但し当番の外、別に一人を撰びつかはされて、二人対馬守とともに館伴たり、これを両長老など申すなり、

柳川の獄とは対馬藩におきた御家騒動で、藩主宗義成と老臣の柳川調興とが対立した。事件は寛永十二年（一六三五）徳川家光の御前裁決で決着したが、永年対馬藩の外交を担当した柳川氏と以酊庵の規伯玄方が流罪になった。事件後、外交事務の練達者を失った義成は規伯玄方後の外交文書管掌者の派遣を幕府に願い、幕府では五山碩学をこれ

にあてることにした。このことは対馬藩の朝鮮外交独占を排し、幕府の意向を朝鮮外交に反映させることにもなった。

碩学のうちの一人が対馬府中の以酊庵に輪番で滞在し、朝鮮修文職として外交文書の作成や管理に当った。この役は書簡役・朝鮮書契之役・対州書役等ともよばれた。このの ち、碩学料を受ける者は必ず朝鮮修文職を兼ねるようになった。在任期間は最初一年だったが、明暦元年（一六五五）後は二年が普通になった。通常は当番一人だが、通信使の渡来などのときには加番がおかれ、故障者のある場合は代番がおかれた。対馬藩からは手当として百石が支給され、再住・三住する僧もあった。輪番の制度は寛永十二年（一六三五）十一月から慶応三年（一八六七）正月まで二三二年間続き、再住者三一名、三住者四名をふくむ八九名が一二六番まで在番した。(11)

館伴は朝鮮の通信使を接待する役で、対馬藩主と両長老すなわち当番と加番の輪番僧とを合わせて三館伴といった。接伴とも御馳走の役ともいう。対馬から伏見または江戸まで同行するのも任務で、賛導・護行といった。道中では接待を指揮するだけでなく、通詞をも兼ね、通信使の一行の者と詩を唱和・贈答することなどもあり、文化使節の面を合わせもっていた。なお、江戸における館伴は大名のなかから別に選任された。

四　通信使館伴

江戸時代の通信使館伴を担当した人物名を明らかにしておこう。

慶長十二年（一六〇七）、徳川政権に対する最初の朝鮮使節として呂祐吉・慶暹等が渡来した。名称は回答兼刷還使であるが、内実は通信使と異ならなかった。館伴は、宗対馬守義智と柳川豊前守景直ならびに景轍玄蘇である。景直は対馬の権臣柳川調信の子、景轍玄蘇は宗義調に招かれて対馬に渡り、文禄・慶長期を通じて外交に活躍した僧で、対馬府中以酊庵の開基である。帰国のとき家康から義智に馬二匹他の賜物があった(12)。元和三年(一六一七)渡来の呉允謙・朴梓も回答兼刷還使だった。館伴は、宗対馬守義成と柳川豊前守調興。義成は時に一四歳であった。帰国のとき、館伴に白銀・御服の賜物があった。

『方長老朝鮮物語付柳川始末』には、

此時蘇長老死して方長老ハいまた対州へおもむかす、東福寺に住せる故に、対州家人島川内匠といへる者少しく文才あるによりて書簡の役を勤め信使を指引す、

とある。蘇長老とは景轍玄蘇のこと。方長老は景轍玄蘇の弟子の規伯玄方、以酊庵二世。景轍の死後はそのあとをうけて朝鮮外交を担当、のち柳川一件に連座して南部に流されたが、この時期はまだ対馬にいなかったらしい。

寛永元年(一六二四)、鄭岦・姜弘重らが、前回同様、回答兼刷還使として渡来した。館伴は、宗義成と柳川調興および規伯玄方であった。館伴に賜物があったが、内容は明らかではない。

寛永十三年(一六三六)、任絖・金世濂らが渡来した。柳川一件落着の翌年で、はじめて通信使の名称が用いられた。館伴は、宗義成と東福寺宝勝院から以酊庵に赴任した玉峰光璘ならびに東福寺南昌院から以酊庵に赴任した棠蔭玄召である。五山碩学から朝鮮修文職に任ぜられた以酊庵住僧の館伴の最初である。将軍家光からの両長老への賜物は各人銀一〇〇枚・呉服一〇であった。

寛永二十年(一六四三)、通信使尹順之・趙絅らが渡来した。館伴は、宗義成と建仁寺十如院から赴任した釣天永洪、それに前回も勤めた棠蔭玄召が加番として参加した。ところが玄召は館伴の途中で死亡し、任務を全うすることができなかった。『五山碩学並朝鮮修文職次目』には、

同廿年癸未夏、韓使来聘以酊庵加番、於船中発病、至浪華蒙御免帰山、同年四月廿九日示寂、

とある。玄召に代って東福寺艮岳院の周南円旦（俊甫光勝）が任ぜられた。賜物は、鈞天永洪・周南円旦ともに将軍家光から銀子一〇〇枚・帷子一〇、将軍世子家綱から帷子一〇づつであった。

明暦元年（一六五五）、通信使趙珩・兪瑒らが渡来した。館伴は、宗義成と建仁寺大統院から赴任した九岩中達ならびに建仁寺清住院から赴任した茂源紹柏である。将軍家綱から両長老への賜物は銀一〇〇枚・小袖二〇づつであった。

天和二年（一六八二）、通信使尹趾完・李彦綱らが渡来した。館伴は、対馬藩主宗義真と相国寺慈雲庵から赴任した太虚顕霊ならびに東福寺本成寺から赴任した南宗祖辰である。将軍綱吉から両長老への賜物は各人白銀一〇〇枚・時服五であった[13]。

正徳元年（一七一一）、通信使趙泰億・任守幹らが渡来した。館伴は、対馬藩主宗義方《よしみち》と建仁寺永源庵から赴任した雲壑永集ならびに加番の以酊庵前住松隠玄棟であった。玄棟は同年五月対馬に渡ったが、六月二十七日に府中西山寺で死去した。ときに六九歳[14]。玄棟の死後は相国寺慈照院から赴任した前住別宗祖縁が代り、十月通信使を迎えて雲壑永集とともに江戸に護行した。対馬藩の家老平田隼人・平田直右衛門・杉村三郎左衛門・大浦忠左衛門・杉村頼母も同行した。将軍家宣から両長老への賜物は各銀一〇〇枚・時服一〇であった。このとき、幕府では新井白石が実権を握っていて、通信使の待遇方法、外交文書の書式等について種々の改革を断行した。対馬には、白石と木下順庵門下で同門だった雨森芳洲が真文役（朝鮮では記室とよんだ）にあり、白石の現実に即さない政策を批判した。

享保四年（一七一九）、通信使洪致中・黄璿らが渡来した。館伴は、対馬藩主宗義誠《よしのぶ》と天龍寺真乗院から赴任した加番の以酊庵前住月心性湛ならびに東福寺即宗院から赴任した石霜龍菖である。将軍吉宗からの賜物は銀一〇〇枚・時服一〇であった。製述官申維翰の『海游録』[15]によると、この一行には対馬の真文役雨森芳洲（東）と松浦霞沼（允任）が江戸まで同行した。途次における詩文の贈答や問答にはきわめて興味深い記述が見られる。芳洲はハングルに通じ、会話もたくみであり、霞沼は会話はできなかった。しかし、両人の漢詩・漢文の教養は朝鮮の知識人を十分に敬服せしめるものがあった(16)。

寛延元年（一七四八）、通信使洪啓禧・南泰耆らが渡来した。館伴は、対馬藩主宗義如《よしゆき》と天龍寺三秀院から赴任した翠巌承堅および東福寺不二庵から赴任した玉嶺守瑛である。対馬藩からは平田将監・杉村大蔵・平田直右衛門が同行した。将軍家重から両長老への賜物は各銀一〇〇枚・時服一〇であった。

明和元年（一七六四）、通信使趙曮・李仁培らが渡来した。館伴は、対馬藩主宗義蕃《よしあり》と相国寺巣松軒より赴任した前住維天承瞻（加番）ならびに東福寺即宗院から赴任した桂巌龍芳である。対馬藩からは平田将監・古川大炊・多田監物が同行した。将軍家治から両長老への賜物は各銀一〇〇枚・時服一〇であった。

文化八年（一八一一）の通信使聘礼は、従前のように江戸では行われずに対馬府中で行われた。易地聘礼とか易地行聘といわれる。通信使は金履喬・李勉求らである。館伴は、対馬藩主宗義功《よしかつ》と天龍寺寿寧院から赴任した龍潭周禎および東福寺未《(マヽ)》雲軒から赴任した月耕玄宜である。将軍家斉の両長老への賜物は各銀五〇枚・時服五で、通常の時の半分であった。

五　文化交流の使節

以上、一二次わたる通信使（回答使をふくむ）渡来時の三館伴の人名を検討したが、特に注目しておきたいことは、館伴は御馳走・通訳・案内等に当る単なる接待役ではなく、それ以上の存在だったことである。朝鮮修文職は京都五山僧中の精鋭であり、東アジアの共通語の理解者であり、誇張していえば日本を代表する最高の教養の所持者であった。彼らの任務は、朝鮮国の代表者であり知識人である通信使や製述官に対して、日本人の教養の高さを知らしめる存在でなければならなかった。毎回将軍から賜物として与えられた銀一〇〇枚（五〇枚）・時服一〇（五）は、対馬藩主が受けた銀五〇〇枚・時服三〇（二〇）に比べれば少ないけれども、幕府が両長老を尊重していたことの具体的表現であったと考えられよう。

文化使節としての朝鮮修文職（以酊庵輪番僧）の行動の具体的内容は、通信使をめぐる日朝文化交流の重要な一面を示すものであり、今後、深められねばならぬ研究課題の一つである。

注

（1）朝鮮の訓民正音（ハングル）が諺文（オンモン）とよばれたのも、日本の真名・仮名と同じ発想にもとづくものである。

（2）『宋史』日本伝。

（3）『通航一覧』では、琉球国を朝鮮国とともに通信の国に位置づけ、中国・オランダ等の貿商（通商）の国とは区別しているが、琉球国は実際には島津藩の支配下にあって附庸国と考えられていたので、江戸幕府にとっては、朝鮮が実質的には唯一の外交の相手国であった。田中健夫「外交史としての朝鮮通信使」（『善隣と友好の記録大系朝鮮通信使』二（明石書店、一九九六年）参照。

（4）李元植「朝鮮通信使に随行した倭学訳官について――捷解新語の成立時期に関する確証を中心に――」（『朝鮮学報』一一一、一九八四年）。

（5）長正統「倭学訳官書簡よりみた易地行聘交渉」（『史淵』一一五、一九七八年）。

（6）「以酊庵事議草」（今泉定介・市島謙吉編『新井白石全集』四、吉川半七、一九〇六年）。

（7）田中健夫「善隣国宝記の成立事情とその背景――室町外交における五山僧侶の立場――」（同『中世海外交渉史の研究』東京大学出版会、一九五九年）、田中博美「武家外交の成立と五山禅僧の役割」（田中健夫編『日本前近代の国家と対外関係』吉川弘文館、一九八七年）参照。

（8）辻善之助「朝鮮陣と国語問題」（『増訂海外交通史話』内外書籍株式会社、一九三〇年）。本書第一論文、参照。

（9）本書第五論文、参照。

(10) 前掲注(6)「以酊庵事議草」。

(11) 本書第五論文、参照。

(12) 『通航一覧』七二、朝鮮国部、四八、〇信使賛導附宗氏家人拝謁幷御暇等。以下、賜物のことはすべてこの史料に拠る。

(13) 『五山碩学並朝鮮修文職次目』の南宗祖辰の項には、天和二年十月江戸城で「時服五領・白銀五拾枚」を拝領したことを記し、「但、先例時服十領・白銀百枚拝領也、此度旧格相違」としていて、『通航一覧』の記事とは合わない。

(14) 『以酊庵住持籍』。

(15) 姜在彦訳注『海游録――朝鮮通信使の日本紀行――』〈東洋文庫〉(平凡社、一九七四年)がある。

(16) 長正統「雨森芳洲と朝鮮外交」(博物館等建設推進九州会議『Museum Kyushu』一三、一九八四年)、田中健夫「『朝鮮通交大紀』と松浦允任」(『対外関係と文化交流』思文閣出版、一九八二年)参照。

〔補記〕

本章の旧稿を掲載した『韓』一一〇号(東京韓国研究院、一九八八年)は、「朝鮮通信使」特集号で、李元植「朝鮮通信使の訪日と筆談唱和」、三宅英利「朝鮮通信使と西国諸藩」、ロナルド・トビ「近世日本の庶民文化に現れる朝鮮通信使像――世俗・宗教上の表現――」、芳賀登「朝鮮通信使とその接待――誠信交隣と関連させて――」、山内長三「李貞谷禊帖について」の諸論文がある。

第七　『続善隣国宝記』について

——所収史料の特質と撰述の経緯——

はじめに

外交文書の研究は対外関係史研究の基礎をなすものである。個別文書については、その重要性に注目して、従来もいくつかの業績が発表されている。しかし、外交文書の存在そのものを総括的に考察して、その歴史的意義や性格を明らかにする作業は、これまでほとんど研究の主題にされることがなかった。

本稿は、十五世紀に瑞溪周鳳によって撰述された『善隣国宝記』のあとを承けて十八世紀の末に編纂された『続善隣国宝記』をなるべく多面的に検討することによって、戦国期以後の外交文書の作成・伝存・保存の沿革、その効用や意味等を解明することを意図するものである。

『続善隣国宝記』の表題を有する書物は現在三種類ある。第一は、『続善隣国宝記』の書名で『続群書類従』第三〇輯上と『改定史籍集覧』第二一冊に収録されて、一般によく知られている書物。第二は、『善隣国宝後記』の書名で『続群書類従』の「拾遺部」に収録されている書物である。これは正徳元年（一七一一）に松隠玄棟が編集したもので、もとは『続善隣国宝記』の書名を有していたのである。第三は、神宮文庫に所蔵されている同名の書物である。本稿は、便宜第一の書物を『続善隣国宝記』とよび、第二・第三の書物をそれぞれ『松隠玄棟編集続善隣国宝記』『神宮文庫本続善隣国宝記』とよぶことにする。従って、本稿で考察の対象とするのは第一の書物であることをあらかじめことわっておく。

本稿で検討の対象とする『続善隣国宝記』は文明五年（一四七三）から万治三年（一六六〇）に至る間の外交文書を中心にした史料を集めたもので、中世末から近世初頭の対外関係の研究に欠くことのできない貴重な史料集である。前述のように『続群書類従』第三〇輯上および『改定史籍集覧』第二一冊に活字本として収録され、学界では周知の史料として利用されてきているが、本書を主要対象とした研究はまだ発表されていない。管見の限りでは『群書解題』第二〇の九四頁に収められている貫達人の解題が存するにすぎない。

一　『続善隣国宝記』の諸本

『続善隣国宝記』の写本はつぎのものが知られている。

(1)旧彰考館本　二冊（戦災で焼失）

(2)東京大学史料編纂所本　一冊

(1)の写し。奥に明治十五年（一八八二）七月三日に徳川昭武蔵書を写したとある。「修史館図書印」「東京帝国大学図書印」の印がある。毎半葉一〇行、二〇字詰。

(3)東京都立中央図書館市村文庫本　二巻一冊

市村瓚次郎旧蔵本で、昭和二十七年（一九五二）十月十七日付の「東京都立日比谷図書館」の印がある。下巻の巻首に「温故堂文庫」の印があり、つぎの奥書がある。

此一巻者、以修史館御本令書写畢、

明治十五年十二月廿五日　塙忠詔

「修史館御本」とは、(2)のことと想像される。体裁、本文の行数・字詰等すべて(2)とほぼ同じ。

(4)東京国立博物館本　二冊

(5)国立公文書館内閣文庫本　二冊

外務省引継本。体裁、本文の行数・字詰等すべて(2)とほぼ同じ。「外務省図書印」の印がある。奥書はない。

(2)と(5)とは、校訂の注記に共通したものがあり、同系統の本と考えられる。ただ共通でない独自の注記もあり、親子関係よりも、兄弟あるいは叔父甥の関係の書物と推測される。

(6)静嘉堂文庫本　一冊（『善隣国宝記』と合冊）

「温故堂文庫」の印がある。一冊本ではあるが、『続善隣国宝記』の部分は実際には二冊を一冊にまとめたもので、内題にはそれぞれ「続群書類従巻第八百八十上」「続群書類従巻第八百八十下」とあり、上冊と下冊の構成は他の本とは逆になっている。また活字本が「巻第八百八十一」としているのとも相違している。本文は(2)とほぼ同じであるが、行数・字詰は一致していない。

上冊（内容は第二冊）の末に、

明治十三年七月卅一日　筆　者　日下部利博

同年八月十七日校、　塙　忠詔

同年同月内務省納清書、　日下部利博

同十八年六月八日加一校了、　小野　由久

と奥書があり、下冊（内容は第一冊）の末にはつぎの奥書がある。

明治十三年八月三日　　　　筆　者　　日下部利博

同月廿三日加校正、　　　　　　　　　小野　由久

同年同月内務省納清書、　　　　　　　日下部利博

同十八年八月加一校了、　　　　　　　小野　由久

活字刊本では、既述のように『続群書類従』巻八八一、第三〇輯上および『改定史籍集覧』第二一冊所収本がある。後者にはつぎの奥書がある。

右続善隣国宝記、以東京帝国大学本校訂一了、而大学本元謄写水戸家之蔵書者、同書奥書記之、今臨于印行聊施句点矣、

明治三十四年八月　　　　　　　　　　　　　近藤　圭造

各本の内容は、転写の際の誤写と思われるものなどを除けばほぼ同じで、写本にいくつかの系統が存したとは考え難い。したがって、本稿の叙述に当っては最も流布している活版の『続群書類従』『改定史籍集覧』所収本のもとになったと推定される史料編纂所本および内閣文庫本を主とし、他の諸本は参考にするにとどめた。

『続善隣国宝記』はその書名からみても、瑞渓周鳳の『善隣国宝記』を継ぐことを目的としたことが明らかだが、同類の名称を冠した一連の書物がなおいくつかあるので、ここで付言しておこう。続群書類従完成会によって「拾遺部」までの活版作業を終えた『続群書類従』には、『善隣国宝記』『続善隣国宝記』の他につぎの書目を収めている。

(A)『善隣国宝後記』（雑部、巻第八八〇、拾遺）

(B)『善隣国宝別記』（雑部、巻第八八〇、新補）

(C)『続善隣国宝外記』（雑部、巻第八八二）

それぞれの内容については、『群書解題』第二〇および『続群書類従』第三七輯所収の貫達人氏の解説文に詳しいので重複をさけるが、若干の説明を加えておく。

(A)はもと「続群書類従目録」（板本）に書名だけが見えており、従来、写本・活版本ともに欠巻となっていたものだが、昭和四十七年（一九七二）初版の『続群書類従』第三七輯、拾遺部にはじめて収録された。同書の解説（貫達人執筆）では底本に内閣文庫本の『松隠玄棟編集続善隣国宝記』を使用したことを述べ、『続群書類従』では同名の別書と区別するために『善隣国宝後記』の称を用いたものであろうと推定している。『松隠玄棟編集続善隣国宝記』は内閣文庫本（浅草文庫）の写本のほかに東京大学史料編纂所本（中山久四郎氏所蔵本の写し）・京都府立総合資料館本・中村栄孝旧蔵本（旧松浦家本、現在は九州大学文学部所蔵）等がある。なお、『善隣国宝後記』の書名は『国書総目録』（岩波書店）にはとられていない。本書と『続善隣国宝記』所収文書との重複についてはのちに述べる。本章の〔補記〕参照。

(B)も『続群書類従』ではもと欠巻となっていたもので、昭和三年（一九二八）『続群書類従』の完成に際し、第三三輯下の末に〔補遺〕として加えられたが、昭和七年（一九三二）の三版では第三〇輯上に移された。底本は神宮文庫本で、村井敬義旧蔵本である。

(C)は『続善隣国宝記』と最も近い関係にある書物である。両者の関係については後述するが、(C)の写本には神宮文庫本・宮内庁書陵部本・内閣文庫本（浅草文庫）があり、活版本は『続群書類従』所収本のほかに『改定史籍集覧』第二一冊所収本がある。

二　『続善隣国宝記』所収の文書

『続善隣国宝記』は大約六九通の外国との往来文書等を集成したものである。これを対象の国別に整理すると下表のようになる。

国　　名	来	往	他	計
朝　　鮮	25	18	2	45
明	12	3	2	17
琉　　球	1	2		3
ノビスパン	1			1
マ カ オ	2			2
他(対馬老臣充)			1	1

所収の文書は十五世紀の後半から十七世紀の中葉におよぶものである。文禄慶長の役があったとはいえ、朝鮮関係の文書が六五％強の多きを占めていることに注目しておきたい。

『続善隣国宝記』の内容を正しく理解し、その性格を明らかにするためには、所収文書の個々について検討を加えることが最初の作業となろう。次頁以下に掲げる一覧は、所収文書について管見のおよぶ限り他の史料と比較して知ることのできた結果である。文書の一連番号は私が便宜付したもので、原本にはなかったものである。原本には別幅（付属文書）を独立した一通として示している場合と、別幅の存在のみを示して内容を示していない場合など不統一なところが見られるため、原則としては内容が示してある文書を一通として数えることにした。さきに大約六九通と書いたのは、このような文書の数え方をしたためである、一覧の一連番号の下に記した文書名は原本にあったものであるが、原本に文書名が記されていない場合は私が適宜これを付した。ただし、その場合には〔　〕をつけて私の記入であることを明らかにした、文書の年代が原本に示されていない場合には推定して記入した。（参考）の欄は当該文書と同文の文書の原物が存したり、他の史料のなかに採用されている例を可能なかぎり捜尋したもので、今後もさらに補訂されるべきものと思っている。なおこの欄には文書収録の際の体裁や参考文献等についてもあわせ記入した。

史料編纂所本『続善隣国宝記』所収文書一覧

1畠山殿副官人良心曹饋餉日呈書契　成化九年（文明五、一四七三）九月二日

（内容）畠山義勝（義統か）の使僧良心が応仁の乱前後の日本国内の事情を朝鮮の礼曹宴の日に報告したもの。

（参考）申叔舟『海東諸国紀』の附録と『朝鮮成宗実録』四年九月庚寅条・『続善隣国宝外記』に同文の文書がある。

2高麗之返書　成化十年（文明六、一四七四）十二月　日

（内容）朝鮮国王李娎（成宗）より日本国王（足利義政）に充て、象牙符の給付を報じ、西光院助縁の要請を断ったもの。『善隣国宝記』中・『朝鮮成宗実録』五年十月己酉条にある足利義政の文書に対する返書。

（参考）『朝鮮成宗実録』五年十二月丙申条に同文の文書があり、これには『続善隣国宝記』の欠を補う部分がある。文書の料紙・寸法の記載がある。別幅（本文略）についても同様。『神宮文庫本続善隣国宝記』にも同文の文書がある。

3〔高麗之返書〕　成化十一年（文明七、一四七五）九月　日

（内容）朝鮮国王李娎（成宗）が日本国王（足利義政）に充て、盧円通事の要請により、義政の勘合新給の依頼を明の皇帝に伝達したことが報じたもの。

（参考）『朝鮮成宗実録』六年九月乙丑条・『神宮文庫本続善隣国宝記』に同文の文書がある。

4〔明憲宗勅諭〕　成化十四年（文明十、一四七八）二月初九日

（内容）明帝憲宗より日本国王源（足利）義政に充て、正使竺芳妙茂等の来貢を告げ、鋳銭五万文の特賜を告げたもの。
（参考）料紙・寸法・箱等の記載がある。『神宮文庫本続善隣国宝記』にも同文の文書がある。

5〔明憲宗勅諭〕成化十四年（文明十、一四七八）二月初九日
（内容）日本国王・同王妃に対する給賜の物件を列記している。
（参考）料紙・寸法・箱等の記載がある。『神宮文庫本続善隣国宝記』にも同文の文書があり、様式に関する記述はこの方が詳しい。

6〔朝鮮国王李娎返書〕成化十八年（文明十四年、成宗十三、一四八二）五月十二日
（内容）朝鮮国王李娎より日本国王（足利義政）に充て、大蔵経（大和円成寺のためのもの）の贈給を報じたもの。
（参考）『朝鮮成宗実録』十三年五月庚辰条に同文の文書があり、『続善隣国宝記』では略してある別幅の部分を補うことができる。『神宮文庫本続善隣国宝記』にも同文の文書がある。堀池春峰「中世・日鮮交渉と高麗版蔵経――大和・円成寺栄弘と増上寺高麗版――」（『史林』四三―六、一九六〇年）参照。

7〔明憲宗勅諭〕成化二十一年（文明十七、一四八五）二月十五日
（内容）明帝憲宗より日本国王源義政に充て、今後は附搭物件が過多になることを禁じ、刀剣の総数を三千把に制限したもの。
（参考）料紙・寸法・箱等の記載がある。『神宮文庫本続善隣国宝記』にも同文の文書がある。

8〔明憲宗勅諭〕成化二十一年（文明十七、一四八五）三月十九日

（内容）　7号文書の別幅に当るもので、明帝憲宗より日本国王源義政に充て、正使子璞《しはく》周瑋《しゅうい》の帰国に託した日本国王・同妃に対する給賜の物件を報じたもの。

（参考）給賜の内容は一部分をあげ、他は「余略之」としている。『神宮文庫本続善隣国宝記』にも同文の文書がある。

子璞周瑋は文明十七年六月三十日に寧波で客死した（玉村竹二『五山禅僧伝記集成』講談社、一九八三年）。

9〔朝鮮国王李娎返書〕　成化二十三年（長享元、成宗十八、一四八七）七月

（内容）朝鮮国王李娎より日本国王（足利義政）に充て、大蔵経（越後安国寺のためのもの）の贈給を報じたもの。別幅を収録しているが、その内容の記述は省略している。

（参考）『朝鮮成宗実録』十八年七月丙子（丙午カ）条に同文の文書があるが、別幅はない。『神宮文庫本続善隣国宝記』にも同文の文書があり。別幅についての記載は『続善隣国宝記』と同じ。

横川景三『補庵京華新集』および『善隣国宝記』下に、龍集丙午（文明十八年、一四八六）日本国准三宮道慶（義政）より朝鮮国王に充て安国寺のために大蔵経を求請する文書を載せている。

丸亀金作「高麗の大蔵経と越後安国寺とについて」（『朝鮮学報』三七・三八合併特輯号）参照。

10遣朝鮮国書　年月の記載なし。長享三年（延徳元、成宗二十、明の弘治二、一四八九）のものと推定される。

（内容）日本国源道慶（足利義政）より朝鮮国王李娎に充て、明との通交回復の斡旋を依頼したもの。

（参考）景徐周麟『翰林葫蘆集』に同文の文書がある。同書の表題も本書と同じで「遣朝鮮国書」とある。ただし、上村観光『五山文学全集』四（五山文学全集刊行会、一九三六年、思文閣出版復刻、一九七三年）所収のものは「此書不遣」として、実際には朝鮮に送られなかったことを示している。『神宮文庫本続善

隣国宝記』にも同文の文書がある。

11〔遣朝鮮国書〕　　年月の記載なし。

（内容）日本国源義高（足利義高、のち義澄）より朝鮮国王（燕山君）に充て、寺院復興の資の助縁を求めたもの。

（参考）景徐周麟『翰林葫蘆集』に「遣朝鮮国書」として同文の文書がある。

12遣朝鮮国書　　年月の記載なし。延徳三年（一四九一）のもの。

（内容）足利義材より襲職を告げて、筑前妙楽寺のための大蔵経と珍獣とを求めたもの。充所の記載はないが、朝鮮国王李娎に送ったもの。14号文書参照。

（参考）景徐周麟『翰林葫蘆集』および『神宮文庫本続善隣国宝記』に「遣朝鮮国書」として同文の文書がある。『朝鮮成宗実録』二十二年八月戊申条に同文の文書があり、これには別幅があり、義材から成宗に贈った土宜の内容を知ることができる。

13〔朝鮮国王李娎返書〕　　弘治二年（延徳元、成宗二十、一四八九）九月　日

（内容）朝鮮国王李娎より日本国王（足利義政）に充て、大蔵経（京都般舟三昧院のためのもの）の贈給を報じたもの。

（参考）『朝鮮成宗実録』二十年九月壬午条・『神宮文庫本続善隣国宝記』に同文の文書がある。

14〔朝鮮国王李娎返書〕　　弘治四年（延徳三、成宗二十二、一四九一）十月　日

（内容）朝鮮国王李娎より日本国王（足利義材）に充て、大蔵経（筑前妙楽寺のためのもの）と珍獣の贈給を報じたもの、12号文書の返書。

（参考）『朝鮮成宗実録』二十二年九月癸卯条にほぼ同文の文書がある。『神宮文庫本続善隣国宝記』にも同文

の文書がある。

15〔大内義興遣朝鮮国礼曹書〕　　永正三年（燕山君十二、一五〇六）二月十日

（内容）日本国防長豊筑肆州太守大内左京兆尹多多良朝臣義興より朝鮮国礼曹参判に充て、赤間関亀山神廟（亀山八幡）修理のための助縁を求めたもの。

（参考）『善隣国宝別記』（『続群書類従』所収本）・『神宮文庫本続善隣国宝記』に同文の文書がある。

16〔大内義興遣朝鮮国礼曹書〕　　永正三年（燕山君十二、一五〇六）二月　日

（内容）日本国大内左京兆多多良朝臣義興より朝鮮国礼曹参判に充て、頑銅五〇〇斤を進献し修好を求めたもの。

（参考）『善隣国宝別記』『神宮文庫本続善隣国宝記』に同文の文書がある。

17〔大内義興遣朝鮮国礼曹書〕　　永正庚午（七年、中宗五、一五一〇）仲冬（十一月）　日

（内容）日本防長豊筑雍藝石七州大守大内多多良左京兆中大夫義興より朝鮮国礼曹参判に充て、三浦倭乱後の修好回復を求めたもの。

（参考）『善隣国宝別記』『神宮文庫本続善隣国宝記』に同文の文書がある。

18〔大内義興遣朝鮮国礼曹書〕　　明応六年（燕山君三、一四九七）十一月三日

（内容）日本国大内防長豊筑肆州大守多多良義興より朝鮮国礼曹参判に充て、豊前崇聖寺のために銅銭・綿布を求めたもの。

（参考）「牧松和尚製之也」の注記がある。牧松和尚は以参周省のこと。以参は大内教弘の子息で、周防保寿寺に住し、景除周麟とも親交があった（玉村竹二、前掲『五山禅僧伝記集成』）。

19〔大内義興遣朝鮮国礼曹書〕　明応六年（燕山君三、一四九七）十月　日

（内容）日本国大内防長豊筑肆州大守多多良朝臣より朝鮮国礼曹参判に充て、鷹匠を求めたもの。

（参考）「牧松和尚製之也」の注記がある。

『善隣国宝別記』『神宮文庫本続善隣国宝記』に同文の文書があり、注記も同一。

『善隣国宝別記』『神宮文庫本続善隣国宝記』に同文の文書があり、注記も同一。

20〔遣朝鮮国書〕　明応八年（燕山君五、一四九九）

（内容）日本国源義高（足利義澄）より朝鮮国王（燕山君）に充て、大蔵経を求めたもの。

（参考）景徐周麟『翰林葫蘆集』に「遣朝鮮国書」として同文の文書があり、『続善隣国宝記』で脱落した部分を補うことができる。ただし年代の記載はない。『神宮文庫本続善隣国宝記』にも同文の文書がある。

21〔日本国王源義澄表文〕　弘治十九年（正徳元、永正三、一五〇六）正月十一日

（内容）日本国王臣源（足利）義澄より明帝孝宗に充て、了庵桂悟を正使として送り敬意を表わしたもの。

（参考）『善隣国宝別記』『神宮文庫本続善隣国宝記』に同文の文書があり、「日本国王　上表上書　宜竹和尚之製」の注記がある。宜竹は景徐周麟の号である。

22〔大内義興遣朝鮮国礼曹書〕　永正十三年（中宗十一、一五一六）八月　日

（内容）日本国防長豊筑藝石七州太守大内義興より朝鮮国礼曹参判に充て、雲英光悦を遣わし豊後万寿寺のため助縁を請うもの。別幅の全文を掲げている。

（参考）「長州金山長福寺新命綱初玄讃西堂」の疏語であることを注記している。

『善隣国宝別記』『神宮文庫本続善隣国宝記』に同文の文書がある。ただし、玄讃を玄纘とし、「自豊後遣申請之、正官人退閑軒雲英光悦首座云々、山口使本立軒石堂清閑首座也」としている。『善隣国宝別記』では別幅を別掲し、「横川書、義政別幅」と注記して、大内義興の文書とは無関係のものとしている。横川は横川景三（一四二九―九三）のことである。

23〔遣朝鮮国書〕　癸未〔亥〕（文亀三年、燕山君九、一五〇三）春三月　日

（内容）日本国王源義澄より朝鮮国王（燕山君）に充て、象牙符に代る通信の新符の給与と大蔵経の賜与を求めたもの。

（参考）景徐周麟『翰林葫蘆集』に「遣朝鮮国書」として同文の文書があり、「龍集癸亥」としてある。『神宮文庫本続善隣国宝記』にも同文の文書があるが、「龍集癸未」とし、「大永三年三月也」と注記しているのは誤り。『翰林葫蘆集』では、「日本国王源義澄」の部分が「日本国義澄」とある。

24遣大明表　嘉靖六年（大永七、一五二七）八月　日

（内容）日本国王源（足利）義晴より明帝世宗に充て、琉球使を介して勅書を受けたことを報じ、隣好を求めたもの。

（参考）月舟寿桂『幻雲文集』に同文の文書があり、『続善隣国宝記』では脱落している部分を補うことができる。『神宮文庫本続善隣国宝記』にも同文の文書がある。

25別　幅　嘉靖六年（大永七、一五二七）八月　日

（内容）日本国王源義晴より明の礼部に充てた咨文。さきに正徳勘合を持って入明した謙道宗設らは偽使であり、すでに誅戮したことを報じ、新勘合ならびに金印の賜与を求めたもの。24号文書の別幅である。

（参考）月舟寿桂『幻雲文集』・『神宮文庫本続善隣国宝記』に同文の文書がある。

26約　条　（己酉、慶長十四年、光海君元、一六〇九）

（内容）文禄慶長の役後の通交貿易の条件として朝鮮から対馬島主に対して交付されたもの。一一ヵ条からなる。

（参考）『続善隣国宝外記』に同文の文書がある。松浦允任『朝鮮通交大紀』に同文の文書があり、さらに朝鮮の『攷事撮要』の所収の六ヵ条からなる条文を参考にあげている。ただし同じ条文を載せた『通文館志』の引用はない。朝鮮の『通文館志』『増正交隣志』では一三ヵ条の条文をあげている。中村栄孝『日鮮関係史の研究』下（吉川弘文館、一九六九年）二八二―三〇〇頁、同「己酉約条再考」（『朝鮮学報』一〇一、一九八一年）参照。

27〔明人蔣洲咨文〕　嘉靖三十五年（弘治二、一五五六）十一月初三日

（内容）大明副使蔣（洲）より日本国対馬島に充てた咨文で、倭寇の禁止を要請したもの。

（参考）原本はもと対馬宗氏に所蔵されていたが、現在は東京大学史料編纂所にある。江岳元策・雲崖道岱『江雲随筆』（建仁寺蔵）および『神宮文庫本続善隣国宝記』にも同文の文書がある。『朝鮮明宗実録』十二年三月庚午条には主要部分の引用がある。中村栄孝『日鮮関係史の研究』中（吉川弘文館、一九六九年）五二頁、武田勝蔵「倭寇史料」「宗家古文書の中より」（『史学』五―三、一九二六年）、田中健夫「明人蔣洲の日本宣諭――王直の誘引と戦国日本の紹介――」（同『中世対外関係史』東京大学出版会、一九七五年、所収）参照。

28〔朝鮮国王李峘返書〕　隆慶元年（永禄十、明宗二十二、一五六七）六月　日

（内容） 朝鮮国王李峘（明宗）より日本国王（この年将軍空位）に充て、対馬島主歳遣船を五隻増加し、五〇年前の図書（銅製の私印）による通交者の二〇人中八人の渡航を禁じ、一二人に図書を新給し通交を許すことを報じたもの。

（参考） 松浦允任『朝鮮通交大紀』に同文の文書がある。同書により28号文書の前半部分は実は30号文書の前半部分であることが判る。『続善隣国宝記』編者の配列の誤りである。

『神宮文庫本続善隣国宝記』にも同文の文書があり、『続善隣国宝記』の文と同様の誤りを犯している。

29（朝鮮国王李昖返書） 万暦九年（天正九、宣祖十四、一五八一）十一月　日

（内容） 朝鮮国王李昖（宣祖）より日本国王（誰をさすか不明）に充て、京極殿（佐々木晴広）に通交の証として図書を給することを報じたもの。

（参考） 松浦允任『朝鮮通交大紀』・『神宮文庫本続善隣国宝記』に同文の文書がある。返書のもとになった日本国王の文書は対馬の宗氏が作成したものと推測される。

30（朝鮮国王李昖返書） 万暦九年（天正九、宣祖十四、一五八一）五月　日

（内容） 朝鮮国王李昖より日本国王（誰をさすか不明）に充て、七人のものに図書の使用を許可し、旧例を守るべきことを求めたもの。

（参考） 松浦允任『朝鮮通交大紀』に同文の文書がある。同書により30号文書の前半部分は28号文書の前半部分が誤って混入したものであることが判る。

『続善隣国宝外記』に同一の文書があり、『続善隣国宝記』の文と同様の誤りを犯している。返書のもとになった日本国王の文書は宗氏が作成したものと推測される。

31〔朝鮮国王李昖返書〕　万暦十二年（天正十二、宣祖十七、一五八四）十二月　日

（内容）朝鮮国王李昖より日本国王（誰をさすか不明）に充て、京極氏より源晴広銅印賜与を謝する使のあったことを報じ、約条の恪守を重ねて求めたもの。

（参考）29号・30号文書と同様に、もとになった日本国王の文書は対馬において宗氏が作成したものと推測される。『神宮文庫本続善隣国宝記』に同文の文書がある。

32〔朝鮮国礼曹参判返書〕　万暦十二年（天正十二、宣祖十七、一五八四）十二月　日

（内容）朝鮮国礼曹参判柳成竜より日本国京城住京極江岐雲三州大守佐々木氏大膳大夫源公（晴広）に充て、銅印の賜与を謝する使者が至ったことを報じたもの。

（参考）31号文書と一連のもの。もとになった日本からの文書は対馬において宗氏が作成したものと推測される。『神宮文庫本続善隣国宝記』に同文の文書がある。

33〔琉球国王尚寧書〕　万暦十七年（天正十七、尚寧元、一五八九）

（内容）琉球国王尚寧より日本国関白殿下（豊臣秀吉）に充て、進物を送り、一礼したもの。

（参考）『江雲随筆』『神宮文庫本続善隣国宝記』に同文の文書がある。

34〔豊臣秀吉返書〕　天正十八年龍集庚寅（一五九〇）仲春（二月）二十有八日

（内容）日本国関白（豊臣）秀吉より琉球国王（尚寧）に充て、貢使の到来を報じたもの。

（参考）『江雲随筆』『神宮文庫本続善隣国宝記』に同文の文書がある。

35〔石田三成・細川藤孝連署状〕　天正庚寅（十八年、一五九〇）仲春（二月）　日

（内容）石田三成と長岡玄旨（細川藤孝）の連署で、充所の記載はないが琉球に充てたもの。琉球国王使者天竜大和尚に指示を与えている。

（参考）『神宮文庫本続善隣国宝記』に同文の文書がある。

36〔朝鮮国王李昖書〕　万暦十八年（天正十八、宣祖二十三、一五九〇）三月　日

（内容）朝鮮国王李昖より日本国王（豊臣秀吉）に充て、使節黄允吉・金誠一・許筬を遣わし、六十余州一統を賀したもの。別幅がある。

（参考）原本は、宮内庁書陵部に「朝鮮国王李昖贈豊太閤書並貢物目録」として所蔵されている。『近衛家文書』二（史料編纂所影写本）に、原本の体裁に近い写しがあり、『続善隣国宝記』の別幅および脱文を補うことができる。

『豊公遺宝図略』（天保三年壬辰春三月＝一八三二年の法印大僧都真静序・前日吉社司祝部希声跋、広福王府蔵版）下に、「朝鮮国王李昖書翰」・「同別幅貢物目録」として、臨写縮図で原本の体裁のままを収録してある。それぞれ、原本竪一尺九寸二分・横三尺七寸五分、原紙竪一尺九寸二分、横三尺七寸四分と注記してあり、朝鮮国王印は「為政以徳」印で、これを実物大模写で掲げている（中村栄孝、前掲『日鮮関係史の研究』中、一〇〇頁）。

『松隠玄棟編集続善隣国宝記』に同文の文書があり、「朝鮮来書」の題がある。『江雲随筆』『神宮文庫本続善隣国宝記』にも同文の文書がある。

37〔豊臣秀吉返書〕　天正十八年（宣祖二十三、一五九〇）仲冬（十一月）日

（内容）日本国関白（豊臣）秀吉より朝鮮国王李昖に充て、六十余州平定を告げ、朝鮮よりの入貢のあったこ

とを述べ、三国に佳名を顕わさんことを報じたもの。

（参考）『近衛家文書』二一（史料編纂所影写本）に、原本の体裁に近い写しがある。『江雲随筆』にも同文の文書があり、西笑承兌《せいしょうじょうたい》の作成であることを記している。『松隠玄棟編集続善隣国宝記』には「返翰」の題名で同文の文書があり、「信使贈答詩」を付収している。『神宮文庫本続善隣国宝記』・『朝鮮宣祖修正実録』二十四年三月条にも同文の文書がある。

38大明日本和平条件　文禄二年癸巳（万暦二十一、宣祖二十六、一五九三）六月二十八日

（内容）小西摂津守行長・大谷刑部少輔吉継・増田右衛門尉長盛・石田治部少輔三成連署の豊臣秀吉朱印状で、五ヵ条からなる和平条件である。

（参考）『両国和平条件』『南禅旧記』（両書とも内閣文庫蔵、玄圃霊三の作か）および『甫庵太閤記』に七ヵ条よりなる同文の文書があり、『続善隣国宝記』の欠文を補うことができる。

『江雲随筆』にも同文の文書がある。題名は「大明日本親議条」（七ヵ条）で、『続善隣国宝記』の欠文を補うことができる。ただし年月は「文禄四年丁未、五月　日」と誤っている。『続善隣国宝外記』にも同文の文書がある。

三鬼清一郎〈書評〉『朝鮮日々記・高麗日記』（『史学雑誌』九二－四）では、『続善隣国宝記』所収文書を『甫庵太閤記』より転写したものと考えているが、必ずしもそのように考える必要はあるまい。

39対　大明勅使可告報之条目　文禄二年癸巳（万暦二十一、宣祖二十六、一五九三）六月二十八日

（内容）四人（小西行長・大谷吉継・増田長盛・石田三成）に充てた豊臣秀吉朱印状。五ヵ条よりなる。

（参考）『両国和平条件』『南禅旧記』に同文の文書がある。『江雲随筆』には「秀吉公令書」として同文の文

書があり、「諭石田治部少輔三成・増田右衛門長盛・小西摂津守行長・大谷刑部少輔吉継、大明勅使来朝条目」とある。『続善隣国宝記』の欠文を補うことができる。『甫庵太閤記』にも同文の文書があるが、文字に異同出入がある。『続善隣国宝外記』にも同文の文書がある。中村栄孝、前掲『日鮮関係史の研究』中、二八〇頁、参照。

40〔大明本府諭行長文〕　万暦二十三年（文禄四、宣祖二十八、一五九五）十月十六日

（内容）明の遊撃沈惟敬から小西行長に充てた文書、秀吉冊封のことが記されている。

（参考）『江雲随筆』に「大明本府諭行長文」の題で同文の文書がある。『続善隣国宝記』では前半部分が欠落しているが、『江雲随筆』で補うことができる。『続善隣国宝外記』にも同文の文書があり、欠落部分は『続善隣国宝記』と同じ。

41宣問行長帖　年月の記載なし。万暦二十二年（文禄三、一五九四）十二月以後か。

（内容）明側（楊方亨か）より小西行長に対し、朝鮮出兵の理由等を問責したもの。

（参考）『江雲随筆』『続善隣国宝外記』に同文の文書がある。

42諭　帖　万暦二十四年（慶長元、宣祖二十九、一五九六）四月十九日

（内容）欽差冊封日本副使左軍都督府楊（方亨）より柳川調信・景轍玄蘇に充て、折衝の促進を要求したもの。

（参考）『江雲随筆』『続善隣国宝外記』に同文の文書がある。

43〔諭　帖〕　万暦二十四年（慶長元、宣祖二十九、一五九六）五月二十六日

（内容）欽差冊封日本副〔正〕使左軍都督府都督楊（方亨）より柳川調信・景轍玄蘇に充て、折衝の促進を要求したもの。正使李宗城の逃亡により、五月四日楊方亨は正使に任ぜられた。

（参考）『江雲随筆』に「諭帖」の題で同文の文書がある。『続善隣国宝外記』にも同文の文書がある。

44（明参将謝用梓書）　　年月の記載なし。文禄二年（万暦二十一、宣祖二十六、一五九三）か。

（内容）天使謝用梓より本光禅師（景轍玄蘇）に充て、折衝に努力すべきことを希望したもの。

（参考）『江雲随筆』『続善隣国宝外記』に同文の文書がある。

45（朝鮮国礼曹参政鄭曄復書）　　万暦二十九年（慶長六、宣祖三十四、一六〇一）八月　日

（内容）朝鮮国礼曹参政鄭曄より日本国対馬州太守平公（宗義智）に充て、通交回復の要求に対して答えたもの。

（参考）『続善隣国宝外記』に同文の文書があるが、これには脱文がある。『通航一覧』二六に「朝鮮国礼曹復対馬島主書」の題名で同文の文書があり、出典は「以上、方策新編」としている。なお『方策新編』は内閣文庫所蔵。

46（朝鮮国礼曹参議鄭曄復書）　　万暦二十九年（慶長六、宣祖三十四、一六〇一）八月　日

（内容）朝鮮国礼曹参議鄭曄より日本国豊臣平公（柳川調信）に充て、日本よりの和平の来書をもとめたもの。

（参考）『続善隣国宝外記』に同文の文書がある。『通航一覧』二六に「朝鮮国礼曹復柳川調信書」の題で同文の文書があり、「以上、方策新編」としている。

47（朝鮮国礼曹参議鄭曄復書）　　万暦二十九年（慶長六、宣祖三十四、一六〇一）八月　日

（内容）朝鮮国礼曹参議鄭曄より日本国豊臣平公（柳川調信）に充て、使者与四郎を拘留した理由を報じたもの。

（参考）『続善隣国宝外記』に同文の文書がある。『通航一覧』二六に同文の文書があり、「以上、方策新編」

としているが、「与四郎」を「要時羅」と記しているなどの相違がある。

48（宗義智遣朝鮮国礼曹書）　年月の記載なし。慶長六年（宣祖三十四、一六〇一）か。

（内容）日本国対馬州太守豊臣（宗）義智より朝鮮国礼曹大人閣下に充て、徳川家康の意を受けて和平の折衝に当っていることを報じたもの。

（参考）『続善隣国宝外記』に同文の文書がある。『通航一覧』二六に「対馬島主与朝鮮国礼曹書」の題で同文の文書があり、「以上、方策新編」としている。

49（茅国科書）　年号の記載なし。慶長四年（宣祖三十二、一五九九）か。

（内容）薩摩在留の大明使教司滑浜茅国科より寺沢志摩守正成に充て、帰国を報じたもの。

（参考）『続善隣国宝外記』に同文の文書がある。

茅国科は遊撃茅国器の弟。慶長三年島津義弘が提督董一元より人質として受け取った。

50（朝鮮国王李昖書）　万暦三十五年（慶長十二、宣祖四十、一六〇七）正月　日

（内容）朝鮮国王李昖（宣祖）より日本国王（徳川家康）に充て、文禄慶長の役後の修好回復について述べたもの。別幅がある。

（参考）料紙・体裁等についての記載がある。

原本は、京都大学文学部博物館蔵『古文書集』一一所収。小杉榲邨旧蔵。

『神宮文庫本続善隣国宝記』に同文の文書がある。『松隠玄棟編集続善隣国宝記』に「朝鮮来書」の題で同文の文書があるが、別幅はない。『朝鮮通交大紀』に同文の文書とその和文（訳文）がある。これによれば、本書はもと徳川家康に対する復書として書かれたものを改竄したものであることを示して

いる。近藤守重『外蕃通書』一ならびに『通航一覧』九三には一層詳細な考証が載っている。本章の〔補記〕参照。

51〔朝鮮国礼曹参判復書〕　万暦三十五年（慶長十二、宣祖四十、一六〇七）正月　日

（内容）朝鮮国礼曹参判呉億齢より日本国執政佐渡大守本多公（正信）に充て、通信使の派遣を告げ、文禄慶長の役における朝鮮被虜人の送還を求めたもの。別幅がある。

（参考）『両朝書簡』に同文の文書があり、料紙・体裁等の記載がある。『神宮文庫本続善隣国宝記』『通航一覧』九三にも同文の文書がある。『朝鮮通交大紀』には同じ日付だが文章の異なる文書がある。

52〔徳川秀忠遣朝鮮国復書〕　慶長十二年丁未（宣祖四十、一六〇七）五月　日

（内容）日本国源（徳川）秀忠より朝鮮国王（宣祖）殿下に充て、呂祐吉・慶暹・丁好寛三使の来訪を喜ぶ旨を報じたもの。

（参考）『松隠玄棟編集続善隣国宝記』に「返翰」の題で同文の文書がある。『異国日記』〈下〉にも同文の文書があるが、日本年号の記載はなく干支のみを記している。『外蕃通書』二に同文の文書がある。「承兌草」とあり、西笑承兌の作成したものであることが判る。『神宮文庫本続善隣国宝記』『通航一覧』九三に同文の文書がある。

53〔朝鮮国王李琿復書〕　万暦三十七年（慶長十四、光海君元、一六〇九）五月　日

（内容）朝鮮国王李琿（光海君、この年二月即位）より日本国王（徳川家康か）に充て、日本より隣好を求める使者（景轍玄蘇・柳川智永）の来訪があったことを報じたもの。

（参考）『松隠玄棟編集続善隣国宝記』に「朝鮮返翰」の題で同文の文書がある。「仙巣并智永渡時」の注記は

『続善隣国宝記』と同じ。『外蕃通書』二にも同文の文書があり、『続善隣国宝記』の「仙巣并智永渡時」の文を引いている。『神宮文庫本続善隣国宝記』にも同文の文書がある。

54（徳川秀忠報章）　慶長十七年（一六一二）孟秋中浣（七月十日）

（内容）日本国征夷将軍源（徳川）秀忠より濃毘敖（須般）国主（新イスパニア〔メキシコ〕総督）に充て、商船往来を開くべきことを報じたもの。

（参考）『古今消息集』七（内閣文庫蔵）に同文の文書があるが、文字に異同がある。『神宮文庫本続善隣国宝記』にも同文の文書がある。『外蕃通書』二六では「載続善隣国宝記」としてこの文書を引き、「故アリテ御不用ニナリシモノナラムカ」としているが、スペインのセビーヤ市インド文書館文書によれば、この時秀忠もまた答書を出したことが明白である（『大日本史料』十二編之九、九七一頁）。

55（朝鮮国王李琿書）　万暦四十五年（元和三、光海君九、一六一七）五月　日

（内容）朝鮮国王李琿（光海君）より日本国王（徳川秀忠）に充て、大坂平定を賀し修交すべきを報じたもの。別幅がある。

（参考）原本は、京都大学文学部博物館蔵『古文書集』一一所収。小杉榲邨旧蔵。『異国日記』〈上〉に同文の文書があり、他書には見えない文書の料紙・体裁・印章・巻き方等の記載がある。『松隠玄棟編集善隣国宝記』にも「朝鮮来書」の題で同文の文書および別幅がある。『江雲随筆』にも同文の文書があるが、別幅はない。『朝鮮通交大紀』にも同文の文書があるが、和文はない。『外蕃通書』二に同文の文書があり、「其国書ノ真本御文庫ニ現存ス」とし、料紙・寸法・印章等に関する記事がある。『神宮文庫本続善隣国宝記』『通航一覧』九三にも同文の文書がある。

56〔朝鮮国礼曹参判尹寿民書〕　万暦四十五年（元和三、光海君九、一六一七）五月　日

（内容）朝鮮国礼曹参判尹寿民より日本執政大人（酒井忠世・本多正純・土井利勝・安藤重信・板倉勝重）に充て交隣のことを述べ、文禄慶長の役における朝鮮被虜人の返還を求めたもの。

（参考）原本は、京都大学文学部博物館蔵『古文書集』一一所収。小杉榲邨旧蔵。『異国日記』〈上〉に同文の文書がある。別幅は執政五人に充てたもの。「五通アリ」と注記。体裁の記述がある。『松隠玄棟編集続善隣国宝記』に「贈執政書」の題で同文の文書がある。『神宮文庫本続善隣国宝記』にも同文の文書がある。

57〔徳川秀忠遣朝鮮国王復書〕　龍輯丁巳（元和三年、光海君九、一六一七）九月　日

（内容）日本国源（徳川）秀忠より朝鮮国王殿下（光海君）に充て、三使を派遣して来り泰平を賀したことを喜ぶ旨を報じたもの。

（参考）『異国日記』〈上〉に同文の文書があるが、文字に異同があり、体裁・折り方の注記がある。以心崇伝の起案。『松隠玄棟編集続善隣国宝記』に「返翰」の題で同文の文書がある。『朝鮮通交大紀』『神宮文庫本続善隣国宝記』にも同文の文書がある。『通航一覧』九三は『異国日記』の文書を写している。辻善之助「黒衣の宰相金地院崇伝」（同『日本仏教史之研究　続編』金港堂書籍株式会社、一九三一年、所収）参照。

58〔徳川氏宿老返書〕　龍集丁巳（元和三年、光海君九、一六一七）秋九月　日

（内容）日本国五臣一同（酒井忠世・本多正純・土井利勝・安藤重信・板倉勝重）より朝鮮国礼曹参判尹寿民の来書に答え、朝鮮被虜人の送還に信義を以て当ることを報じたもの。

（参考）『異国日記』〈上〉に同文の文書がある。文字に異同があり、体裁に関する詳細な注記がある。以心崇伝の起案。『松隠玄棟編集続善隣国宝記』に「返翰」の題で同文の文書がある。『神宮文庫本続善隣国宝記』にも同文の文書がある。
前掲、辻善之助「黒衣の宰相金地院崇伝」参照。

59〔朝鮮国王李琿復書〕　天啓二年（元和八、光海君十四、一六二二）五月　日

（内容）朝鮮国光海君より徳川秀忠に充て、日本よりの遣使に答えたもの。別幅がある。

（参考）文書の前半を欠き、差出書・充所ともに不明。内容と年月よりこれを推定。「自雲（規伯玄方）・宗讃岐守（智順）・島川内匠等渡海」の注記がある。『神宮文庫本続善隣国宝記』に同文の文書がある。

60〔朝鮮国礼曹参判復書〕　天啓二年（元和八、光海君十四、一六二二）五月　日

（内容）朝鮮国礼曹参判尹琿（琿は光海君の名。誤記とおもわれる）より日本国執政閣下（本多正純以下をさす）に充て、聘好を謝したもの。別幅がある。

（参考）『神宮文庫本続善隣国宝記』に同文の文書がある。

61〔朝鮮国礼曹参判呉百齢書〕　天啓四年（寛永元、仁祖二、一六二四）（八月　日）

（内容）朝鮮国礼曹参判呉百齢より日本国執政（本多正純以下をさす）に充て、新王（徳川家光）の嗣立を賀し、朝鮮被虜人未帰還者の送還を求めたもの。

（参考）『異国日記』〈上〉と『松隠玄棟編集続善隣国宝記』に同文の文書があり、「捌月　日」を補うことができる。字句に多少異同があり、後者には「贈執政書」の題がついている。『江雲随筆』『神宮文庫本続善隣国宝記』にも同文の文書がある。

62〔朝鮮国王李倧書〕　天啓四年（寛永元、仁祖二、一六二四）八月　日

（内容）朝鮮国王李琿〔倧〕（仁祖）より日本国王（徳川家光）に充て嗣立を賀したもの。

（参考）『異国日記』〈上〉に同文の文書がある。『松隠玄棟編集続善隣国宝記』には「朝鮮来書」の題で同文の文書がある。朝鮮国王の名を『異国日記』〈上〉と『松隠玄棟編集続善隣国宝記』は倧に、『続善隣国宝記』は琿に記しているが、ともに誤記である。『朝鮮通交大紀』・『外蕃通書』三・『神宮文庫本続善隣国宝記』にも同文の文書がある。

63〔朝鮮国礼曹参判呉百齢書〕　天啓四年（寛永元、仁祖二、一六二四）（八月　日）

（内容）朝鮮国礼曹参判呉百齢より日本国板倉公（京都所司代板倉重宗）に充て、新国王（徳川家光）の襲位を賀し、使節往還の尺力を謝し、さらに朝鮮被虜人の送還を求めたもの。「信使来幣之書、自雲（規伯玄方）指引入東武」の注記がある。

（参考）『異国日記』〈下〉・『神宮文庫本続善隣国宝記』・『松隠玄棟編集続善隣国宝記』に同文の文書があり、「捌月　日」を補うことができる。なお最後の書には「贈京尹書」の題がついている。このとき渡来の朝鮮回答使は、正使鄭岦・副使姜弘重・従事官辛啓栄等である。

64〔明人崔芝請援書〕　隆武元年（正保三、清順治三、一六四六）十二月十二日

（内容）大明国欽命総督水師便宜行事総兵官前軍都督府右都督崔芝より日本に充て、三〇〇〇の兵の救援を求めたもの。充所は明記されていないが、幕府と考えるべきであろう。

（参考）『華夷変態』・『続善隣国宝外記』・『外蕃通書』一〇に同文の文書がある。石原道博『明末清初日本乞師の研究』（冨山房、一九四五年）・辻善之助「徳川家光の支那侵略の雄図と

国姓爺」（同『増訂海外交通史話』内外書籍株式会社、一九三〇年、所収）・長沼賢海『日本海事史研究』（九州大学出版会、一九七六年）三四六—三四九頁、参照。

65〔宗義真賀朝鮮国王即位表〕　万治三年庚子（顕宗元、一六六〇）正月　日

（内容）日本国拾遺臣対馬州太守（宗）義真より、朝鮮国礼曹に附して朝鮮国王李棩（顕宗）の即位を賀したもの。

（参考）『本邦朝鮮往復書』一九に同文の文書があり、「賀朝鮮国王即位表」の題をつけている。なおこれには別幅も載せている。『神宮文庫本続善隣国宝記』にも同文の文書がある。撰者は天沢円育。天沢は万治二年（一六五九）五月、東福寺艮岳院より対馬以酊庵一二世、第一九番輪番僧として対馬に渡り、寛文元年（一六六一）まで在任、のち東福寺二三九世住持。寛文二年十一月十一日に死去。

66〔宗義真賀朝鮮国王即位書〕　万治三年庚子（顕宗元、一六六〇）正月　日

（内容）日本国臣拾遺対馬州太守平（宗）義真より、東萊・釜山の両令に充て、正官平成通（古川次右衛門）・都船主平成友（内山郷左衛門）を派して、新王即位を賀せしめたもの。

（参考）『本邦朝鮮往復書』一九に同文の文書があり。「賀朝鮮国王即位書」の題をつけている。文章・文字にかなりの異同がある。別幅も載せている。『神宮文庫本続善隣国宝記』にも同文の文書がある。撰者は天沢円育。

67〔伊川円育書〕　庚子年（万治三、一六六〇）三月十一日

（内容）伊川円育（天沢円育）より、対馬藩の平田隼之允と内野権兵衛に充て、漂流朝鮮漁民七五人を速かに

（参考）　送還すべきことを勧めたもの。
『神宮文庫本続善隣国宝記』に同文の文書がある。

68〔答南蛮船主書〕　壬子（慶長十七年、一六一二）八月　日

（内容）　島津家久より南蛮船主大肆長に充て、安南を目的に渡航して遭難した島津氏配下の船が、広東より五島まで送還されたことを謝したもの。

（参考）　文之玄昌『南浦文集』中に「答南蛮船主書」の題で同文の文書がある。『続善隣国宝記』に欠けている差出書・充所・年月を補うことができる。文之玄昌が撰したものである。『続善隣国宝外記』にも同文の文書がある。
村上直次郎訳註『異国往復翰集・増訂異国日記抄』〈異国叢書〉（駿南社、一九二九年）によれば、南蛮船主はドン＝ヌーノ＝ソトマヨール Don Nuno Sotomayor で、同年長崎来航のマカオ船に本多正純充ての書翰と共に島津家久充ての書翰を託したのであろうという。

69答南蛮四国老書　壬子（慶長十七年、一六一二）八月　日

（内容）　島津少将家久より南蛮国司四老閣下に充て、島津氏の商船が漂流し、広東より五島まで送還されたことを謝したもの。蛮字の音書は重訳させて、その一〇の一、二を理解したにとどまる、としている。

（参考）　『南浦文集』中に同題同文の文書があり、『続善隣国宝記』に欠けている差出書を補うことができる。文之玄昌の撰。『続善隣国宝外記』にも同文の文書がある。
村上直次郎訳註、前掲『異国往復書翰集・増訂異国日記抄』によれば、「南蛮国司四老」は、ポルトガル植民地マカオの高級吏員マヌエル＝バズ Manoel Vaz・フランシスコ＝センナ Francisco

Senna・アグスチニヨ＝ロボ Agostinho Lobo・ミゲル＝コルレア Miguel Correa の四人であろうということ。

跋　天明甲辰（四年、一七八四）孟秋（七月）　久保亨（久保泰亨）

（内容）京都の人村井敬義の所蔵本二冊を整理して編したとし、もとは対馬以酊庵の者が録したものであろうと推定している。

三 『続善隣国宝記』における文書掲載方法の特徴

『続善隣国宝記』における文書掲載の方法についてまず注目されるのは、文書の料紙や形態に関する記述が詳細なことである。

2号文書「高麗之返書」について述べよう。最初に、

> 奉　復
> 日本国王殿下　　朝鮮国王李娎　謹封

とあるのは、文書の首部を折ってその部分の裏に充書を書いた個所の状態を図示したものである。朝鮮の文書は封紙がなく、料紙を折り終ると、その部分を表面にして充書を書くのでこのような形になっていた。『続善隣国宝記』が文書の本文を掲載したあとに、

白紙十半折之、竪二尺、横五尺三寸五分也、

と説明がしているのは、右に述べた折り方と紙の寸法とを示したのである。「十半」とは紙を一折の半分を余して縦に一〇分割し、その半分の部分を右端に置いて順次折り終ったときに、その半折した部分の裏面（端裏）が表面に出るようにするのである。『神宮文庫本続善隣国宝記』には「白紙十半折之《タタミコム》」と振り仮名が付いてある。それゆえ、四角でかこって示した充書の「奉復」の文字と「朝鮮国王李娎　謹封」の八字の右半分とは料紙の端裏に書かれるのである。中心に紙の端をしめす縦線でも入れておけば、より明瞭に形態を伝えることができたはずである。つぎに、

別幅　十一折之、一折五行、上押簡、有高野船帰時、所酬日本而書之、

正布五佰匹

已下略之、

整　白紙竪二尺、横五尺二寸、十一行折之、

とあるのは正文書に付けられた別幅（付属文書）に関する説明である。「十一折之」と「十一行折之」とは記述の重複であろう。「十一折之」と「十半折之」とは実際には相違なかったと考えられる。

ここで注目されるのは別幅の引用の方法で、別幅に示された回賜品の品目と数量の記載は「已下略之」として省略されている。この記述は、編者の関心が別幅の体裁や書式に集中していて、別幅の内容の品目にはおよんでいなかったことを示すものといえよう。別幅にはおおむね回賜品の品目とその数量が記入され、きわめて興味深いものであるにもかかわらず、あえてそれを削除して料紙の大きさとその折り方とに注目しているのである。

4号文書は明帝憲宗の勅書であるが、形態についてつぎの記述がある、

右、竪一尺六寸五分、横四尺六寸五分、黄色蠟紙也、端上下雲行、奥同前、中央有龍、々前有珠、々有光焔、裏有

散金銀、不折而巻之、上以黄薄紙裹之、其上又以薄絹裹之、一箱納之、

7号文書の憲宗勅書には箱に関する説明があり、

箱者、二尺三寸五分余、内黒漆一反塗之、外赤漆一反塗之、長二尺二寸五分、黄紙書之、上巻押之、

としている。

8号文書は憲宗勅書の別幅だが、前文はそのまま引用しているけれども、「給賜」については、

国王

銀二百両　余略之、

王妃

銀一百両　同、

として主要部分を省略した記載があり、明皇帝から足利義政とその夫人に与えられた頒賜品の品目や数量には関心がはらわれていない。さきの朝鮮文書（2号文書）の別幅の内容に無関心だったのと同様で、編者の注意はもっぱら文書の形態や様式にむけられていた事情が察せられるのである。

右のことから、『続善隣国宝記』のもととなった史料は、外交文書の起草に何らかの関係を持ち、その様式や形態に大きな関心を有する者によって書写されて集積されたと考えて誤りあるまい。

四　「畠山殿副官人良心曹饋餉日呈書契」の検討

『続善隣国宝記』の巻頭におかれている第1号文書「畠山殿副官人良心曹饋餉日呈書契」は、所収文書一覧で説明

したように文明五年（一四七三）九月二日、畠山義勝（義統のことか）の使僧良心が、朝鮮における礼曹宴の日に呈した日本国内事情の報告書である。良心は『皇国名医伝前編』によれば信濃の僧医である。文明五年畠山義統が正使照隣につけて朝鮮に送った副使で、能登天徳寺経蔵建造の資を朝鮮に求める目的で渡航した。この書契は『朝鮮成宗実録』三四、四年（一四七三）九月庚寅条に載せられているほかに、朝鮮議政府領議政申叔舟（一四一七—七五）の『海東諸国紀』の附録にされている。日本人がこの書契を見ることができるのは、(A)良心が書契の控を日本に持ち帰って、それを見る、(B)『朝鮮成宗実録』を見る、(C)『海東諸国紀』を見る、の三つの場合を考えることができる。このうち(A)ならば、本書以外の書物にもこの文書が当然引用されると思われるのにその事実がなく、可能性は薄い。(B)の『朝鮮成宗実録』の披見は日本人に許可される可能性はまったくなかったといってよい。(C)がもっとも可能性のあることである。『海東諸国紀』の記事の大部分は元禄戊辰（元年、一六八八）の序がある松下見林の『異称日本伝』に収められて刊行され、一般に流布していたが、この板本には1号文書は収録されていなかった。『続善隣国宝記』の編者は他のいずれかの手段で『海東諸国紀』の原本あるいはその写本を見ることができ、それにより1号文書の所在を確認したにちがいない。

中村栄孝の研究によると、『海東諸国紀』の古刊本として知られているものにはつぎの四種があった（中村栄孝「『海東諸国紀』の撰修と印刷」『日鮮関係史の研究』上、吉川弘文館、一九六五年、所収）。

①内閣文庫本（佐伯毛利氏旧蔵）
②東京大学史料編纂所本（養安院本）
③韓国国史編纂委員会所蔵本（宗家旧蔵本、朝鮮史料叢刊影印本）
④文求堂本（北京傅増湘氏旧蔵本）

④は、臨川書店を経て南波松太郎氏の所蔵に帰した（田中健夫「『海東諸国紀』の日本・琉球図――その東アジア史的意義と南波本の紹介――」『海事史研究』四五、一九八八年、のち同『東アジア通交圏と国際認識』吉川弘文館、一九九七年刊行予定、に収録、参照）。『続善隣国宝記』1号文書の典拠は、③の宗家旧蔵本『海東諸国紀』である可能性が最も高い。のちに述べるのが、『続善隣国宝記』の編者は対馬以酊庵の在住者かその関係者と思われ、それらの人たちは宗家所蔵の『海東諸国紀』を容易に見ることができる立場にいたために、この文書を『続善隣国宝記』に収めることができたと推定することができるのである。

五　「明人蔣洲咨文」の検討

『続善隣国宝記』の第27号文書「明人蔣洲咨文」について検討しよう。

この文書は、日本の五島列島あたりに根拠をおいて行動していた倭寇の首領、明人王直を誘引することと、日本の要路に倭寇の禁止を要求するため弘治元年（一五五五）に日本に渡来した明人蔣洲の文書である。蔣洲の伝記と日本国内での活動についてはすでに「明人蔣洲の日本宣諭――王直の誘引と戦国日本の紹介――」（田中健夫『中世対外関係史』東京大学出版会、一九七五年、所収）で詳論したので繰り返さない。蔣洲が倭寇禁止を求める対象としたのは日本国王（室町政権の首領）だったらしいが、王直と接触して日本国内の情報を得るにしたがい、蔣洲は、日本国王の宣諭が倭寇の鎮圧にはさほどの効果を期待できないことを知ったにちがいない。蔣洲は宣諭の対象を豊後の大友氏、山口の大内氏など実力のある守護大名にきりかえ、さらに倭寇と関係のある諸大名や豪族と折衝する方針に改めた。その方針実行の一環として対馬に送られたのが本文書に他ならない。

『朝鮮明宗実録』二二、十二年三月庚午条をみると、この日、対馬島宗氏の歳遣第一船が朝鮮に至り、蔣洲の咨文について報告したことを記している。「其略曰」として文書の文章がそのまま引用してあるから、宗氏の歳遣船は咨文の原本かその忠実な写しを朝鮮に持ち渡ったことは疑いない。このころ宗氏は朝鮮側の倭寇禁止政策に積極的に協力しており、倭寇に関する情報は詳細に朝鮮に通報することにしていたから、蔣洲の咨文も当然朝鮮に報告されたのである。この文書の原本は大正年間までは宗氏に所蔵されており、武田勝蔵は大正十五年（一九二六）、「倭寇史料」「宗家文書の中より」（『史学』五―三）としてその写真と原文とを紹介した。中村栄孝、前掲『日鮮関係史の研究』中、五二頁には、この文書は朝鮮総督府を経て大韓民国国史編纂委員会の有に帰したとしているが、これは何かの誤解らしく、原文書は史料編纂所が昭和五十二年（一九七七）東京の一誠堂書店より購入して、現在、所蔵している（購入価格三八万円）。

大きさは縦五五・四センチ、横四九・六センチである。平出・擡頭・改行などの体裁をなるべくもとのままにして左に掲出する。校訂に当っては、『続群書類従』本（史料編纂所本）は㋹、『朝鮮明宗実録』は㋱の略符を用い、破損・磨損の部分は□で示した。『　』を付したのは『朝鮮明宗実録』に引用されている部分である。

　大明副使蔣　承奉
欽差督察総制提督浙江等処軍務各衙門、『為因近年以来日本各島小民、仮以買売為名、屢犯
中国辺境、劫掠居民、奉
旨議行浙江等処承宣布政使司、転行本職、親詣
貴国□〔面〕㋹㋱議、等因奉此、帯同義士蔣海〔ナシ〕㋱・胡節忠・李御・陳桂、自旧年十一月十一日来至五島、由松浦・博多已
往豊後

大友氏会議、即蒙遍行禁制各島賊徒、備有回文、撥《〔ナシ〕㋱》船遣僧徳陽首座等、進
表貢、』物所有発行『爾島禁賊』御書、見在特行備礼、就差通事呉四郎、前詣投逓、爾即『当躰
貴国之政条、憤部民之横行、分投遣□□《〔人厳〕㋸㋱》加禁制、不許小民私出海洋侵擾
中国、俾□《〔辺〕㋸㋱》境寧静釁隙不生、共享和平之福、史冊書美、光伝百世、豈不快哉、否則奸商島民扇構不已、党類益
繁盤拠海島、窺隙竊発、恐非
貴国□□□《〔之利如昔〕㋸㋱》年安南国陳氏之□《〔俗〕㋸㋱》可鑿矣、今特移文併知非特為
中国也、□□《〔惟深〕㋸㋱》体而速行之、』希即回文、須至咨者、

（二行分アキ）

右　　咨、

（一行分アキ）

日本国対馬島

（朱印、縦一〇・五センチ、横五・八センチ）

嘉□《〔靖〕㋸》参拾五年□《〔拾〕㋸》壱月「初三」《〔別筆〕》日

〔咨〕㋸（破損）

〔別筆〕（花押）

『続善隣国宝記』にこの咨文が載せられた経緯を推測すると、対馬宗氏の文書を見ることのできた人物の存在を考

えないわけにはゆかないが、第1号文書の場合と同様、以酊庵の在住者かその関係者がこの文書を『続善隣国宝記』に収めたと考えるのが妥当であろう。

六　『続善隣国宝記』所収文書と同文の文書を載せている諸史料

『続善隣国宝記』所収文書と同文の文書を載せている史料との関係について、第1号文書の『海東諸国紀』との関係、第27号文書の宗家文書との関係につき検討を加え、いずれも対馬宗家所蔵の史料にその源流がみられることを明らかにしたが、ここでは他の史料・文献について考察しておきたい。各文書と同文の文書を収めている史料や文献との関係はすでに「所収文書一覧」に示したところであるが、つぎに史料・文献別に整理して表示しよう。

『朝鮮成宗実録』『朝鮮明宗実録』『朝鮮宣祖修正実録』は、それぞれ『朝鮮王朝実録』の一部で『李朝実録』の名でよばれることもある。『朝鮮王朝実録』は各王代によって編纂者が異なるため、各王代の記事に一貫性・統一性がみられない場合が多いが（末松保和「李朝実録考略」同『青丘史草』第二、一九六六年、所収）、これらの実録ではたまたま生まの史料をそのまま記事の一部にする方法をとっていたため『続善隣国宝記』との対照が可能になったのである。

『翰林葫蘆集』は、五山文学の代表的人物の一人とされている臨済宗夢窻派の景徐周麟（一四四〇―一五一八）の詩文集。景徐は大館持房の子で、学を瑞渓周鳳・月翁周鏡に受け、横川景三に師事した（玉村竹二、前掲『五山禅僧伝記集成』）。原本は内閣文庫蔵。上村観光編、前掲『五山文学全集』四にも収められている。10号・12号文書には『翰林葫蘆集』にある「遣朝鮮国書」の題があることから考えると、『続善隣国宝記』のこの文章は『翰林葫蘆集』からの引用かもしれない、ただし、11号・20号・23号文書はこの表題を欠いている。

『続善隣国宝記』所収文書の番号	1	2	3	4	5	6	7	8	9	10	11	12
原史料のあるもの												
『続善隣国宝記』と同文の文書を収めている史料・文献												
『近衛家文書』												
『海東諸国紀』	○											
『朝鮮成宗実録』	○	○	○			○			○			○
『朝鮮明宗実録』												
『朝鮮宣祖修正実録』												
『翰林葫蘆集』										○	○	○
『幻 雲 文 集』												
『南 浦 文 集』												
『異 国 日 記』												
『両国和平条件』												
『南 禅 旧 記』												
『本邦朝鮮往復書』												
『江 雲 随 筆』												
『華 夷 変 態』												
『朝鮮通交大紀』												
『外 蕃 通 書』												
『両 朝 書 簡』												
『古今消息集』												
『通航一覧』(『方策新編』)												
『甫庵太閤記』												
『続善隣国宝外記』	○											
『松隠玄棟編集続善隣国宝記』												
『善隣国宝別記』												
『神宮文庫本続善隣国宝記』		○	○	○	○	○	○	○	○	○		○

35	34	33	32	31	30	29	28	27	26	25	24	23	22	21	20	19	18	17	16	15	14	13
								○														
																					○	○
								○														
												○			○							
										○	○											
	○	○						○														
					○	○	○		○													
					○				○													
													○	○		○	○	○	○	○		
○	○	○	○	○		○	○	○		○	○	○	○	○	○	○	○	○	○	○	○	○

『続善隣国宝記』と同文の文書を収めている史料・文献

47	46	45	44	43	42	41	40	39	38	37	36	『続善隣国宝記』所収文書の番号
											○	原史料のあるもの
										○	○	『近衛家文書』
												『海東諸国紀』
												『朝鮮成宗実録』
												『朝鮮明宗実録』
										○		『朝鮮宣祖修正実録』
												『翰林葫蘆集』
												『幻雲文集』
												『南浦文集』
												『異国日記』
								○	○			『両国和平条件』
								○	○			『南禅旧記』
												『本邦朝鮮往復書』
			○	○	○	○	○	○	○	○	○	『江雲随筆』
												『華夷変態』
												『朝鮮通交大紀』
												『外蕃通書』
												『両朝書簡』
												『古今消息集』
○	○	○										『通航一覧』(『方策新編』)
								○	○			『甫庵太閤記』
○	○	○	○	○	○	○	○	○	○			『続善隣国宝外記』
										○	○	『松隠玄棟編集続善隣国宝記』
												『善隣国宝別記』
										○	○	『神宮文庫本続善隣国宝記』

69	68	67	66	65	64	63	62	61	60	59	58	57	56	55	54	53	52	51	50	49	48
													○	○					○		
○	○																				
						○	○	○			○	○	○	○			○				
			○	○																	
								○						○							
					○																
							○					○		○					○		
					○		○							○	○	○	○		○		
																		○			
															○						
												○		○			○	○	○		○
○	○				○															○	○
						○	○	○			○	○	○	○		○	○		○		
		○	○	○		○	○	○	○	○	○	○	○	○	○	○	○	○	○		

『幻雲文集』は、月舟寿桂（一四六〇—一五三三）の文集。『続群書類従』文筆部にあり、表・記・説・序・銘・賛辞・跋・書簡・雑文を収めている。月舟は近江の人で、朝倉氏の庇護をうけて臨済宗宏智《わんし》派の人と親交を結び、越前の善応・弘祥の両寺、さらに京都建仁寺に住し、南禅寺の公帖をうけた（玉村、前掲書）。

『南浦文集』は、文之玄昌（一五五五—一六二〇）の漢詩文集。文之は日向の人、桂庵玄樹の学統の儒学を学び、京都東福寺に遊学し、大隅の少林寺、日向の正寿寺、大隅の安国寺・正興寺等に住した。『南浦文集』には文之が島津氏のために書いた多くの外交文書のほか有名な「鉄炮記」等を収めている。寛永二年（一六二五）の古活字本のほか、慶安二年（一六四九）の板本があり、活版本には『薩藩叢書』二（一九〇六年）がある。

『異国日記』は、近世初頭の諸外国との往復書翰とその発給所務に関する記事を収めている。京都南禅寺金地院所蔵。二冊。第一冊は寛永ころ以心崇伝がまとめたものと思われる。第二冊には西笑承兌・文之玄昌・金地院最岳元良などの起草した文書や林羅山の詩文などを収め、最岳の編と考えられている。中村質が解説を書いた『影印本異国日記——金地院崇伝外交文書集成——』（東京美術、一九八九年）があり、活版本には、村上直次郎『増訂異国日記抄』〈異国叢書〉（駿南社、一九二九年）、辻善之助『異国日記』（『史苑』一—一〜八—三・四合併号）がある。木崎弘美「近世外交文書集成の歴史——『異国日記』を中心として——」（箭内健次編『鎖国日本と国際交流』上、吉川弘文館、一九八八年）参照。

『本邦朝鮮往復書』は、対馬以酊庵在番の住持が原則として各代一巻づつにまとめた朝鮮との往復文書集。原本は韓国国史編纂委員会が所蔵し、寛永十一年（一六三四）より慶応三年（一八六七）までの文書を収めた一二六巻（うち三巻欠）一三九冊が現存する（国史編纂委員会『対馬島宗家文書記録類目録集』一九九〇年）。東京大学史料編纂所には、朝鮮史編修会に昭和十四年（一九三九）委嘱作成した謄写本一〇一冊があるが、安政三年（一八五六）までの部分が存し、その間に欠落した冊も多い。ほかの写本に相国寺本三冊、慶応義塾大学図書館本一冊がある。上村観光『禅林文芸史譚』（大鐙閣、一九一九年、のち上村観光編・玉村竹二附説『五山文学全集』別巻、思文閣出版、一九七三年、に収録）に『日韓書契』百二一冊があったが四散したとの記述があるのは、『本邦朝鮮往復書』の別本のことであろうか。本書第五論文、参照。

『江雲随筆』は、京都建仁寺の所蔵。内題には「江岳和尚対馬随筆并雲崖和尚続集」とあり、一六六点の文書等を収めている。以酊庵一八世江岳元策と同三三世雲崖道岱《うんがいどうたい》が以酊庵在番に当り、外交の職務の参考となる史料を集めたものと思われる。『続善隣国宝記』所収文書の欠失部分を補充できる文書も包まれている。本書と『続善隣国宝記』との間には系統の因果関係は認められない。

『華夷変態』は、長崎奉行が幕府に提出した唐船風説書を林家で編集したもの。正保元年（一六四四）から享保二年（一七一七）までの約二二〇〇通を収めている。原本は内閣文庫に三五冊本があり、活版本は『東洋文庫叢刊』一五に三冊本として、浦廉一の解説を付し公刊されている（東洋文庫、一九五八―五九年、東方書店増補複刻、一九八一年）。

『朝鮮通交大紀』は、対馬藩の儒臣松浦允任（霞沼、一六七六―一七二八）が編集した朝鮮との関係文書とその和文（訳文）および按文。享保十年（一七二五）の序があり、応安元年（一三六八）から正徳六年（享保元、一七一六）までの文書と、天正十八年（一五九〇）に渡来した金誠一の「海槎録」からなっている。活版本には内閣文庫本と宗家文庫本の両者を底本にした『朝鮮通交大紀』（田中健夫・田代和生校訂、名著出版、一九七八年）がある。

『外蕃通書』は、北方探検で有名な近藤守重（重蔵、一七七一―一八二九）が御書物奉行のときに編纂した外交文書研究書。二七冊と目録一冊からなり、慶長十二年（一六〇七）以後の朝鮮・阿蘭陀・明・安南・暹羅・東埔寨・占城・太泥・田弾・呂宋・阿媽港・新伊西把儞亜・漢乂利亜との関係文書と守重の解説がある。文政元年（一八一八）幕府に献上した本は内閣文庫にある。活版本は『近藤正斎全集』一（国書刊行会、一九〇五年）と『改定史籍集覧』第二一冊

（近藤出版部、一九〇一年）に収められているが、内閣文庫本とは異同がある。

『両朝書簡』は、内閣文庫に所蔵され、成化十一年（文明七、一四七五）から万暦三十五年（慶長一二、一六〇七）までの外国関係文書を収める。編者・成立不明。

『両国和平条件』『南禅旧記』『古今消息集』『方策新編』『通航一覧』『甫庵太閤記』は、いずれも内閣文庫に所蔵されており、特に説明しない。『続善隣国宝外記』以下については後述するのでここでは説明を省略する。

以上を通観して気付くことは、江戸時代後期の編纂書をのぞけば、五山関係者、対馬以酊庵関係者、しかも外交文書の起草に関係をもった者の編述書がきわめて多い事実である。

七　『続善隣国宝記』撰述の経緯――『続善隣国宝記』跋文の検討――

『続善隣国宝記』の内容の検討により、収録された文書の種類・性格・信頼度、採録の基準や方法などをほぼ明らかにすることができたと思うので、本書の成立について考えることにしよう。この問題について答えてくれるのは久保亭の名で記された跋文だけである。つぎに史料編纂所本により全文を掲げる。

続善隣国宝記、京師人村井敬義所蔵、勒為二小冊、不知何人所録也、中有興明討虜呉将軍檄文・林道栄大村禎祥文、巻末載林羅山父子及門人輩与朝鮮正秋潭・李石湖贈酬詩篇筆語、其約条・書牘、次第錯雑、字画糢糊、蓋禅衲随長老在以酊庵者随得随録也、今推年号・干支、以序次之、而其不関於隣交者悉刪除之、其書牘書法、跳出・闕字有不如式者、不能尽改、多依旧文云、（衍カ）
天明甲辰孟秋　久保亨識

「天明甲辰孟秋」とあるところから跋文の成立は天明四年（一七八四）七月であることが知られる。この年の三月に、前年、若年寄になったばかりの田沼意知が佐野善左衛門政言に害されて田沼意次の権勢にもようやく翳りが見えはじめたが、前年の天明三年には工藤平助の『赤蝦夷風説考』や大槻玄沢の『蘭学階梯』ができていたし、翌年の天明五年には林子平の『三国通覧図説』が刊行され、前野良沢の『和蘭訳筌』ができている。この時期は辻善之助が指摘したように蘭学の発達と開国思想ならびに貿易政策にみるべきものがあった時代であり（辻善之助『田沼時代』日本学術普及会、一九一五年）、『続善隣国宝記』はこのような時代を背景にして生誕したのである。

久保亨は久保泰亨と推定して誤りあるまい。関儀一郎・関義直編『近世漢学者伝記著作大事典』によると、名は仲通、字は泰亨、二郎右衛門と称し、虫斎と号したとある。讃岐の人で、程朱学の業を後藤芝山に受け、のち昌平黌に入り、おおいに頭角を顕わし、ついに員生長になった。山本武夫氏の教示によれば、昌平黌の名簿のなかに泰亨と推定される人物が記されているという。一橋家に仕えて優遇され、天明五年（一七八五）十月十九日五六歳で没し、私に正敬と諡した。著述には『客館唱和』『詩文稿抄』『昌平学校釈奠儀注』『虫園詩稿』『虫斎先生詩文稿』『虫斎先生上書』がある（『国書総目録』）。

『続善隣国宝記』が泰亨によって整理されて現在の形になったことは跋文の示すところであるが、詩文に長じ『客館唱和』などの著述を有する久保泰亨の業績としてまことにふさわしいものであったといえよう。

つぎに跋文の語る順序に従って『続善隣国宝記』成立の経緯を考察しよう。跋文の内容を要約すれば、

㈠本書は京都の人村井敬義が所蔵していた著者不明の二冊本から抄録した。

㈡もと「興明討虜呉将軍檄文」以下の詩文を併載していたが、これらの隣交に直接関係のないものは削除した。

㈢本書のもとになった史料は対馬以酊庵関係の禅僧が随時筆録したと推定される。

の四点である。

(四)体裁の統一をはかった。

(一)の村井敬義から説明しよう。敬義は山城の人。寛保元年（一七四一）の生まれ。号は古巌。国史・和歌を好み、つねに心を朝廷の典礼・文物・変革のことに潜め、考索網羅一々これを筆記して三万巻におよんだ。江戸に出て、市河寛斎・山本北山等と交わり、国書の疑義を質すものがあれば引証該博、人みなその学に服した。ついで京都東山に隠退し、一年後、伊勢に学び神宮を拝して感奮し、天明四年（一七八四）蔵書をあげて林崎神庫に奉納し、単身江戸に赴き、さらに仙台の藤塚塩亭の家に寓し、林子平・高山彦九郎・蒲生君平らとも時勢を論じたという。天明六年（一七八六）五月三十日没。歳四六（『大人名事典』）。

(二)以下の記述は、久保泰亨が整理して現在の形にした『続善隣国宝記』以前の村井敬義所蔵本、すなわち「原続善隣国宝記」とでも呼ぶべき史料群の内容について述べたものである。そこには、もと㋑「興明討虜呉将軍檄文」、㋺「林道栄大村禎祥文」、㋩「林羅山父子及門人輩与朝鮮正秋潭・李石湖贈酬詩篇筆語」が存したのであるが、「隣交」と直接に関係のある史料ではないので削除したというのである。

ところで、ここに㋑㋺㋩の記号で示した三通の史料は、実はそのまま『続善隣国宝外記』に収録されている。『続善隣国宝外記』は文明五年（一四七三）から延宝三年（一六七五）までの史料二六通を収めているが、それを一覧表にまとめたのが次表であり、2・22・23の史料がそれぞれ㋑㋺㋩に相当する。なお、『続善隣国宝外記』所収の外交文書で『続善隣国宝記』と重複しているものは＊印を付けた一八通である。

『続善隣国宝外記』所収史料一覧

1嘉靖四年（大永五、一五二五）六月　信州郷校生徒崔世隣等の観察使に上る文
2興明討虜大将軍呉檄文
3畠山殿副官人良心曹饋餉日呈書契　成化九年（文明五、成宗四、一四七三）九月二日
＊『続善隣国宝記』1号文書と同文。
4朝鮮国王李昖返書　万暦九年（天正九、宣祖十四、一五八一）五月　日
＊『続善隣国宝記』30号文書と同文。
5大明本府諭小西行長文　万暦二十三年（文禄四、宣祖二十八、一五九五）十月十六日
＊『続善隣国宝記』40号文書と同文。
6宣問行長帖
＊『続善隣国宝記』41号文書と同文。
7諭　帖　万暦二十四年（慶長元、宣祖二十九、一五九六）四月十九日
＊『続善隣国宝記』42号文書と同文。
8諭　帖　万暦二十四年（慶長元、宣祖二十九、一五九六）五月二十六日
＊『続善隣国宝記』43号文書と同文。
9明参将謝用梓書　（万暦二十一年、文禄二、宣祖二十六、一五九三）か
＊『続善隣国宝記』44号文書と同文。
10朝鮮国礼曹参政鄭曄復書　万暦二十九年（慶長六、宣祖三十四、一六〇一）八月　日
＊『続善隣国宝記』45号文書と同文

11朝鮮国礼曹参議鄭曄復書　万暦二十九年（慶長六、宣祖三十四、一六〇一）八月　日

＊『続善隣国宝記』46号文書と同文。

12朝鮮国礼曹参議鄭曄復書　万暦二十九年（慶長六、宣祖三十四、一六〇一）八月　日

＊『続善隣国宝記』47号文書と同文。

13宗義智遣朝鮮国礼曹書

＊『続善隣国宝記』48号文書と同文。

14茅国科書

＊『続善隣国宝記』49号文書と同文。

15約　条　（万暦三十七年、慶長十四、光海君元、一六〇九）

＊『続善隣国宝記』26号文書と同文。

16孫文彧・景轍玄蘇等唱和詩七首　慶長十年（宣祖三十八、一六〇五）

17大明日本和平条件　文禄二年（万暦二十一、宣祖二十六、一五九三）六月二十八日

＊『続善隣国宝記』38号文書と同文。

18対　大明勅使可告報之条目　文禄二年（万暦二十一、宣祖二十六、一五九三）六月二十八日

＊『続善隣国宝記』39号文書と同文。

19答南蛮船主書　（慶長十七年、一六一二）

＊『続善隣国宝記』68号文書と同文。ただし年号記載はない。

20答南蛮四国老書　壬子（慶長十七年、一六一二）

＊『続善隣国宝記』69号文書と同文。
21明人崔芝請援書　隆武元年（正保三、清順治三、一六四六）十二月十二日
＊『続善隣国宝記』64号文書と同文。
22林道栄大村純長禎祥文　延宝三年（一六七五）仲春中澣
23李石湖・中島自庵・林羅山・林春斎・林春信・坂伯元・人見友元・元格・函三・好安・水南・正秋潭等贈酬詩篇并筆語　乙未（明暦元年、一六五五）
24酒井忠勝充琉球王尚賢寿詞　未（寛永二十年、一六四三）卯月廿日
25琉球国王充酒井忠勝返書　申（正保元年、一六四四）七月十二日
26琉球国王充酒井忠勝書状　申（正保元年、一六四四）七月十二日

貫達人が「この外記が村井敬義所蔵の続善隣国宝記の一部であったと断じても恐らく誤りはないと思われる」（『群書解題』第二〇）とした推定は当を得たものといえよう。「原続善隣国宝記」と想定されるものは、現存の『続善隣国宝記』および『続善隣国宝外記』のもとになったものであり、さらに『松隠玄棟編集続善隣国宝記』『善隣国宝別記』『神宮文庫本続善隣国宝記』などのうちの若干の史料をも加えていたものかもしれない。

『松隠玄棟編集続善隣国宝記』『善隣国宝別記』『神宮文庫本続善隣国宝記』と『続善隣国宝記』の所収史料の重複異同についてはすでにいくつかの点について触れてきたが、さらに若干付言しておこう。

『松隠玄棟編集続善隣国宝記』（『続群書類従』本では『善隣国宝後記』）は宝永辛卯（八年、正徳元、一七一一）孟陬日（正月）の編集となっているが、この年二月新井白石の建議で朝鮮の通信使に対する待遇が改められていることと勘え合わせると、本書の成立がそれについて重要な意味をもつものであったようにも考えられる。ちなみに本書は天正十八

年（一五九〇）から天和二年（一六八二）までの史料を収め、『続善隣国宝記』と重複している部分を除けば、寛永十三年（一六三六）・同十九年・同二十年・明暦元年（一六五五）・天和二年（一六八二）における将軍・老中らの朝鮮との往復文書と使節との対応が主要部分を占めている。なお「『続善隣国宝記』」所収文書一覧」の53号文書の説明で示したように、『松隠玄棟編集続善隣国宝記』と『続善隣国宝記』との間には共通の出典に拠っているらしい部分があるが、両者の間には一方が他方に拠ったというような関係があったとは考え難い。

『善隣国宝別記』は文明四年（一四七二）から明暦元年（一六五五）までの外交文書や贈酬の詩文と筆語を収めている。むしろ詩文に力点をおいた編集となっている。すでに「『続善隣国宝記』所収文書一覧」の18号・19号文書の説明で示したように、『続善隣国宝記』とこの『善隣国宝別記』とのあいだには同一の注記がある点などから出典の共通性を指摘できる。また本書には奥に「勤思堂村井敬義蔵」と朱書があり、裏表紙見返しにつぎの印がある。

天明四年甲辰八月吉日奉納 皇太神宮林崎文庫以期不朽 京都勤思堂村井古巌敬義拝

これは、天明四年（一七八四）八月に村井敬義が本書を神宮林崎文庫に奉納したことを示すものである。久保泰亨の『続善隣国宝記』の跋文が書かれた一ヵ月の後に当っている。白山芳太郎氏の教示によれば、敬義は内宮詞宮荒木田尚賢と親しく、林崎文庫の復興に際し、尚賢の需めに応じて蔵書を寄贈したのではあるまいかという。なお『神宮文庫図書目録　特種之部』（神宮司庁編、一九〇六年）をみると、

二二四〇　善隣国宝記　明暦三年版　釈周鳳著　天明四年八月 村井敬義奉納　大形本　三冊
二二四一　善隣国宝別記　写　巻中ノ一葉如松子黒川道祐真蹟　天明四年八月　村井敬義奉納　大形本　一冊
二二四二　続善隣国宝記　写　天明四年八月　村井敬義奉納　中形本　一冊
二二四三　続善隣国宝外記　写　天明四年八月　村井敬義奉納　中形本　一冊

とあり、右の四種の書物が一括して天明四年八月に神宮に奉納されたことを示している。しかし、二二四二の番号をもつ『続善隣国宝記』は、本稿では『神宮文庫本続善隣国宝記』の名称で取りあげたものであり、本稿で問題にしている『続群書類従』所収の『続善隣国宝記』とは別の書物である。

そしていま問題にしている『続善隣国宝記』および『善隣国宝後記』の書名は見当らない。このことについて推理すれば、(1)村井敬義は「原続善隣国宝記」を『善隣国宝別記』とともに神宮に奉納する意図を持っていたが、奉納の直前に久保泰亨がこれを借り出したために奉納の機を失った。(2)泰亨は「原続善隣国宝記」を敬義に返却し、敬義はこれを神宮に奉納。その後、何かの理由で紛失した、という二つの場合が考えられよう。いずれが正しいかは判断に苦しむが、前者の方に妥当性があったのではないだろうか。

なお『神宮文庫本続善隣国宝記』は、本稿で対象にしている『続善隣国宝記』と相違しているだけでなく、本稿で『松隠玄棟編集続善隣国宝記』としているものとも相違している。内容は永享四年（一四三二）から享保四年（一七一九）までの文書を収録しており、前掲両書や『善隣国宝別記』と重複している個所が少なくない。

㈢は『続善隣国宝記』のもとになった史料群、すなわち「原続善隣国宝記」と想定したものがどのような経緯で集められたかに関する久保泰亨の推理で、以酊庵輪番僧の従僧が得るに従って筆録したものであろうというのである。以酊庵は天正八年（一五八〇）景轍玄蘇が宗義調の請に応じて対馬府中に開創した禅院で、山号を瞎驢山という。

以酊の名は景轍が天文六年丁酉（一五三七）の生まれであることに由来する（上村観光、前掲『禅林文芸史譚』）。

景轍のあとは規伯玄方がつぎ、引き続いて朝鮮との外交文書の作成や通交の事務に当った。ところが寛永十二年（一六三五）に柳川一件といわれた対馬藩の御家騒動がおこり、対馬藩で従来ひそかに行っていた外交文書改竄の工作が暴露されてしまった。江戸幕府はこの事件を契機にこれまでの放任策を改めて、幕府の意向を朝鮮との外交にも反映させることにした。以酊庵輪番の制はその一環として定められたもので、南禅寺以外の京都五山の僧が一年ないし三年の交代で以酊庵に派遣され、外交事務を監察し、往復文書を管掌し、文書の起草に当り、朝鮮使者との応接にあずかり、とくに通信使渡来のときに藩主と同行して江戸往復の接待をつとめた（本書、第五・第六論文参照）。輪番僧は詩文と事務に長じていることが任務として要求され、とくに碩学料が支給された（『東福寺文書』）。輪番僧は本寺に帰ったあとはおおむねその住持に昇任しており、以酊庵在番は五山僧にとっては一つのエリートコースであった。

輪番は三世玉峰光璘の寛永十二年（一六三五）にはじまり、八九世玉澗守俊の慶応三年（一八六七）まで続いた。歴代の住持のなかには再住・三住するものもあり、番数は一二六に達している（松ケ岡文庫所蔵『以酊庵住持籍』）。輪番僧は常例および臨時の往復文書を筆録して各代ごとに『本邦朝鮮往復書』を作成するとともに関係の記録を多くのこした（本書、第五論文参照）。前述した『江雲随筆』（建仁寺蔵）はその記録の一つである。また、対馬の宗氏に所蔵されていた史料に拠ったと推定される1号・27号文書が『続善隣国宝記』に収録されていることから考えても、以酊庵輪番僧の存在が『続善隣国宝記』の成立と重要なつながりをもっていた事実を証することができよう。

外交では先例や旧規を重視したから、輪番僧はそれに習熟することを要請され、その学習の結果が以酊庵ないしは京都五山に集積され、やがてそれが「原続善隣国宝記」の素材になったであろうことは容易に想像されるところである。久保泰亨の推定はおそらくこれらの事情を考慮したものであり、きわめて妥当な見解とみてよいであろう。

㈣はもとの文書の平出・擡頭・欠字や年代について不統一な個所があったので、これを整理したという記述である。すでにみたところであるが、『続善隣国宝記』には文書の引用にあたって料紙・箱等の形態や書式は重視するが、文書の内容は余り重視せず、別幅などは省略してしまうという態度があった。このことはおそらく、㈢でみたように原文書の蒐集者が外交文書の管掌者あるいは起草者であり、その参考史料を重視したことに起因すると考えられる。形態や書式の記述が不統一なのは、久保泰亨が整理した段階の史料がすでにかなりの選択や整理を経たあとの史料であったことを物語るとみてよいであろう。それ故、現存の『続善隣国宝記』は泰亨が一定の方針で整理した結果ではなく、単に機械的に統一をはかった結果と解しておいてよいであろう。

むすび

『続善隣国宝記』の材料となった外交文書は、対馬以酊庵在住の僧かあるいは京都五山の僧の手によって集積されたものであるが、その蒐集の態度は文書の管掌者ないし起草者がその職務の参考にすることを目的としたものと推定される。五山ないし以酊庵には室町時代以来武家政権の外交文書の管掌と起草とがその任務の一つとして課せられていたが、その伝統は江戸時代までひきつがれて生きていたということができる。そして、『続善隣国宝記』は外交文書の起草者・管掌者にとっては常時座右に置いて参考にすべき実用書として作成されたにちがいない。『続善隣国宝記』のもとになった「原続善隣国宝記」とでもいうべきものが、京都の国学者で蒐書家たる村井敬義の蔵書の一部となり、それが漢学者久保泰亨の整理を経て今日の形態にまとめられたのである。

『続善隣国宝記』は、題名からも察せられるように、日本で最初に編纂された外交史書とされる瑞渓周鳳の『善隣国宝記』を継承することを目的に編纂されたものであり、所収の史料の信頼度はかなり高い。十五世紀以降の対外関係史研究には不可欠の史料集と称しても過言ではなく、その検討・活用は切に望まれるところである。

一方、江戸時代の中期を過ぎた時期に対外関係に関するこのような史料集がまとめられたことの意義も看過することは許されない。これは単に五山学術史上の問題にとどまるものではなく、国学・儒学・蘭学との関係のなかで考察されねばならず、また朝鮮通信史の渡来などで象徴される武家政権の対外関係の推移とその性格とを考えるうえにも本書の成立は一つの課題を投げかけている。

〔補　記〕

本章旧稿の発表後、石井正敏と共同で、田中健夫編『〈訳注日本史料〉善隣国宝記・新訂続善隣国宝記』（集英社、一九九五年）を刊行した。『続善隣国宝記』については、所収文書すべてについて、文書の配列は改めないが、原本あるいは善本が存するものはそれと差し替える作業を行い、『新訂続善隣国宝記』を作成した。

1号文書に関連して、井原今朝雄「中世善光寺の一考察――長野県史荘園遺構調査報告5――」（『信濃』四〇―三、一九八八年）は、畠山義勝は良心によって作りあげられた架空の人物と推定した。

50号文書に関連して、一六〇七年（宣祖四十、慶長十二）回答兼刷還使の来日の時に、これよりさきに徳川家康が文書を朝鮮に送っていたという説について、これを肯定した、高橋公明「慶長十二年の回答兼刷還使の来日についての一考察――近藤守重説の再検討――」（『名古屋大学文学部研究論集』XCII、史学31、一九八五年）と、それをうけた閔徳基『前近代 東アジアのなかの韓日関係』（早稲田大学出版部、一九九四年）一五三―二〇一頁、があり、家康文書は対馬での偽作だったという近藤守重以来の説を追認した論文として、田代和生・米谷均「宗家旧蔵「図書」と木印」（『朝鮮学報』一五六、一九九五年）、米谷均「近世初期日朝関係における外交文書の偽造と改竄」（『早稲田大学大学院文学研究科紀要』四一・第四分冊、一九九六年）が発表された。64号文書と関連する論文には、喜舎場一隆「唐藩の日本乞師と薩琉関係」（『南島史学』四六、一九九五年）が発表された。

本章の校正中に二つの情報を得た。

第一は、本章で『松隠玄棟編集続善隣国宝記』の名称で紹介した書物に関することである。林望氏が、ケンブリッジ大学図書館の蔵書中に『善隣国宝後記』の名で『続群書類従』に収録を予定されていた本を発見、紹介したのである（林望『書藪巡歴』新潮社、一九九五年）。ピーター＝コーニツキー・林望共編『ケンブリッジ大学所蔵和漢古書総合目録　アストン・サトウ・シーボルト・コレクション』（ケンブリッジ大学出版、一九九一年）には、

善隣国宝後記（外題）釈・玄棟編　〔江戸中期〕写　大一冊

＊外題打付書「続善隣国宝記」（「続」字を見せ消ちして「宝」右下に「後」字を補入、「善隣国宝後記」に改む）。『続群書類従』に収める為に収集されたもののひとつで、『同』巻八百八十一に該当。原本紛失のため未刊に終わっている二一点中の一点。まま墨朱校記あり。『続善隣国宝記』とは別書。（印記）「古経堂蔵」「和学講談所」。扉ウに「続八百八十一」と朱書。↓図版参照

とあり、写真を載せている。毎半葉一三行、一行一九字詰である。

第二は、本章で「原続善隣国宝記」の所蔵者と推定した古巖村井敬義に関することである。谷省吾・吉崎久共編『林崎文庫 塩竈神社村井古巌奉納書目録　上』〈神道書目叢刊　六〉（皇学館大学神道研究所、一九九四年）が刊行されており、中・下巻は未刊である。

第八　海国の思想

海国日本とか海国男子とかいう言葉から、一般の人たちはどのような印象をうけているのであろうか。昭和の初期に少年時代をすごした私などは、この言葉に胸のときめきを感じるのである。誇張したいい方をすれば、血湧き肉躍る思いがするのである。戦後生まれでも同様の思いがすると告げてくれた友人がいる。考えてみれば、これは奇妙な現象であって、海国という言葉自体には、海に面した国とか海に囲まれた国とかいう意味しかない。そこに勇壮な響きを感じとったり、海外雄飛のロマンを託したりするのは、こちらの感情移入による勝手解釈である。しかし、この勝手解釈は私個人に限られるものではない。本稿では、この勝手解釈が生まれてきた事情について考えてみたい。

「海国」の本来の語義を知るために、手近にある諸橋轍次『大漢和辞典』をひいてみたら、海に瀕した国、また海をめぐらした国、島国、とあり、張籍の「送南遷客詩」、陳陶の「贈別詩」、蘇軾（東坡）の「新年詩」が用例にあげてあった。

北宋の文豪蘇東坡（一〇三六―一一〇一）の「新年五首」のなかの一つを引用する。

海国空自暖　春山無限清
冰谿結瘴雨　雪菌到江城
更待軽雷発　先催凍笋生
豊湖有藤菜　似可敵蓴羹

王十朋の『集註分類東坡先生詩』によると、この詩は東坡六一歳の紹聖三年丙子（一〇九六）に恵州で書かれたものであるという。波乱の生涯を送った東坡は、その晩年を一地方官としてすごさねばならなかったが、恵州の地で新年を迎えた東坡の心境は、鬱屈した思いよりもむしろ春を待つ清澄の境地にあったらしい。地図で恵州市をみると、広東省の中心たる広州市の東方にあり、緯度は台湾の台中市よりも南に位置する暖国である。東坡の住居が恵州のどのあたりだったのかわからないが、地図上の恵州市は海に面した地方ではない。詩の「海国」は、海に近い地方というほどの用法であろう。

つぎに、日本における「海国」の用例を見よう。これも手近な辞書類でまにあわせる。『大言海』は「四方、海ニ接シタル国。シマグニ。」、『大日本国語辞典』は「領土内に海岸線を有し、海上事業と直接の利害関係ある国家」、『日本国語大辞典』は「海に囲まれた国。島国。また、生活が、海と密接にかかわっている国。」とある。用例にあげてあるのは、さきの中国のものを除けば、『日本国語大辞典』にある『和漢船用集』と『愛弟通信』とだけである。有名な『海国兵談』はあげられていない。

最も古い用例が『和漢船用集』で、この書物は大坂堂島の金沢兼光が著わした船に関する百科全書である。宝暦十一年（一七六一）の序があり、凡例に「海国」の文字が見える。

凡《ヲヨソ》日本は海国《カイコク》にて詩に水国とつくれる類也、国として船を用《モチヒ》すといふところなし、

ここでは、船の存在が重要であることを語るために、日本が島国であることを強調したのであって、海国という言葉に対する特殊な感情移入はみられない。

これより二〇数年後に、林子平（一七三八―九三）の『海国兵談』が発表され、日本における海国の思想は大きな変容を見せる。

天明六年（一七八六）の自序の冒頭はつぎのように書かれている。

海国とは何の謂ぞ、曰、地続の隣国無して四方皆海に沿る国を謂也、然るに海国には海国相当の武備有て、唐山の軍書及び日本にて古今伝授する諸流の説と品替れる也、此わけを知されは、日本の武術とは云かたし、先海国は外寇の来り易きわけあり、亦来り難きいわれもあり、其来り易しといふは、軍艦に乗じて順風を得れば、日本道二三百里の遠海も一日に走り来るなり、此如く来り易きわけあるゆへ、此備を設ざれば叶ざる事なり、亦来難しといふは、われは四方皆大海の険ある故、妄りに来得さるなり、しかれども其険を恃て備に怠る事なかれ、是に付て思へば、日本の武備は外寇を防く術を知ること、指当ての急務なるべし、

一読して明らかなように、子平のいう「海国」とは島国のことであり、「外寇の来り易」く、また「来り難き」国である。力点は前者にあって、外寇の来り易き国、すなわち外国の脅威に対して海防を厳重にしなければならない国というのが子平の海国認識である。ここでは、海国はすでに一つの思想になっている。書物の内容は、大砲の利用を力説した兵学書で、ロシアの南下を警戒して海防の急務を論じたものである。天明七年（一七八七）から寛政三年（一七九一）にかけて刊行されたが、世をまどわせるものとして寛政四年（一七九二）に幕府が板木を没収したことはよく知られている。しかし、子平を弾圧した側の老中松平定信に「海国御備手留」の表題のある書物があるのは、『海国兵談』の影響をうけて海国の文字を使用したのではあるまいか。ちなみに、これよりも以前の随筆類に海国の文字が使用されたことはないかと思い、念のために太田為三郎の『日本随筆索引』『続日本随筆索引』を見たが、検出することはできなかった。

『海国兵談』に後れることおよそ半世紀、中国でも海国の名を冠した書物が刊行された。魏源が撰した『海国図志』である。道光二十四年（弘化元、一八四四）刊行の五〇巻本、同二十九年（嘉永二、一八四九）の六〇巻本、咸豊二年（嘉

永五、一八五二）の一〇〇巻本の三種がある。内容は世界各国の国情を紹介して籌海国防の策を論じたもので、林則徐が漢訳した「四洲志」を軸に歴代の志や明代以降の島志、清代の外国地図等を集成している。道光二十一年から翌年にかけてアヘン戦争があり、この書物の刊行はそれと密接な関係があった。欧米勢力、とくにイギリスのアジア進出に対する危機意識が刊行の動機であったことは明白である。書名の海国は、この書物の場合は四海の国という意味で、海外の諸国の総称である。林子平が自国を海国と認識し、魏源が外国を海国とよんでいる点で相異はあるが、両者とも海の外からおしよせる脅威に対する認識が基底にあった点は共通していた。

『海国図志』は日本にも輸入されて、幕末日本の国際認識に大きな影響をおよぼした。安政の初年には大槻禎重・服部静遠・塩谷世弘・箕作阮甫らの手で校正本や和訳本が逐次刊行されている。吉田松陰や橋本左内も『海国図志』から影響をうけることがあったという。

『国書総目録』（岩波書店）について、「海国」の文字を表題に用いた書名をひろってみたが、すべてが幕末から明治にかけて書かれたもので、内容は海防に関するものばかりである。海防につながる海国の思想は、『海国兵談』と『海国図志』によって形成されたということができるのではあるまいか。

明治になって、日本国家の資本主義的膨脹がはじまると、海国の観念は再転換する。防衛すべき国とされていた海国は、海外発展の拠点として意識されるようになったのである。「これで海国男子と世界に名乗つて出らるる事かと如何にも残念至極に候」という、『日本国語大辞典』にひかれている国木田独歩の文章が、その事実を明らかに示している。この文章は、日清戦争に従軍した独歩が弟の収二に充てた書翰の形式でまとめた従軍記『愛弟通信』の一節である。日清戦争は日本の大陸進出の画期をなす戦争であったが、海国男子は万里の波濤をこえて異境におもむく勇士でなければならなかったのである。

以上、日本における海国の思想には、㈠海に近い国ないし島国、㈡海外の脅威に対して警備すべき国、㈢海外に雄飛発展すべき国、という三つの段階があったことを明らかにした。その結果、私と同世代のものの感情が第三の段階の時期に醸成されたものであることも明らかになった。

ところで、日本が現在ほど第三の段階の意味の海国の実質を備えたことはいまだかつてなかったといってもよいであろう。しかし、最近では第二の段階の海国思想の復活もなくはない。海国の思想は過去の日本歴史の展開に重大な関係をもち続けてきた。日本の海国としての進路選択は慎重のうえにも慎重でなければなるまい。

第九　内野対琴と『反故廼裏見』

その生涯を歴史研究にささげた先覚者でありながら、ほとんど世に知られず、またその業績が受け入れられることもなしに埋没していった地方史研究者の数は少なくない。明治時代の後半、対馬の史料蒐集にすべてを焼尽した対琴内野運之助《かず》（字は運）も、そうした人物の一人であった。たまたま、対琴には『反故廼裏見』と題する全二七冊（うち、第二、第二四、第二五の三冊を欠く）からなる著作史料集が、長崎県上県郡上対馬町琴の内野桜太郎氏によって保存されていたために、その刻苦精励奮闘の軌跡を具体的にたどることができるのである。

対琴は幼少のころから歴史についての関心が異常なほど旺盛であった。そのことを彼みずからつぎのように書いている。

迂生ハ幼来古癖アリ、年甫メテ十三歳、生家財部ノ系図ヲ謄写シテ、種々ノ疑問ヲ父母・祖母・叔父ニ試ミタリ、家訓ナルモノ、慣習ナルモノ、土俗、村況、古墳ヨリ、社寺ニ対スル例礼・慣習等、質問シテ趣味ヲ感ジタリ、猶ホ一村ニ僻シテ之ヲ歎トセリ、

（『反故廼裏見』首冊、「故談旧蹟調査難」）

この傾向は年とともに嵩じていった。対琴は、

成童ニ至リ、漸々之ヲ他村・他家ニ及ボシタリ、終ニ全島ニ及ボシタクナリタリ、明治二十六年厳原ニ出デ、ハ全島ノ旧記ヲ幾分閲シタリ、琴・大船越・卯麦ノ戸長役所ニ在務中ハ国有林下戻事件ニ関係シタリ、対馬物産及ビ水産組合在職中ハ各村ヲ巡回、実地採訪ノ便ヲ得タリ、昨年琴部村是調査材料蒐集ニ付テハ更ニ陶山・松浦諸

賢ノ遺稿討究ヲ試ミタリ、如斯間ニ於テ、種々有益ノホリ出シモノヲ得タリ、聞キ取リ・模写ノモノ数巻ヲ成シ得タリ、其以前ヨリモ編纂セシモノ、査定セシモノアリ、大略左ノ如シ、但シ対馬島ニ関スル分ナリ、（同上）

として、多数の蒐集史料の名称を列記している。戸長役所や対馬物産・水産組合在職中に便宜を得て、歴史研究の基礎が育成されたのである。ここにある陶山・松浦は、稀有の農政家陶山訥庵（存）と『朝鮮通交大紀』の撰者松浦霞沼（允任）のことである。この両先賢の存在が対琴の行動を支える一つの源動力になったであろうことは容易に推察されることである。

このような経緯を経て、対琴は対馬史研究の重要性を認識し、その研究に直進することが彼にあたえられた使命と感得したようである。対琴は、明治三十八年（一九〇五）冬、組織的・系統的に対馬全島の史料と遺物・遺跡および習俗等の考古・民俗資料の調査と蒐集を推進することを発起した。柳田国男の民俗学への出発点と目される『後狩詞記』の自家出版がなされた明治四十二年（一九〇九）よりも五年前に当っている。

対琴の史料蒐集の方法は、眼に見たものは直ちにこれを筆記し、手に得た書物はこれを謄写し、耳にした故老の談話は詳細に記録し、見聞した遺物や遺跡は可能な限り精密に書き留め、体験した習俗も余さず記述するというものであった。対琴は「老人が一大材料」として、その談話を特に重んじ、また迷信・虚構も参考になるとして、それを排除することはなく、無心・不偏の考察を自己の立脚点とした。

対琴はこの事業の最初の目標として、一冊二〇〇枚からなる史料集一〇冊の編纂を考えた。しかし、第四冊目が完了したころから対琴は自己の財力だけでは到底この事業を完遂することはできないとさとり、対馬島内の賛同者に援助をよびかけることにした。その趣意書たる「本島故談旧蹟調査編纂同意諸君に対する誓言」の第一に、

㈠本書ハ一冊二百枚ニシテ十冊、即チ弐千枚ヲ以テ完結予定トス、或ヒハ之ヲ増スモ決シテ冊数・紙数ヲ減セズ、

とうたい、調査の区域を示し、記述には怨恨を加えたりすることなく厳正を期するとした。賛同者に対する返礼としては第六項に、

(六)賛成諸氏ニ対シテハ、金品領収ヲ証スルニハ、特ニ編者ハ詩歌文章ヲ以テ其需ニ応ジテ記念タルモノヲ書キ、呈上スベシ、

とした。おそらく、詩歌文章は対琴の得意とするところであったに相違ない。さらに完成後の史料集の保存については第八項以下に、次のように書いている。

(八)本書ハ私有物ニ非ズ、故ニ保存方ハ同意者多数ノ意見ニ従フ、乃チ文庫ノ設立アリテハ之ニ収メン乎、或ヒハ八幡宮若クハ海神々社ナリ、官署学校ナリニ保管方ヲ依頼スベキモ、虫干シノ手入レ届クベキ処ヲ撰ミ、且ツ成ル丈ケ類焼ナキ、又家隔絶ノ場処ヲ以テ適当トスベシ、

(九)本書ハ縦覧ヲ許サズ、其紀事ガ或ヒハ閲覧者及ビ祖先ヲ非議スルノ項アリテ、一ノ怨恨ヨリ本書ヲ毀棄スベキノ恐レアレバナリ、

但シ、賛成者及ビ特ニ編輯業ノ為メカ調査上公益ノ為メニスル場合ハ此限リニ非ザルモ、持去ル事及ビ記事添削ハ堅ク謝絶ス、

まことにおそるべき自信と周到な配慮といわなければならない。

対琴は援助者を分けて、「心ノ補助」者と「命ノ救助」者とした。前者は「本書編輯上有益ナル紀念トナリ、及ビ便宜ヲ与ヘシト、其賛成ノ意見ヲ加ヘ玉ヒシ」者であり、後者は「本書編纂費ヲ義捐シテ成功ヲ図ラレ、或ヒハ我詩歌ノ謝金ヲ玉ヒシ」者であり、前者一〇六人、後者二六六人におよぶ個人の名簿を丹念に書き留めている。これらの人々は当時の対馬における援助を期待できる人たちのすべてをほぼ網羅したものといえよう。

拠出した現金の額は符牒で示されているので、誰がどれだけの額を義捐したかを具体的に知ることはできない。ただ、現金のほかに物品による援助があり、この方もかなり詳細に書きとめられている。すなわち、厳原の店業滝山政太郎が半紙二束、琴の教員松岡諭が袴下とメリヤスシャツ、豊の農洲河生虎真が二七宿とタバコおよび筆墨紙、琴の役場雇米田平之允が芋と卵四ケ、厳原山下の税関長斎藤定得が数回の食事と一宿および籾米一斗、といった類で、ほかに菓子・足袋・袷・綿入衣・股引・手拭・羅沙羽織などを提供するもの、宿泊・食事をすすめるものも数多くあった。対琴の掲げる芳名録のなかには、後年、私の対馬史料調査の際に種々の便宜をいただいた人びとの名もふくまれており、懐旧の想いを禁じ難いのであるが、これらの名前をたどってゆくと、ほぼ対馬全島の人びとが対琴の事業に協力を惜しまなかった事情が明瞭になってくるのである（以上、『反故廼裏見』首冊による）。対琴の対馬への情熱は、それを温く見護り、それに援助をさしのべようとした全対馬島民の歴史研究に対する理解の深さの一つのあらわれともみることができるのではないだろうか。

『反故廼裏見』は、正式の表題を『温知視聴反故廼裏見一名対馬之旧蹟故談集覧』と称し、第一冊より第二〇冊までは順次千字文の一字づつをとり、天・地・玄・黄・宇・宙・洪・荒・日・月・盈・昃・星・宿・列・張・寒・来・暑・往を巻の名としているが、第二一冊から第二六冊までは千字文の文字を採用していない。大きさは縦二五・二センチ、横一七・〇センチで、一冊の枚数は二〇〇枚である。紙は罫紙を使用しているわけではなく、行数・字詰ともに不統一で、大約一枚につき、一〇〇〇から二〇〇〇くらいの文字数が収められている。

ところで、対琴が採訪した史料の内容は一体どのようなものであったろうか。対琴が最も重視したのは滅びつつある古老の談話であり、破壊されつつある遺跡の類であった。明治維新後の社会変革が比較的変化にとぼしい離島対馬にもおしよせて、美風陋風おしなべて社会慣習を容赦なく煙滅させ、尊重されてきた伝来の財宝を無価値のものと化してゆくことは対琴の黙視できることではなかったのである。されば、各村落における古老の談話の聞き取りは本書のなかでも重要な部分を占めている。古文書・古典籍・古地図・系図の類も重視されたことはいうまでもない。中世以来、各家々に伝来した古文書の類は一点一点あますところなく筆写した。これには花押や印章の形態をそのまま模している点など、配慮のあとがみられる。なかには、現在では原本が散佚してしまって見ることができない貴重なものもふくまれている。また、宗家に伝えられた「御旧判控」「御判物控」などの大部の古文書集に対しても手抜かりはなかった。各村落の「物成帳」なども手に入るものはすべて筆写している。典籍では、さきの陶山・松浦両氏のものはもとより、唐坊長秋など対馬史の記述を企図した先達のものから、武道の秘伝書の類までが写されている。

対琴の関心は古老の談話と古文書の世界にのみ跼蹐してはいない。墓碑・位牌・過去帳・棟札の類から、剣・瓦・壺・鏡・面・土器・古銭等の考古学的史料、仏像・狛犬・鳥居から建築物や亀卜の遺品等におよんで、きわめて多様である。対琴はこれらの史料に対して、その大きさ、色彩等はかならずこれを注記し、建造物については間取りを記したり、書画や短冊・扇面軸をそのまま写したり、あるいはまた、史料所在地の風景までスケッチするといった調子である。ほかに俚俗歌集の謄写などもあり、形のあるものだけでなく、形のないものでも史料となるものはすべて採集するという執拗な意向が随所に示されている。このような対琴が採訪した史料を見てゆくと、対琴の史料調査能力の卓抜していたことに改めて敬意を覚えざるを得ないのである。史料の理解力、着眼点の正確さは対琴の天性であったかもしれないが、彼自身の奮闘努力、彼をめぐる人びとの期待に応えようとする責任感、それにもまして脈々たる彼の愛郷の心がこのような貪欲さを生みだした事情が推察されるのである。

明治四十一年（一九〇八）、対琴が予定した事業の半分が完了した。すなわち、二〇〇枚の史料集五冊、計一〇〇〇枚ができあがったのである。この間に訪問した人数は二五八人、訪問の回数は三六四回にのぼっていた。同年一月二十五日、対琴は大船越において述懐三絶を作った（『反故廼裏見』第六輯、宙之巻序）。

食不給兮衣不縫　何知凍餒垢漸濃
既捜旧跡古人処　跋渉幾流兼幾峰」
巷路縦横恰似縫　影追花月澄還濃
看来塵世波瀾状　悲地歎天幾百峰」
一管毛錐塵跡縫　千重堆紙墨痕濃
唯期到処積聞見　百世史壇築秀峰」

さらに二年後の明治四十三年に至って、対琴が最初に目標と定め、事業の賛同者に約束した総四〇〇〇枚におよぶ史料集二〇冊が完結した。しかし、対琴の胸中をよぎった想いは、完成の喜びよりも、彼自身が納得できる事業の真の意味の完成はなお遠い将来に期さねばならぬことを自覚したことからくる焦燥感と、永年棄てて顧みることのなかった家族に対する忸怩の念であった。少し長文になるが、対琴自身の言葉を左に引用しよう。

嗚呼、弐百人ノ賛同出資者ヲ得テ、既ニ本巻弐拾冊ヲ書キ畢ヘヌ、此枚数正ニ四千枚ナリ、即チ予約ノ誓言ニ倍蓰セルモノ、我責任ヤ自ラ解イテ決シテ慚愧スベキ無カルベシ、独リ奈セン、其ノ写スベキ書ト、聞ケル談話トノ猶紛々トシテ、雞肋ノ歎ハ棄ツルヲ許容セズ、然ル傍ラニ於テ、我家計ハ弥々窮シテ、旧債権書類ノ整理ヲ人ニ依托シ、其結果ノ奈何ヲ待ツノ不得止ニ至ルヨリ、兹ニ本巻ヲ徐々ト書キ継グ事トハナリシヲ、予ガ不敏如何ニシテ斯クモ本嶋ニ業因ノ深クテ、斯業ヲ辞スルヲ敢テシ難キコトノ如斯乎、我前途ニ横ハレル満韓ノ野ハ予ヲ此六七月ニ歓迎スベキヲ自約黙契セリ、而シテ右ノ為メニ我一大好機ハ逸シ去リツヽアリ、嗚呼夫レ之レヲ奈何ンカセンヤ、一瞑シテ既往ヲ考フレバ、此形管幾ビカ禿化シ、此原紙二十回尽ク、其間ニ於ケル予ガ身ノ奔命ニ労ル、ノ感ハ、或ヒハ多趣味ニ自慰セシ事モ多カリシガ、時ニ棄テ、顧ミザルノ家ト、措テ問ハザルノ母及ビ児等ヲ想起断腸、紙ハ涙下ニ温ヒ、筆ハ掌中ニ仆レ、時ニ詩歌ニ寄セテ之ガ無慈悲ヲ自謝黙訴セシヤ夫レ幾十百回ナリシゾ、事業ノ功ヲ竣ヘンニハ、斯クモ忌マ〱シキ境遇ヲ匍匐逸走セザルベカラザルノ常数カ、但シハ多年ノ我犠牲タルベキ因果ハ本島ニ生育シタルノ義務ナルカ、而シテ斯ク為セシノ此冊中ノ記事ハ、果シテ後人ガ一瞥スベキノ価値アルカ、但シハ好反故紙トシテ襖ノ裏張リニ葬リ去ルノ時アルカ、或イハ一炬ノ秦皇ノ刑ニ煙化焼滅シ去ルカ、若シクハ千断万切以テ厠中ノ尻拭キ紙ニ抛タル、カ、任他、儘ヨ予ハ書イテ残スガ当時ノ賛同者ヘノ申訳ケタルモノ也」ト、明治四十三年七月十四日ノ晩、対琴運加記之、（『反故廼裏見』第二一冊序）

この文章の後半部の記述は、対琴が史癖にとりつかれたために、取り返すことができない人生の一時期を棒にふってしまったのではないかという、自分自身に投げかけた悔恨の表白である。『反故廼裏見』という標題は、その背後に、みずから生命をかけた大事業が世に認められぬままに、反故すなわち無用のものとして埋没してしまうかもしれぬという不安に対する「ウラミ」「怨み」「恨み」「憾み」の意味を隠していたのである。これを読み、同感共鳴し、敬服するとともに、いささかやりきれない切ない思いにかられるのは、私もまた歴史研究を業として生きているものの一人であるためであろうか。

予定の枚数をはるかに超過してもなお飽くことをしらない対琴の対馬史料蒐集の歩みは、当然のことながら海をこえた各地に求められていった。朝鮮・満洲方面の調査、博多・長崎・田代・佐世保等の在住対馬人からの聞き取りと、所在史料の調査がつぎの課題として対琴の前面にあった。明治四十三年から翌年にかけて、対琴はこれら諸地方の採訪旅行を実施しようとして、四十三年の七月二十二日より佐世保・長崎に至った。『反故廼裏見』第二二冊の序は佐世保の寄寓先で執筆している。

ところが、この年、奇瑞によりたちまち上京と決し、同年十一月十四日より翌四十四年三月十五日まで一二二日間在京し、対琴のいう「神秘的ノ研究」に従事するかたわら、対馬の史料についても見聞をひろめ、対馬史への理解を深めることになった。三月十六日離京、浜松・名古屋・岡山・下関等に滞泊を重ねて帰島した。このときは宿痾の脚気も脳の調子もよくなく、大へん疲れたという。さらに三月二十二日は、体調をおして釜山に渡った。三年前、明治四十一年の初度の渡航は外国としての韓国の釜山訪問であったが、明治四十三年に韓国併合が成立していたので再度の渡航は、すでに日本の領土となっていた釜山に渡ることであった。しかし、四月の上旬にはすでに朝鮮を離れて佐須奈に帰っている。

右のことは『反故廼裏見』第二三冊の序の記すところであるが、その終りに近いところに五〇〇〇枚の一大対馬史料集の完成を予告するとともに、

　史料完備シテ、之ヲ記念ニ本嶋ニ留メ、傍ラ簡単ノ島史ヲ稿シテ、以テ世ノ同好者ニ頒ツヲ以テ、我ガナセシ事ノ故ヲ明カニスベシ、

と書いていて、対琴には、史料の蒐集から進んで対馬島略史執筆の構想があったことを示している。これには、同時代の郷土史家川本達の著述活動の影響があったのかもしれない。大正四年（一九一五）釜山甲寅会編纂兼発行として刊行された『日鮮通交史附釜山史古代記』は、川本が釜山民団を継承した釜山甲寅会から一二〇〇円の援助を受けて上梓したものだが、対琴は釜山滞在時に川本が出版について運動中であるという噂を耳にしていたのである。

これにつづく『反故廼裏見』第二四冊と第二五冊とは欠本で、現在は所在不明である。第二六冊が最終冊であるが、この冊は文字通り反故紙の裏をかえして使用しており、明治時代になってからの諸官省の達が丹念に写されている。『反故廼裏見』のことを私が知ったのは、戦後かなり経過した時期で、対馬在住の宮崎五十騎氏が、この書物の存

在に着目し、氏の周辺の知友にこれを紹介したのに由来する。東洋文庫の田川孝三氏のところで、借覧中の原本の一部を見る機会をあたえられて感動し、全貌に接したいと願っていた。たまたま昭和五十年（一九七五）の秋、長崎県立長崎図書館に、史料編纂所の用務で同僚の瀬野精一郎氏とともに出張し、同館蒐集の対馬古文書の写真を調査したおり、『反故廼裏見』現存分二四冊（首冊一冊と本編二三冊）のマイクロフィルムが同館に所蔵されていることを聞き、史料編纂所のために懇請してその焼付写真全部を入手した。

対琴のウラミは、多くの世に知られざる地方史家に共通したおもいの典型のように考えられてならない。あえて対琴の事業を顕彰する一文を草し、数多くの埋もれた歴史家への鎮魂歌に代え、その方たちの冥福を祈りたい。

〔補記〕

瀬野精一郎氏の教示によれば、川本達は安政五年（一八五八）二月三日生まれ、昭和十五年（一九四〇）一月二十四日厳原で死去、内野対琴は慶応二年（一八六六）二月六日琴で生まれ、大正五年（一九一六）八月十日厳原日吉で没したとのことである。

また同氏から、先行論文に、宮崎五十騎「内野対琴編纂温知視聴反故廼裏見について、実地踏査による対馬のエンサイクロペディア的記録——誕生百年を記念して——」（『文献』一一、一九六六年）、中村正夫校訂「内野対琴著『財部家編年略』」（九州大学教養部『社会科学論集』九、一九六九年）、同「対馬漁業聞書(1)——内野対琴編、稿本『反故廼裏見』抄——」（九州大学教養部『社会科学論集』一五、一九七五年）があることを教えられた。

第一〇　『朝鮮王朝実録』雑話

一　出会い

『朝鮮王朝実録』（『李朝実録』）の存在を初めて知り、関心をもつようになったのは、おそらく、学生時代に、秋山謙蔵氏のつぎの文章を読んだときからではなかったろうか。

例へば、朝鮮の『李朝実録』について考へて見る。この実録は、李朝の場合、歴代毎に、太祖実録・定宗実録・太宗実録・世宗実録・文宗実録・端宗実録・世祖実録・睿宗実録・成宗実録……と徐々に夫々その政府の内部で、その編修官によつて出来上つたものである。従つて之は李朝に於ては神典・聖典であり、一年に一回位、この実録を収めた神殿――書庫ではない――の前で、厳かに祭典を挙げて開扉・閉扉するだけのものである。従つてこれを、一つの文献として研究すると云ふやうな性質のものでは全然ない。そこに、李朝の学者が、これについて何等の研究をしてゐない理由がある。決して彼等の怠慢ではなく、出来なかつたのである。

その事情も、日韓併合によつて著しく変る。研究者は自由に見てもよいことになる。然し、何分にも大部のもので、而も唯一つしかないものであるから、容易には見られない。尤も、これには後に四部の副本が作られたのであるが。その副本も容易に見ることの出来ない性質のものである。総督府が置かれてから、其の四部の副本のうち一部は、東京帝国大学に寄贈せられ、こゝで始めて研究の対象となつたのであるが、未だ殆ど何等の研究も出来ないうちに、関東大震災によつて図書館と共に焼け、そのため内地では研究し得ないことになつたのが、大正末期の実情である。

この時、朝鮮総督府の内部に、朝鮮史編修会が出来、こゝで始めてその研究が開始せられた。其の時、京城帝国大学も創立せられ、この実録が、此の大学に移管せられ、こゝでは全く普通の文献となつたのである。そこで此の大学では、之を研究の対象となるやうに、全部写真版によつて複製せられ、その結果、今では東京だけでも数部の複製本があり、研究者の自由なる研究を待つてゐる。

秋山氏の大著『日支交渉史研究』（岩波書店、一九三九年）の三八―三九頁にある文章である。『李朝実録』は、現在韓国では『朝鮮王朝実録』の名称でよばれている。太祖元年から哲宗の末年に至る四七二年間の朝鮮王朝の基本史料である。秋山氏の文章に触発されて、『史学雑誌』のなかから、秋山氏の論文をはじめ、瀬野馬熊・中村栄孝・丸亀金作氏など、実録を史料に用いた諸論文や、池内宏氏の『文禄慶長の役　別編第一』（東洋文庫、一九三六年、のち一九八七年、北島万次氏の解説を付け、吉川弘文館より復刊）に眼を通してみたが、いずれも力編で実録に対する興味をいよいよそそられた。

ほかに、今西龍・和田清・伊波普猷・小葉田淳・東恩納寛惇・末松保和・周藤吉之・黒田省三・田川孝三・園田一亀等諸氏の研究のなかで実録が縦横に活用されているのにも大きな感銘をうけた。

京城帝国大学の影印本が刊行される前の実録研究は困難をきわめたらしい。一九二六年（大正十五）三月に東京帝国大学を卒業された中村栄孝先生は、黒板勝美先生にすすめられ、卒業論文作成の史料としての実録を見るために、京城（ソウル）にまで行かれたというし、朝鮮史編修会に就職した後では、秋山氏らの内地からの研究者の来訪を迎えて、実録の抜粋を見せたり、いろいろ世話をされたという（中村栄孝、回顧談「朝鮮史と私」『日本歴史』四〇〇、一九八一年）。現在、東京大学史料編纂所には、実録中の日本との関係記事を抜きだして無柱罫紙に筆写したものが保存されているが、これは影印本刊行以前に京城から送られてきたものだった。内地からの研究者のなかには、秋山氏のほかに高木真太郎先生がいたことを中村先生から聞いて初めて知った。高木先生は、私が旧制高崎中学校の二年生のとき、短期間ではあるが東洋史の授業をうけた先生で、教科書は鳥山喜一氏のを使用されていた。先生は一九三〇年（昭和五）の東大国史学科の卒業生で、京城には卒業論文の史料を求めて行かれたのである。末松保和先生のところに下宿して勉強されたという（中村、前掲「朝鮮史と私」）。高木先生には『応永外寇の前後――中世の日鮮交渉――』（八木書店、一九四二年）なる著書があるが、中学時代の私は、先生が日朝関係の研究者であられたことなどは少しも知らなかった。

京城帝国大学の影印本について説明しておこう。朝鮮王朝時代には、実録は王都ソウルのほか、赤裳山・五臺山・太白山・江華鼎足山の四史庫に保存されていたが、併合後に、そのうちの朝鮮総督府の奎章閣に移されていた太白山本と江華本とが、一九三〇年十月に京城帝大附属図書館に移された。同大学法文学部では、その前年の一九二九年から、全実録の写真版による縮刷重印の事業を開始し、一九三二年にそれが完成した。底本は太白山史庫本で、『光海君日記』の部分だけは江華史庫本を重複刊行した。重印の部数は三〇部に限定され、主として朝鮮をふくむ日本国内の官公立大学図書館に頒布したが、欧米の大学や図書館には提供できなかった（末松保和「李朝実録考略」『学習院大学文学部研究年報』五、一九五八年、のち末松『青丘史草　第二』私家版、一九六六年、に収録）。この京城帝大影印本は史料編纂所にもあり、閲覧の便宜にはこと欠かなかったのだが、大型の線装（和綴）本で、一八九三巻、全八八八冊という厖大なものだった。それに、朝鮮式の読みなれない漢文である。躊躇せざるをえないというのが偽わらざる感情だった。

こんなとき、私に実録研究を熱っぽく強く慫慂されたのは森末義彰先生である。先生は、『大日本史料』の第七・

第八・第九編のなかで実録がどれほど重要な史料であるかということを力説されるとともに、大学でも（一九二八年卒業）史料編纂所でも同期だった小野晃嗣（均）氏が実録を読破して抄録を作り、それを活用して立派な論文を書きあげたことを話された。『日本産業発達史の研究』（至文堂、一九四一年）に収録された「本邦木綿機業成立の過程」がその論文で、実録の記事を縦横に活用し、その内容が豊富で、充実していること、日本中世史の研究にも不可欠な史料であることを明確に教えてくれた論文だった。小野氏は、戦時中不幸にも病没し、実録の書き抜きは親友の伊東多三郎先生の手で大切に保管された。後年、伊東先生は私にその書き抜きのノートを見せてくれたが、丁寧な文字で丹念に書いてあった。伊東先生は、小野氏の令息正雄君が一人前の歴史家となる日を待って、これを引き継ぐつもりだとも話しておられた。

ところで、私の大学院での研究生活も二ヵ年を超えたころ、ようやく中世の対外関係史研究を生涯の研究課題にする決心も固まった。戦後の学界を風靡したマルキシズムとそれにもとづく社会経済史偏重の研究にはついてゆく気はなく、独自の、他人のしていない研究の領域に沈潜したいと思った。それに、当時関心をもっていた初期博多商人の研究には実録は不可欠な史料だった。実録を読まなくてはならない時期がきていたのである。それでも大史料群に一人でたち向うのは何となく心細い。菊地勇次郎君にこんなことを話していたら、それでは一緒に実録を読もうといってくれた。勇気百倍、早速二人で、史料編纂所の一隅で読書会を続けることになった。この会は一四、五回くらい続いた。戦前の一九三八年に朝鮮総督府朝鮮史編修会で刊行を終了していた『朝鮮史』第四編の存在は、実録研究入門者にとってはまことに有難い手引きだった。『朝鮮太祖実録』から始めて、倭とか倭人とかという文字が見えたら、何でもその周辺の記事を書き抜き、ノートは七〇冊ほどになった。

読み馴れれば、実録の漢文はさして難しいものではない。蜂蜜や松子が輸入品のなかにあるのを確認して昔も今も変らないと思ったりした。それに、影印の複製ではあるが、漢字活字の隣国の文化の一面に直接触れたような気がしてうれしかった。貿易品の一覧表を作り、通交貿易者の変遷をたどって、大学院の研究報告として指導教官の岩生成一先生の許に提出した。一九四九年に史料編纂所に採用されてからも私の実録書き抜きの作業は続き、それには中村栄孝先生から大きな刺激をうけたが、そのことについては既に「コピー今昔」(『日本歴史』四七六、一九八八年)の題で書いたことがある。論文の方は、岩沢愿彦君の推薦で『国史学』に、末松先生の推薦で『朝鮮学報』に、岩生先生の推薦で『東方学』に、それぞれ掲載してもらった。

二 学習院大学の普及版刊行

実録読みで私が四苦八苦していたころ、学習院大学東洋文化研究所の普及版『李朝実録』の刊行が始った。刊行の経緯は、末松先生の前掲『青丘史草 第二』の「序にかえて——安倍先生と朝鮮史——」に述べられているが、安倍能成・末松保和という朝鮮史研究の先覚者のみごとな二人三脚が希有な朝鮮史料を学界に開かれた共有の財産とすることを成功させたのである。学習院大学で行われた朝鮮学会大会の懇親会の席のテーブルスピーチで、安倍氏が「李朝実録の影印出版は印刷機械がすることであるが、吹けば飛ぶような論文を出すにまさるであろう」と発言したことは、末松先生の前掲「序にかえて」に書いてあるが、同席した私も安倍氏の見解に共感をおぼえたことを思い出す。学習院で刊行した普及版『李朝実録』は、京城帝大の影印本を底本にして、これを縮印したもので、毎冊五〇〇部印刷、一冊づつの自由購買制だった。末松先生の述懐では「印刷資本が無に等しかった実情に由ることが大き」かったためであるという。A5判の洋装本で、第一冊の背表紙と扉には「李朝実録 第一冊」という安倍氏の書いた題字があり、『朝鮮太祖実録』と『朝鮮定宗実録』を、京城帝大影印本の一頁（半葉）を約二分の一大に縮写して洋装本の一頁に収め、総七五六頁におよび、それに末松先生の解説を付け、刊行の日付は「昭和二十八年（一九五三）六月三十日」になっている。頒価は一五〇〇円だったが、私には少し無理をしなくては手の届かない値段だった。私が普及版を手にしたのは、一九五九年に私の処女論文集『中世海外交渉史の研究』が東京大学出版会から刊行され、その印税が入ったときである。学習院大学構内の宿舎に末松先生を訪ね、新刊の拙著一本を献呈するとともに、普及版『李朝実録』既刊分を全部一括購入したいとの希望を申しでた。普及版を手許におくことができるようになって、実録は一層身近なものになり、私の胸は大いにふくらんだのだが、困ったこともあった。この普及版は、第六冊までは、底本の一頁（半葉）をそのまま一頁にしていたが、第七冊からは底本の四頁（二葉）を一頁にまとめてある。経費の節減と印刷工程を早めるためには適切な処置だったのだが、読者は細字に悩まされることになった。虫眼鏡片手の作業は決して能率のよいものではない。朝鮮史の研究者はみな眼をやられるという噂話さえささやかれるようになった。学習院大学の普及版の刊行は、一九六七年に、一四年の歳月を費し、全五六冊をもって完結した。これに対し、韓国国史編纂委員会では一九五五年から六三年にかけて『朝鮮王朝実録』の名称で全四八冊、索引一冊を刊行した。こちらは大判の本だから、いくらか眼にやさしい。それに読点や索引まで付いているから、便利であった。

三　関東大震災の焼け残り本

つぎに東京大学附属図書館（現、総合図書館）の実録について述べよう。秋山氏は冒頭の引用文のなかで、四部作成された副本の一部だったと書いているが、東京帝国大学に寄贈されたのは、五臺山史庫本で、この本は豊臣秀吉の朝鮮出兵後一六〇〇年代に入って副本が作成された時の草本すなわち校正刷本である（『朝鮮明宗実録』末尾の刊記）。関東大震災のとき東大の附属図書館で被害にあったことは秋山氏の書いている通りで、たまたま史料編纂所に貸し出されていた『朝鮮成宗実録』の一部が、災厄を免れて生きのこり、そのまま図書館に返却されて所蔵されていた。

戦後、大韓民国から、併合時代に日本に略奪された韓国の文化財の返還を要求するための調査団が派遣されてきた。団員の一人の李弘植《りこうしょく》先生（一九七〇年没）は専門委員としておもに書籍のことを担当されていたが、東大文学部国史学科で沼田次郎先生と同期（一九三五年卒業）だった関係もあり、史料編纂所に立ち寄られ、私も陪席してお話を伺った。そのとき、東大附属図書館の実録の現況について先生にお話したところ、あれは返還対象にはならないと言われた。五臺山本が校正刷本、すなわち現代風にいえばゲラ刷りで、しかも焼け残りの一部にすぎないから、韓国に返還するほどの価値はないという判断だったのかもしれない。

四　史学会大会における展示

そこで、私は一九五八年十一月、史学会第五十七回大会の折りにこれを一般に展観しようと思いたった。その前年から私は史学会の委員になっていたが、この年の秋に大会運営の責任者に挙げられた。私は、かねて東大附属図書館の貴重図書類を一般展示したいという希望を持っていたので、委員会に諮って同意を得、図書館の黒住武君に相談したところ、図書館では二階ロビーを展示場として提供し、全面的に協力してくれるという。展示品の選択と解説には、図書館の蔵書を知悉し、和漢洋にわたり最も豊富な知識をもっている太田晶二郎先生を措いて他に適任者はいない。早速、お願いに参じたところ快諾を得た。それから、図書館地下の貴重書庫に先生と二人きりで籠もり、展示品をあれこれ選択する作業が数日続き、時間の経過を忘れて深夜におよんだこともあった。多数の貴重書を縦横に閲覧し、それに対する先生の見解を詳しく聞くことができ、私にとっては実に楽しく、また厳しい勉強の機会だった。先生の人がらや識見に直接触れ、先生の学問に対する姿勢からは貴重な教訓を受けた。解説文は、いま読み返してみても、懇切で周到をきわめたものが多く、先生の博識が随所に示されている。先生が口述し、私が筆記したものが多かったが、先生を煩わさずに私だけで書いたのもいくつかある。つぎに掲げる解説文はその一つである。

李朝実録○帙新題簽

李朝では歴代の実録を各四部製して、四所の史庫に分置保存した。しかるに、朝鮮の役に三部はほろんでわずかに一部だけが残った。戦後これを復旧することゝなって、活字を以て三部を刷り、宣祖三十九年に完成した。在来の一部と合せて四部をまた分置したが、ほかに草本一部をも破棄せずに、江原道の五臺山に置くことゝした。爾後編修のものも五部を保存することになったが、後に五臺山本は東京帝国大学の所蔵となった。その本は大正の震災でほとんど全滅したけれども、これは辛うじて残ったものである。草本すなわち校正刷であるので、朱筆校正が加えられている。なお他の四本は江華島本・赤裳山本・太白山本および春秋館本で、春秋館本はすでに散逸した。京城帝国大学で景印したものは太白山本である。参考のため景印本を併陳したが、朱校の通りに直っているのを見ることができる。この五臺山本は毎半葉十五行、行二十四字、匡郭内縦一尺一寸五分、横八寸六分である。この残本は成宗大王実録の一部であって、日鮮関係の記事も豊富である。

ちなみに、実録を展示したガラスケースの第八函には、鄭希得の『月峰海上録』活字刊本二冊と申維翰の『海游録』写本三冊を並べて展示した（「史学会第五十七回大会報告」『史学雑誌』六七―一二、一九五八年、参照）。『月峰海上録』は、稀覯書で、慶長役の朝鮮人捕虜鄭希得の日本拘留日記だが、たまたま同年神田の山本書店で見つけ、私から黒住君を介して図書館に依頼して購入してもらったものだった。史学会の展示は、中村栄孝先生の「朝鮮役の俘虜鄭希得の『月峰海上録』」（『日鮮関係史の研究』中、吉川弘文館、一九六九年）を生む機縁になった。

この展示会では宗家記録も第九函に展示した。対馬府中（厳原）藩主宗家の記録である。宗家の記録類は、対馬藩庁記録、釜山倭館記録、江戸藩邸記録に大別されるが、現在は、㈠長崎県立対馬歴史民俗資料館（旧万松院宗家文庫）、㈡東京大学史料編纂所（旧南葵文庫・東大附属図書館）、㈢国立国会図書館（旧帝国図書館）、㈣慶応義塾大学図書館、㈤韓国国史編纂委員会（旧朝鮮総督府朝鮮史編修会）、の五ヵ所に分蔵されている。東大附属図書館の宗家記録は、江戸藩邸の記録が中心で、一九一二年に南葵文庫が宗家から買いあげ、大震災後に東大に寄贈していたものだった。内容は、在府日記・留守日記・信使方日記などの藩政関係日記、書状の控、家督相続や冠婚葬祭に関するもの、所領関係、江戸屋敷関係、宗門改、朝鮮通信使応接関係、人参貿易関係など多方面の記録で、総数二七一七冊余におよぶ大史料群である。展示には「御留守中毎日記」（寛文四―五年）と「御状控」（元禄七―八年）の二冊をだした。

史学会大会の終了後、黒住君から、図書館では宗家記録を史料編纂所に移管してもよいとの意向があることを聞いた。伊東先生と相談して、是非お受けしようということになり、移管は一九六二年に実現した。しかし、当時の史料編纂所には、これを整理する人手の余裕がなく、まして予算などもなかったから、宗家記録は書庫内にかなり長い期間放置された。中央大学学生田代和生君（現、慶応義塾大学教授）が卒業論文の史料に宗家記録を見たいと来訪したときには、未整理の記録のなかからたまたま眼についた数冊を選んで提供したに過ぎなかった。またこの史料群のなかに、雨森芳洲著・小田幾五郎修の『増補交隣須知　冬』（四冊本のなかの一冊）を偶然眼にした。国語史研究の福島邦道氏に見せたら、貴重な本であるという。この本は、京都大学文学部国語学国文学研究室編『異本隣語大方・交隣須知補』（京都大学国文学会、一九六九年）に影印で収録され、刊行された。浜田敦先生の文に「田中健夫氏によって発見されたもの」と書かれ、いささか恐縮した。そのうち『長崎県史』の編纂が始まった。近世対馬藩の記述に当って宗家の諸記録は検討の対象から外すわけにはゆかないので、森山恒雄氏らが短時日で史料編纂所の分の目録カードを作製した。私は竹内理三所長の命令で、これを按排して仮目録を一応完成した。整理と目録作製の作業は、それからかなり経った後のことだが、荒野泰典・山本博文・鶴田啓らの諸君によって続けられ、現在ではマイクロフィルムに撮る作業が進められている由で、一般にも利用できるようになった。関西大学の泉澄一氏などは全日記類に眼を通しているらしい。

五　研究の現状

話を『朝鮮王朝実録』にもどそう。実録のような大量の史料群は、内容は豊富でも、その利用は煩雑をきわめることが多い。史料の活用には、抜粋や分類の作業が必要になってくる。満洲・蒙古の研究者は、はやくからこのことに着目して、『明代満蒙史料（李朝実録抄）』（東京大学文学部編、一四冊、索引一冊、一九五四―五九年）を編集した。これは実録の太祖―仁祖実録のなかから、満蒙に関する直接・間接の史料を抜粋したものである。また中国では、呉晗輯氏『朝鮮李朝実録中的中国史料』（一三五四起―一八四九止）（一二冊、北京、中華書局、一九八〇年）が刊行された。

日朝関係の史料を抜粋したものは、田村洋幸君の『太祖・定宗太宗実録日朝関係編年史料』（三和書房、一九六七年）と『世宗実録日朝経済史料』（厚生閣、一九六八年）が刊行された。白文の史料集だが、経済史料といっても、日朝関係の史料は全部抜粋してあり、個人の仕事としては、労作であった。日本史料集成編纂会（代表酒井忠夫）編『中国・朝鮮の史籍における日本史料集成』（国書刊行会）は、日本と中国・朝鮮との古代から現代に至るまでの関係史料を集成しようとする大叢書で、「李朝実録之部」は有井智徳・岡本敬二両氏を責任者とし、韓国国史編纂委員会の影印『朝鮮王朝実録』から、日本と琉球に関係する記事を抄出している。A5判、二段組で、読点を付するとともに人名に傍線を施して読者の便を図っている。一九七六年に刊行をはじめ、現在、『朝鮮宣祖実録』二十五年までの八冊が刊行されているが、一九八五年以後刊行が止まり、未完である。完結を待つ次第である。

実録からの琉球史料の抜粋については、和田久徳氏が「李朝実録の琉球国史料（訳注）一」（『南島史学』三六、一九九〇年）に詳しく紹介しているが、小葉田淳氏「李朝実録中世琉球史料」（『南島』二、一九四二年）、嘉手納宗徳氏『李朝実録琉球史料』（三冊、那覇、球陽研究会、一九七〇—七二年。四冊、那覇、松濤書屋、一九八二—八三年）等がある。

一方、韓国の国史編纂委員会では、「朝鮮王朝実録分類」を主要事業の一つに掲げ、すでに二次作業に入っている。実録の記事内容を四〇項目に分類し、分類後の項目別に整理編集した『朝鮮王朝実録分類集』を、一九八七年に第一冊を刊行後に八冊を刊行し、なお継続中である（『国史編纂委員会要覧』一九九二年、韓国）。

実録を中心とする研究会や読書会も、各地で行われるようになった。和田久徳氏を心とする琉球関係史料の研究会では、その成果として、史料に読み下し文と詳細な注を施して『南島史学』に連続掲載している。和田久徳・高瀬恭子「李朝実録の琉球国史料（訳注）（一）」（『南島史学』三六、一九九〇年）、和田・高瀬・内田晶子・真喜志瑤子「同（二）」（『同』三七、一九九一年）、同「同（三）」（『同』三八、同年）、和田・高瀬「同（四）」（『同』三九、一九九二年）で、成宗二年（一四七一）までが終了している。

前近代対外関係史研究会は、私自身参加して少なからぬ恩恵を受けている研究会だが、一九七八年から実録の講読会を始め、北島万次君を中心に加藤榮一・村井章介・山室恭子・鶴田啓・木村直也らの諸君が参加、『朝鮮宣祖実録』の輪読を継続して現在に至っている（田中健夫編『日本前近代の国家と対外関係』吉川弘文館、一九八七年、の「あとがき」参照)。他にも実録輪読会についていくつかの消息を得ているが、朝鮮史・日本史・中国史・琉球史や国際関係史の研究の進展のため喜ばしい限りである。

研究論文でも、北島万次・村井章介・高橋公明・関周一・仲尾宏ら諸君の研究などがあいついで発表され、実録研究は新しい時代を迎えつつある。

いつか半世紀に近くなってしまった『朝鮮王朝実録』と私の付き合いの思い出を、取り留めもなく書いてきたが、六〇年前の京城帝大影印本刊行の意義の重大さを思わずにはいられない。わずか三〇部の影印本が朝鮮史・日本史・アジア史研究の基本史料として果たした役割りの大きさには筆舌に尽し難いものがあり、将来の研究者にとっても最重要の文献として生き続けるであろうことは信じて疑わない。

〔補記〕

一九九〇年(平成二)十一月、東京古典会の『古典籍下見展観大入札会目録』の図版四五頁に「1962 孝宗大王実録　巻第二十　李朝実録の内　古活字版」として、表紙ならびに巻頭第一葉の原色刷写真が収められている。目録の説明(七二頁)では、「顕宗時代勅版　古活字版　大型　約50×32cm　一冊」とある。伝来の経緯は明らかではない。

東京大学史料編纂所の宗家史料は整理を終え、一九九四年三月『東京大学史料編纂所所蔵　宗家史料目録』(B5判、一六八頁)が刊行された。

この史料群のなかに、対馬藩江戸留守居役と幕府役人との交渉を逐一記録した『吉宗様御代公私御用向抜書』一九冊があり、この記録によって江戸家老の動向を明らかにした山本博文『対馬藩江戸家老』(講談社、一九九五年)が出版された。

日本史料集成編纂会の『中国・朝鮮の史籍における日本史料集成』は、「李朝実録之部(九)」が一九九二年出版された。内容は、『朝鮮宣祖実録』二十六年(一五九三)正月—七月の部分である。

琉球関係史料の訳注は、つぎの諸稿が発表された。和田久徳・内田晶子・真喜志瑤子・高瀬恭子「李朝実録の琉球国史料(訳注)(五)」(『南島史学』四三、一九九四年)、和田・吹抜悠子・真喜志・高瀬「同(六)」(『同』四四、一九九四年)、和田・高瀬「同(七)」(『同』四五、一九九五年)、和田・高瀬「同(八)」(『同』四六、一九九五年)、和田・内田・高瀬「同(九)」(『同』四七、一九九六年)で、『朝鮮成宗実録』の二十五年(一四九四)六月までが終了している。

韓国では、一九九四年三月二十五日、「朝鮮王朝実録と古典国訳事業」のハングル訳完成記念シンポジウムが、民族文化推進会(会長李元淳氏)の主催で行われ、日本から北島君らが参加した。木村直也「「『朝鮮王朝実録』と古典国訳事業」シンポジウム参加記」(『歴史学研究』六七〇、一九九五年四月)参照。一九九六年には、文化体育部「朝鮮王朝実録 CD-ROM」ハングル版(ソウルシステム社)と日本語 WINDOWS 版(神奈川共同出版販売株式会社)が刊行になった。

実録を史料として発表した研究書は多いが、さしあたって、有井智徳『高麗李朝史の研究』(図書刊行会、一九八五年)、長節子『中世日朝関係と対馬』(吉川弘文館、一九八七年)、村井章介『中世倭人伝』〈岩波新書〉(一九九三年)、閔徳基『前近代東アジアのなかの韓日関係』(早稲田大学出版部、一九九四年)、北島万次『豊臣秀吉の朝鮮侵略』(吉川弘文館、一九九五年)をあげておく。村井の著書については私の書評がある(『歴史学研究』六五七、一九九四年)。

第一一　外交文書の魅力

国際関係の歴史の解明は、現在、切実にもとめられている重要研究課題の一つである。日本の歴史をアジアの舞台のなかで考察することは、いまや研究の一般的な動向であり、対外関係史研究は、歴史理解の基礎作業の一つになっているといっても過言ではない。

歴史研究の基本史料は古文書であるが、対外関係史研究の基本史料は外交文書である。外交文書を読む面白さ楽しさは、美辞麗句の陰に隠されている差出者の本音を探りだすことから始まる。外交文書の一字一句には、差出者が受け取り人に対してどんな感情をもっていたか、また受け取り人からどのように理解・認識されたいと考えていたかというような意図がこめられている。外交辞令という言葉があるように、外交文書は、とかく虚偽・虚飾につつまれていると思われがちで、実際に定式になった文言にはそのような側面もなかったわけではないが、そこには多くの真実が盛り込まれていたことも否定できないのである。

興味深い外交文書の一、二の例を挙げてみよう。

聖徳太子が隋の煬帝に送った国書は有名である。中国の史書『隋書』は、日本の国書として、「日出処天子、致書日没処天子、無恙、云々」（日出ずる処の天子、日没する処の天子に致書す、恙なきや、云々）をあげ、「帝覧之不悦、謂鴻臚卿曰、蛮夷書、有無礼者、勿復以聞」（帝これを覧て悦ばず、鴻臚卿に謂いて曰く、蛮夷の書、礼なきものあり。ふたたび以聞することと勿れ）と書いている。太子の文書は隋帝の不興を招いて退けられたというのである。この文書で問題になるのは「日出処」「日没処」「天子」「致書」等の文言で、これらの解釈については諸説があるが、いずれにしても太子の意図が込められた注目すべき重要な文言であるとともに、隋の煬帝にとっては好ましからざる無礼な表現だったのである。一体、何が無礼だったのか、わきまえねばならぬ国際上の礼儀とは何であったのだろうか。礼は儒教思想にもとづく中国古代に社会秩序維持のための規範とされたものだが、隋唐以後の行政機構としての礼部は六部のうちの祭祀・教育を担当する官署であり、同時に外交のこともその任務としていた。朝鮮六曹の一つの礼曹も同様の内容の官署であった。このような礼の観念を基準に考えると、太子の文書は中国皇帝と倭王との上下関係、すなわち隋と日本との国際秩序を無視した対等関係の主張だったのである。西嶋定生は、日本の内部における君主観の成長と朝鮮三国に対する日本の態度とが、太子外交の背後における二つの要因であった、としている（西嶋定生『耶馬台国と倭国』吉川弘文館、一九九四年、二〇九—二一一頁）。外交文書の文言は、国際間における自己の立場の主張であるとともに国内事情の反映でもあったことを見落とすことはできない。両当事者の意図は外交文書の文面の背後で火花を散らしていたのである。

つぎに、応永八年（一四〇一）に足利義満が明の太祖洪武帝に送った文書について述べよう。義満は、これまで天皇ないし公家政権に握られていた国家外交の権利を武家政権の手に奪い取った人物だが、彼が中国や朝鮮との外交関係を開くには曲折があった。『明太祖実録』を見ると、太祖洪武帝のとき、義満は中国との通交貿易を希望して再度使者を送ったが、いずれも拒絶された。義満に外交文書に関する知識がなかったからである。国家間の外交は国王（国家の君長）が行うものであり、国王以外の陪臣などの私人による外交は越権であり、礼に背くという、中国を中心に形成されていた東アジアの外交伝統に無知だったことが中国側の拒絶を招いたのである（本書第二論文、参照）。

応永八年の文書は、これより以前の外交文書とは多くの相違点がある。「日本国准三后某　上書　大明皇帝陛下」

という先例のない書き出しには、日本の外交伝統を無視して中国の外交慣習に合致させようとする苦肉の意図が隠されていたのである。『善隣国宝記』に収められているこれに続く文書を分析検討すると、義満が中国の国内事情を見つめながら、日本国内における政治権力の伸張を背景に外交開始に踏み切り、成祖永楽帝から大統暦を受け、日本国王に冊封され、外交権を掌握していった過程を明らかにすることができる（田中健夫『中世対外関係史』東京大学出版会、一九七五年、六二―六五頁）。

敗戦の年の秋、私は東京帝国大学の大学院に入学した。旧制度は入学試験などはなく、指導教官の承認で入学することができた。板沢武雄先生に日中文化交流の歴史を仏教を中心に研究したいとの希望を述べ、お許しをいただいた。学部の生活は戦争の最中で、大半が空白の状態だった。基礎的な勉強からやり直さなくてはいけないと思い、宮本正尊先生の仏典講読の演習に出席させてもらったり、中村元先生の印度思想史の講義を聴いたりした。研究の方向もつかめないままに一ヵ年がまたたく間に過ぎた。二年目に入ったとき、板沢先生は一冊の文献に集中的に取り組むよう指示され、『善隣国宝記』を注釈書を作る積りで精読してみよ、と課題を与えられた。早速、先生のご指示に従って『善隣国宝記』を読み始めたが、思えばこれが中世外交文書と私の最初の本格的な出会いであった。

『善隣国宝記』に対する戦前の一般的評価は、五山僧としては稀な国体観念をもった瑞渓周鳳が撰述した本邦最初の外交史書、という程度のものであった。私はこうした評価が当っているかどうかを再検討するため、『善隣国宝記』の記事の典拠を丹念に探り、その成立の事情と背景とを検討した。この作業によって私が得た結論は、『善隣国宝記』は、瑞渓が彼独自の思想や哲学を主張・展開・宣伝することを目的として撰述したものではなく、明の皇帝に対する上表文の作成を命ぜられた自己の経験をもとにして、先例・旧規をたずね、後進のために指南書を遺そうと意図して撰述した書物であり、外交文書集である、ということであった。

一年後に論文をまとめて板沢先生のもとに提出した。先生は一読して、「よくやった」と言われ、私はやっと実質的に大学の卒業を許された気持がしてうれしかった。ついで、先生はこの論文を『史学雑誌』に掲載するように推薦してくださったのだが、その時期に史学会が休止の状態になり、論文は私の手許にもどされてきた。一〇年余を経て処女論文集『中世海外交渉史の研究』（東京大学出版会、一九五九年）を出したおりに、玉村竹二・太田晶二郎両先生の助言によって修補を加え、「善隣国宝記の成立事情とその背景――室町外交における五山僧侶の立場――」として収録した。

ところでこの論文は、その後の私の外交文書研究の出発点となった意味でも忘れ難いものである。関心をひいたのはつぎの諸点である。

第一は、外交文書の様式の重要性である。文書の内容はもとより、差出人や充所の関係にともなっても、様式は多様に変化する。年号の使用、差出人の肩書・称号・謙称、充所の肩書・称号・尊称、などの文書の用語は一つ一つ時と場合によって選択が異なり、さらに印章の素材・形態や印文、その捺される場所、擡頭・平出・欠字・封紙の問題までもおろそかにあつかわれることはない。これらは、国際社会における相互秩序と利害関係の明確な反映となるのである。中国・朝鮮・琉球・日本の担当者は、それぞれに細心に外交文書の用語を選択、使用して様式を決定し、その国際的地位を確保し、主張することに努力したのである。

第二は、外交文書の作成者は一種の高度の技術者集団であった事実である。漢字・漢文に通暁し、複雑な外交文書の用語を知悉し、しかも外交上の慣習や国際社会における伝統をわきまえ、自国の立場を明確に主張できる一流の知識人のみがその資格者たり得たのである。

第三は、公家政権に代わって外交権の主宰者となった武家政権が、公家政権に依存しない独自の外交文書執筆者集団を確保しなければならなかった事情である。漢文の外交文書を理解し、漢文の外交文書を作成できる教養集団の存在は武家政権にとって欠くことのできないものであった。

第四は、室町武家政権が、外交文書作成の実務を五山の禅僧に求めたことである。漢詩・漢文に堪能な人材を多数擁した五山叢林は、武家政権にとっては恰好の教養集団であった。対外活動に積極的だった大内氏・島津氏、対馬の宗氏なども外交文書作成の実務者を必要としたのは中央政権と同様で、それぞれ何らかの意味で外交と外交文書の専門家の確保に努力したのである。その結果、文書作成者としての禅僧の教養や思想が文書の表現に影響したことも少なくなかった。琉球の三十六姓閩人もまた日本の五山僧と同様の役割を果していたことについては贅言を要すまい。

第五は、江戸時代になって文書作成者集団に五山以外の林家等の儒者が参加した事実である。江戸政権が室町政権とは異なる独自の教養集団を求めた結果であろう。

第六は、外交文書作成の担当者たちによって多くの指南書・参考書や文書集が作られ続けたことである。『善隣国宝記』に続くものとしては、『江雲随筆』・『異国日記』・『本邦朝鮮往復書』・『続善隣国宝記』・『古案写』（『琉球薩摩往復文書案』）等が代表的著作だが、五山禅僧には先例を書き留めて後世に伝えようとする明瞭な意識があった。五山僧以外でも新井白石の諸著作、松浦允任の『朝鮮通交大紀』、近藤守重の『外蕃通書』等が注目される。これらの指南書や文書集が存在したことは、畢竟、東アジア国際社会における外交文書の果す役割が重要であったことの証拠であり、政権担当者にとって外交文書作成者集団の把握が必須の課題だったことを示している（本書第一論文、参照）。

右のような問題意識に導かれるまま、私は外交文書について、発給者、起草者、形式、内容、文書集、その編集の課程等に関するいくつかの論文を執筆した。

いま五〇年をこえた私の研究生活をふりかえり、対外関係史研究の基礎作業としての外交文書研究の必要性をいよいよ痛感するのであるが、私の研究はまた緒についたばかりであり、未解決の問題は限りなく残されている。まず達成されねばならぬのは、全外交文書の集成とその分類である。つぎは一通一通の文書の解釈と発給者・受給者の立場等の歴史的背景の解明、文書作成者の系譜、なぜそれが公家から僧侶へ、そして儒者へと変化したかという問題、漢字文化圏・かな文化圏・横文字文化圏における外交文書の機能の実態と特質、外交文書研究史および文書集編纂の歴史の解明等、枚挙にいとまがないのである。

外交文書の研究が古文書学の一分野として確立され、多数の研究者の協力によって推進されることは学界共通の要望ではあるまいか。

〔補　記〕

本稿は、「中世外交文書との出会い」（『日本歴史』五〇〇、一九九〇年）の一部に、田中健夫編『〈訳注日本史料〉善隣国宝記・新訂続善隣国宝記』（集英社、一九九五年）の「はじめに」の一部を加えて合成し、本書の終章としたものである。

あとがき

東アジア地域を政治経済圏として認識するか、文化交流圏として把握するか、いずれの立場をとるにせよ、漢字・漢文が共通語として国際交流に果たした役割の測り知れないほど大きかった事実を無視することは許されない。西嶋定生は、歴史的文化圏としての「東アジア世界」を構成する諸指標は何であろうか、と設問し、㈠漢字文化、㈡儒教、㈢律令制、㈣仏教、の四者に要約できるであろう、とした（岩波講座『世界歴史』四、「序説」、一九七〇年、のち西嶋『中国古代国家と東アジア世界』東京大学出版会、一九八三年、に収録、三九九頁）。漢字は中国で作成された文字だが、周辺の諸民族・国家に伝えられて、相互の意思伝達、思想・文化交流の手段とされ、相互を結んだ儒教・律令・仏教もすべて漢字を媒介にして拡大し、東アジア地域には漢字文化圏が形成された。そのため、漢字・漢文の知識を習得した者は知識人として国際交流の担い手となったのである。

前近代東アジア国際関係史解明のため、交流の重要な媒体となった漢文外交文書の研究は、最優先の研究課題の一つにとりあげられなければならない。

このような観点から、本書では、武家政権下において外交文書がたれによって作成されたかを検討し、漢字・漢文の教養を持った知識人の存在を重視して五山禅僧の行動の軌跡を追い、外交文書の内容や外交文書集が作成された経緯、その意味などを多角的に追究した論考を集めた。いずれも基礎的事実の確認と解明とを目的にしたものである。

所収の論考について説明しよう。

第一「漢字文化圏のなかの武家政権」は、前近代の国際関係における漢文外交文書の重要性を指摘し、武家政権が外交権を接収したことによって、漢字文化圏に対応するために、漢字・漢文の知識に熟達した知識人の集団を確保する必要にせまられ、五山の禅僧を教養集団として把握して外交文書の作成を担当させた事情を、文書作成者の系譜をたどりながら明らかにした。本書の総説にあたる論考である。

第二「足利将軍と日本国王号」は、室町時代、日本国王号が外交上どのように使用されたかを歴代将軍について具体的に確認し、国王号が国内で果たした機能まで検討した。日本国王と征夷大将軍とはかならずしも一体の存在ではなく、室町政権は国内に対しては将軍政権（幕府）だが、国外に対しては国王（外交主宰者）政権という二重の構造を持った複合政権であった事実を、室町政権の特質の一つと指摘し、その意味を考えてみた。

第三「十五世紀日朝知識人の相互認識」は、漢字文化圏のなかで知識人が外交面で果たした役割を検討した。日本と朝鮮の両国で、同時代に生き、最高の知識人と目され、ともに外交に参加した瑞渓周鳳と申叔舟について、立場・行動・世界観・外交観などを比較し、その相違点を明らかにし、相互認識といわれるものの特質を論じた。

第四「朝鮮の通信使」は、日本と朝鮮の間で交隣の儀礼として行われた通信使の派遣と迎接について、その沿革から使節団の構成、行程、応対と、通信使をめぐる文化交渉など周辺の諸問題をとりあげ、平和外交の象徴といわれている通信使行の実情を叙述した。

第五「対馬以酊庵の研究」と第六「朝鮮修文職と通信使館伴」は、近世対朝鮮外交処理機関として対馬府中に存在した禅院以酊庵をめぐる諸問題を総合的に検討した。京都五山から選抜された碩学が輪番で対馬に派遣され、朝鮮との往復文書を管掌し、外交事務に携わるとともに、通信使来訪の際にはその応接にあたった。歴代の輪番僧が撰述した『本邦朝鮮往復書』や、輪番僧と五山との関係、着任・解任の時期、通信使渡来時の行動などを解明し、近世日朝関係研究の基礎となる諸事実を考察して、以酊庵研究の重要性を明らかにした。

第七「『続善隣国宝記』について」は、東京大学史料編纂所所蔵の謄写本『続善隣国宝記』（続群書類従所収本）を主要な対象にした研究である。すべての所収文書を逐一検討した結果、本書は対馬以酊庵関係者が事務遂行の必要上集積した外交文書集であったことが判り、同時に『善隣国宝記』以後の諸種の外交文書集と五山との密接な関係、禅僧の外交文書に対する取り組み方などが見通せるようになり、史料の伝存事情や外交文書集作成校刊の意義もあわせて解明することができた。第五論文と第一論文とは、本論文執筆作業の延長線上に生み出されたものである。

第八「海国の思想」は、言葉の意味や内容が時代の推移にともなって変化することを追ってみた随想。

第九「内野対琴と『反故廼裏見』」は、対馬の史料集作成に生涯の情熱を傾け尽くした郷土史家への鎮魂歌。

第一〇「『朝鮮王朝実録』雑話」と第一一「外交文書の魅力」は貴重な史料にめぐりあって感動した私の体験的回顧談である。

本書は、東京大学定年退官の前後から現在まで、最近一〇年ほどの間に発表した論考のなかから表題に関係のあるものを集めて編成した。転載収録を許された各位に感謝する。

一書とするにあたり、用字や仮名遣など若干の統一をはかり、訂正・補筆したが、大部分は発表時のままにした。長年月にわたって、それぞれ独立の論考として発表したものなので、重複した記述が多く、また異なった方面の読者を対象に執筆したため、史料引用の方法や振り仮名の付け方などにも不統一が目につく。この点は海容をお願いしたい。

旧稿発表後、新たに気付いたこと、教示や批判を受けたこと、最近発表された関係諸論文など、本文中で処理できなかった諸点は各論文末に〔補記〕として追加した。

『朝鮮王朝実録』は、一般には『李朝実録』『太祖実録』『世宗実録』『太祖康献大王実録』『世宗荘憲大王実録』などの名称で引用されることが多いが、本書では『朝鮮太祖実録』『朝鮮世宗実録』などの方式により書名を統一した。『明実録』についても『大明実録』『皇明実録』『太祖実録』『太宗実録』などを用いず、『明太祖実録』『明太宗実録』などの書名に統一した。

既発表の旧稿に対して教示をたまわった諸賢、出版に関して尽力をいただいた吉川弘文館の方たちにお礼を申しあげる。

千九百九十六年九月二十七日　満七十三歳の誕生日に

田中健夫

初出一覧

第一　漢字文化圏のなかの武家政権――外交文書作成者の系譜――
『思想』七九六　一九八九年（平成元）十月

第二　足利将軍と日本国王号
田中健夫編『日本前近代の国家と対外関係』吉川弘文館　一九八七年（昭和六十二）四月

第三　十五世紀日朝知識人の相互認識
田中健夫編『前近代の日本と東アジア』吉川弘文館　一九九五年（平成七）一月

第四　朝鮮の通信使
東京国立博物館編『特別展観　朝鮮通信使――近世二〇〇年の日韓文化交流――』一九八五年（昭和六十）十月

第五　対馬以酊庵の研究――近世対朝鮮外交機関の一考察――
『東洋大学大学院紀要』二四　一九八八年（昭和六十三）二月

第六　朝鮮修文職と通信使館伴
『韓』一一〇　韓国研究院　一九八八年（昭和六十三）五月

第七　『続善隣国宝記』について――所収史料の特質と撰述の経緯――
『東洋大学文学部紀要』38集　史学科篇10　一九八四年（昭和五十九）十二月

第八　海国の思想
『日本歴史』四一六　一九八三年（昭和五十八）一月

第九　内野対琴と『反故廼裏見』
『日本歴史』四二八　一九八四年（昭和五十九）一月

第一〇　『朝鮮王朝実録』雑話
『日本歴史』五三六　一九九三年（平成五）一月

第一一　外交文書の魅力
原題「中世外交文書との出会い」
『日本歴史』五〇〇　一九九〇年（平成二）一月
原題「はじめに」　田中健夫編『善隣国宝記・新訂続善隣国宝記』（集英社）一九九五年（平成七）一月

前近代の国際交流と外交文書（オンデマンド版）

Digital Publishing

2019年9月1日　発行

著　者　田中健夫《たなかたけお》

発行者　吉川道郎

発行所　株式会社 吉川弘文館
〒113-0033 東京都文京区本郷7丁目2番8号
TEL 03(3813)9151(代表)
URL http://www.yoshikawa-k.co.jp/

印刷・製本　株式会社 デジタルパブリッシングサービス
URL http://www.d-pub.co.jp/

田中健夫（1923～2009）
ISBN978-4-642-71299-6

著者略歴

一九二三年　群馬県高崎市に生まれる
一九四五年　東京帝国大学文学部国史学科卒業
東京大学史料編纂所教授、東洋大学文学部教授を経て
現在　駒沢女子大学人文学部教授・東京大学名誉教授
文学博士

主要著書

『中世海外交渉史の研究』(一九五九年、東京大学出版会)
『島井宗室』(一九六一年、吉川弘文館)
『中世対外関係史』(一九七五年、東京大学出版会)
『倭寇―海の歴史』(一九八二年、教育社)
『対外関係と文化交流』(一九八二年、思文閣出版)
『日本前近代の国家と対外関係』(編著、一九八七年、吉川弘文館)
〈岩波文庫〉『海東諸国紀―朝鮮人のみた中世の日本と琉球―』(訳注、一九九一年、岩波書店)
『前近代の日本と東アジア』(編著、一九九五年、吉川弘文館)
〈訳注日本史料〉『善隣国宝記・新訂続善隣国宝記』(編、一九九五年、集英社)

前近代の国際交流と外交文書

平成八年十月二十日　第一刷発行

著者　田《た》中《なか》健《たけ》夫《お》

発行者　吉川圭三

発行所　株式会社　吉川弘文館
郵便番号一一三
東京都文京区本郷七丁目二番八号
電話〇三―三八一三―九一五一〈代〉
振替口座〇〇一〇〇―五―二四四番

印刷=平文社　製本=誠製本

索　　引

あ

か

さ

な

は

ま

わ